21 NEW MEDIA 世纪新媒体专业系列教材

数据新闻教程

Tutorials in Data Journalism

杨逐原 / 著

中国人民大学出版社
·北京·

总序

周锡生

当今世界充满变革与创新。在阐释当今世界变革特征的时候，“新媒体”被时常提及，尽管人们对它的定义还有不少争议。

20多年来，随着数字技术、信息技术的飞速发展，以互联网为代表的新媒体从诞生到逐步发展壮大，深刻改变了旧有的新闻信息传播方式，系统重塑了新的媒介生态和传播格局。在旧媒体时代，新闻信息的传播速度还曾与交通工具竞争；在新媒体时代，昨日甚至数小时、数十分钟之前的新闻，都可能瞬息即逝，转眼间“轻舟已过万重山”。在旧媒体时代，“受众”这个词体现了公众被动接受各类新闻信息的地位；在新媒体时代，媒体人已经不再是专属的职业称号，自制互动、共享交流成为普遍行为。在旧媒体时代，内容占据着绝对的核心地位，其他各个环节只是附属；在新媒体时代，内容为王的观念在被继续强调的同时，网络、渠道、平台和终端的作用与价值日渐凸显，服务与市场的理念正在逐步深化。可以说，当今的新媒体已经跨越了媒介形态的界限，跨越了时空的拘囿，甚至也跨越了文化的隔阂。在这种态势下，建设新媒体、发展新媒体，成为传统媒体求生存、寻突破、谋发展的必由之路。

滚滚而来的新媒体浪潮绝不仅仅改变了传媒业本身，更深刻渗入世界的政治、经济、文化、科技等各个领域。“世界是平的”引发人们无限遐想，平的世界创造了无限的空间。放眼全球，新媒体已经成为世界政治较量的重要因素，成为各国执政者了解社情民意的重要手段，成为社会公众参政议政的重要平台，网络动员、网络聚集、网络拷问在社交媒体上成为常态，新媒体的运用和掌控能力日益成为执政水平的重要衡量标准。与此同时，以互联网产业为核心，逐步形成了包括媒体业、电信业、IT业等在内的比较完整的新媒体产业链，产业体系也日趋完善，有力地推动了文化创意产业的发展，成为国民经济的有机组成部分，且生机盎然，潜力巨大。新媒体的文化价值也在不断迸发当中，随着平板电脑、电子阅读器的迅速普及，数字阅读、数字出版势不可当，新媒体的文化传播和社会建设功能日益强大，跨界文化交流与合作的作用更加突出，极大地丰富和满足了人们的精神文化生活需求。从这个层面来说，建设新媒体、发展新媒体，已经不再单单是传媒业的职责，更需要从历史发展的宏观视野与现实的综合因素层面加以考量与谋划。

在全球加速向网络化社会、数字化生存转型的过程中，我国的新媒体建设也与世界同步，与时代同行。2021年，我国的网民数量已经超过10亿，手机用户突破了16亿大关，均位居世界第一位，且还处于强劲增长当中。如此庞大用户规模的背后，是我国近年来新媒体征程中一个个开拓的脚印与卓然的成效。在当今中国，我们可以看到，新媒体的作用被普遍认可，新媒体的影响被广泛重视，新媒体的理念深入人心，传统媒体加快向新兴媒体战略转型，各类新媒体机构不断涌现且各具特色。从网络、手机、平板电脑到户外大屏、流动媒体，从主流新闻网站到各类商业网站和专业网站，新技术不断涌现，新功能不断被挖掘，新产品不断推出，呈现出万马奔腾、一日千里之势。

当然，新媒体在我国发展的时间还比较短，在采编、经营、技术、市场、管理、人才等方面还处于探索的阶段，在实践过程中出现了诸多困惑与迷思，存在着各种矛盾与冲突，远未成熟。尽管如此，新媒体的蓬勃生机让我们对它的未来充满信心，而这蓬勃生机正来自创新。创新是新媒体时代永恒的主题，谁能够加强创新，谁就能把握未来。新媒体本身就是创新的产物，创新是新媒体的生命力所在。为此，必须根据党和政府提出的新要求，适应时代的新特点，着力把握受众需求的新变化，着力把握技术突破的新契机，着力把握媒体发展的新态势，进一步创新思想观念、创新体制机制、创新内容生产、创新方式手段，加快新兴媒体建设，大力发展新兴业务，从而更好地贯彻落实中央战略部署，为加强国际传播能力建设、构建先进强大的现代传播体系做出贡献，为促进社会主义文化大繁荣、大发展发挥更加显著的作用。

新媒体是推动社会进步的重要力量，同时也要看到，新媒体是一柄双刃剑，随着新媒体地位和作用的日益增强，其所应承担的责任也越来越重要。从某些意义上讲，新媒体所应承担的社会责任甚至比传统媒体还要重一些。多年来，我一直强调的一句话就是“网络无改稿”。传统媒体的稿件签发后发现了错误，还有时间和可能予以纠正，而新媒体的稿件一旦签发，几秒钟之内就可与全球不计其数的受众见面，根本没有时间和可能对稿件进行改正。因此，新媒体的把关责任十分重大，这既是对社会公众负责，也是对新媒体本身负责。在强调和开发新媒体的“媒体功能”的同时，有必要进一步强化其“媒体责任”。

新媒体领域日新月异的发展实践，以及在此过程中出现的矛盾与问题，要求理论研究总结规律、升华认识，并从理论层面加以阐释和指引。中国人民大学新闻学院有几位多年来潜心研究新媒体的专家学者，由他们领衔撰写的这套新媒体丛书，对新媒体的理论、技术、经营管理、业务流程、最新发展动态进行了全面深入的研究，反映了国内外新媒体研究的最新成果，对新媒体的管理者、研究者、学习者及业界从业人员都具有重要的参考价值。本套丛书的出版，相信会有助于推动我国新媒体的快速健康发展。

（作者曾任新华社副社长兼常务副总编辑、新华网董事长）

前言

《数据新闻教程》是一部较为系统地对数据新闻进行探讨的教材。在数据新闻的应用不断普及的情况下，有关数据新闻的研究逐渐增多。在教材方面，也出现了数部。总的来说，当前的教材更像是专著，少量以教材命名的著作，如《数据新闻概论》《数据新闻实战》《数据新闻制作简明教程》《数据新闻操作与实践》《数据新闻实务》等，大多是入门级别的，主要侧重于实际操作方面，涉及的理论不多且深度不足，学理性相对欠缺。而一些教材主要关注数据新闻的某一个方面，如新闻报道新模式、数据新闻可视化等。还有个别的案例教程，如《数据新闻案例教程》等。

这些教材已在社会上产生了特定的影响，但从整个数据新闻领域来看，尚存在偏重于数据新闻生产和传播实践的倾向，理论都较为缺乏。对新闻传播类专业的学生来说，还需要进一步提升他们的理论素养。本教材在对现有教材进行研读的基础上，增加了若干理论方面的知识，如数据新闻的发展脉络及趋势、数据新闻的价值要素及真实性、数据新闻产品、数据新闻的叙事、数据新闻的盈利模式、数据新闻中的隐忧及治理、数据新闻的发展策略等。在增加理论的同时，本教材也包含了大量的案例，做到了理论与案例的紧密结合，让学生既能够学到大量的理论知识，也能借助案例加深对所学知识的理解和记忆。因此，与同类教材相比，本教材具有独到的价值。全书共分为九章，主要框架如下：

第一章为数据新闻的概述部分，对数据新闻诞生的背景及支撑技术，数据新闻的内涵、特征、类型、功能、优势、局限、发展前景及应用情况进行了较为深入的阐述，让读者能够了解数据新闻的基本轮廓。

第二章围绕数据新闻的发展脉络及趋势展开探讨，分国内外两个部分对数据新闻的发展脉络进行了追溯，并对数据加持下数据新闻的演化情况进行了分析。同时，这一章还从内容、形式、制作、用户体验及功能等多个方面对数据新闻的发展趋势进行了探讨。

第三章主要研究数据新闻的价值要素及真实性，结合数据新闻的具体特征，增加了场景、个性化、交互性及数据等新闻要素，增加了关联性及场景性等价值要素。此外，本章还对数据新闻的真实性进行了详细的解读，并对其所面临的机遇、挑战及保障措施进行了研究。

第四章侧重对数据新闻产品进行分析，对数据新闻产品进行了界定，对其演变历程和呈现方式进行了探讨。同时，本章还对数据新闻产品的思维、定位和推广进行了研究。

第五章对数据新闻的生产与传播进行了详细分析。在生产部分，侧重于对生产者、生产场域、生产理念及意识、生产流程、生产机制及创意手段、生产困境及规范等进行研究。在传播部分，重点研究了“受众-数据”的映射关系、传播路径、常用的传播手段、传播中存在的问题及优化策略等主题。

第六章为数据新闻的叙事部分，对数据与叙事之间的关系、数据与叙事在数据新闻发展中的价值进行了探讨，并从叙事主体及主题、叙事者的角色、叙事视角、叙事结构、表达手段、叙事话语、叙事策略、叙事情境、叙事符号以及权力让渡和数据作用的凸显等方面对数据新闻叙事逻辑的变化展开了研究。此外，本章还对数据新闻的叙事类型、常用的叙事手段以及改进策略进行了探讨。

第七章为数据新闻的盈利模式部分，对数据新闻的盈利困境进行了分析，并从免费模式、付费模式、混合模式、售卖数据集和提供数据库服务、提供数据分析服务及开发数据应用等方面思考了数据新闻盈利的突围路径。

第八章围绕数据新闻中的数据隐忧及治理来展开研究。在数据新闻中的数据隐忧部分，主要探讨了数据隐私泄露带来的数据伦理侵犯、版权侵犯、人文关怀的缺失、信息误导、机器垄断新闻及唯数据论、因果关系缺位、算法优先而舍弃自我、新闻专业性的消解、原始数据的客观真实性不易考证、数据权利及质量危机等问题。在数据隐忧的治理部分，主要提出了五种措施，即在数据可视化方面做文章、把握多个创作者中的著作权归属、健全行业规范、制定数据利用原则以及坚守法律底线。

第九章为数据新闻的发展策略部分。在对数据新闻发展中存在的问题，如现实技术的问题、根本性质上的矛盾、制播困境、内容与形式的失衡、伦理悖论表征、传播主体结构不合理及主题娱乐化等进行分析的基础上，提出了相应的解决对策，包括转变发展理念和创新发展形式，增设分发渠道和提升报道品质，坚守新闻价值和坚持调查原则，强化阅读体验和做到心中有“数”，“不走寻常路”的新闻驱动模式，多维度价值延伸的内容生产，做好场景这篇文章，始终注重新闻本位，加大与专业数据公司的合作力度，在跨媒体、主题化、移动化等方面取得突破，弄懂数据新闻生产中的现实逻辑，加强对数据新闻本土化发展路径的探索，提升数据新闻的五力，加强数据新闻审核的专业标准及推进数据新闻从虚拟到现实的转变等。

目录

第一章　数据新闻概述

【本章学习要点】

一、数据新闻的支撑技术
- 大数据技术及人工智能技术
- VR 技术及物联网技术
- 媒体融合技术

二、数据新闻的学术概念
- 数据新闻的内涵
- 数据新闻的特征、类型及功能
- 数据新闻的优势与局限

三、数据新闻的应用
- 国外应用
- 国内应用

数据新闻是一种数据驱动的新闻样式，它以可视化为呈现手段，致力于挖掘数据背后的新闻故事，在预测事物发展趋势、指导人们行为方面发挥着极为巨大的作用。

第一节　数据新闻的诞生

数据新闻是在传播环境发生巨大变迁、媒体融合持续推进、受众中心地位和数据潜力日益凸显等背景下诞生的，其依托于大数据、人工智能、VR、物联网技术以及媒体融合等一系列技术，内容呈现极为生动和形象。

一、数据新闻诞生的背景

（一）传播环境的变迁

数字互联网技术的崛起对新闻业产生了深远的影响，传统的实体传媒的被动接受模式正逐渐被数字虚拟传媒的互动模式取代。新闻的生产方式从中心发布转变为移动分享，新闻内容从客观权威转向了主观碎片化，新闻传输方式从单向等待接受转变为即时互动扩散，新闻的消费成本由泛化转向了精准化，新闻媒介也从有限的实体转变为无限的虚拟。这些变革对人们的日常生活产生了巨大的冲击。随着数字互联网的普及和升级，新闻业面临着空前的震荡，全球的报业巨头纷纷倒闭，传统的新闻业陷入了危机之中。

在信息技术不断进步的背景下，数据新闻的制作流程、内容书写、呈现方式和传播渠道均变得越来越多样化。新闻的组织方式、呈现形式、传播渠道以及所关涉的时空维度都发生了显著的变化，这种情况几乎影响了新闻工作的每一个方面。在Web 2.0、Web 3.0时代，网络媒体发展极为迅猛，传播效果因此发生了显著的变化，整个新闻业也发生了巨大的变化。这主要体现在新闻不仅要报道新近发生的事实，还要挖掘事实背后的信息和收集受众的意见，并根据受众的反馈预测相关新闻所引发的社会影响。

可以说，数字技术正深刻地改变着新闻业的文化理念、组织结构和行业实践。这意味着新闻生态正在经历快速的变革，新闻业必须进行转型。在数字时代，新闻具备了 Web 2.0、Web 3.0 环境下的特点，新闻的要素、生产流程以及传播方式均发生了巨大的变化，因而与数据新闻相关的实践尤为火爆。传媒生态的变迁意味着需要从本体存在层面思考新闻业的转型问题——优化新闻制度，转变新闻理念，以提升新闻产品的质量为核心，不断提升从业者的数字素养，营造良好的生态环境。

在当今社会，微博、微信等社交媒体已经成为人们获取信息和了解环境变化的重要渠道，各类社会化媒体不仅突破了信息传播的时空限制，也为广大用户提供了参与内容创作的平台，使信息传播的权利不再被少数人垄断。这对传统媒体构成了挑战：一是传统媒体如报纸和杂志以日、周、月为单位的发行周期已经无法满足新媒体时代信息传播的即时性需求，时效性逐渐减弱；二是在新媒体时代，信息可以通过手机、平板等便携式移动设备来传播，文字、图片、音频、视频经过数字化处理后呈现在高分辨率的屏幕上，信息获取成本以及阅读体验均让传统媒体相形见绌，传统媒体也因此陷入读者流失和商业价值下降的困境。在这种情况下，传统媒体也在积极转型，与新媒体一样，致力于建设各种数字化平台，开展数据新闻生产活动，使新闻报道进入数据化时期。

数据以数字的形式存在，同时也包括文字、图形、图表、声音、图像以及视频等多种形式。随着万物互联和人机共生等技术的发展，数据的大规模增长和万物皆可量化成为现实，数据成为现实世界和虚拟空间的基本表征，成为刻画世界主体和描述各种各样的关系的重要手段。全世界累积的数据总量正在以指数级的速度增长，以至于我们需要创造全新的单位来量化它们。随着大数据和人工智能等新技术的普及，数据新闻的发展值得期待。

（二）媒体融合的推进

如今，随着新技术对媒体的冲击不断加剧，传统媒体正面临着前所未有的挑战。外部环境的变化使得社交媒体、聚合新闻平台和短视频平台等新兴媒体持续吸引着受众的注意力，导致传统媒体的受众数量不断减少，阅读量持续下降，其影响力正不断减弱。与此同时，传统媒体的广告收入也在不断下滑，经营状况堪忧。除了外部的生存压力，传统媒体内部也面临着诸多问题：一是从业者的收入减少；二是媒体转型要求从业者肩负更多的任务，他们不仅需要掌握采访和写作技能，还需要掌握摄制、剪辑、分发等多种技能，这意味着传统媒体从业者的压力大大增加，工资待遇却没有提高。久而久之，传统媒体的员工便会大量转行或跳槽，导致人力资源流失。传统媒体逐渐丧失了影响力，新媒体却蓬勃发展。新媒体凭借着技术、人力以及资金等方面的优势，吸引着越来越多的受众，在盈利能力方面更是远远超过了传统媒体。此外，我国网民数量的持续增长也为新媒体的发展提供了持续的动力。第53次《中国互联网络发展状况统计报告》显示，截至2023年12月，我国网民规模已达10.92亿，互联网普及率达77.5%。其中，手机网民规模为10.91亿，网民中使用手机上网的比例为99.9%。① 由此可知，网络等新媒体已成为社会大众接收信息、发表意见的重要渠道。

传统媒体日渐式微，新媒体则一路高歌猛进。传统媒体不得不寻找新的出路，这种出路就是积极拥抱新媒体，走媒体融合的道路。因此，各传统媒体纷纷推出了全新的新闻平台。这些平台不仅依托于母体，还独立创作内容，成为新的亮点。作为传统媒体孕育出的新媒体平台，它们在适应新的传播环境上做出了应有的努力：

1. 面向所有受众提供新闻

这种方式让传统媒体摆脱了受众面向较为狭窄的限制，其影响力和覆盖面都得到了极大的扩展。除了面向全网读者，传统媒体所搭建的新媒体平台还注重提供有价值的新闻报道，不仅关注时事热点和社会事件，还深入挖掘时事热点和社会事件背后的故事及深层次的问题。它们通过深度报道和专题分析，努力为受众提供更多的信息和观点，让他们能够更全面地了解和思考当下的社会现象。此外，传统媒体所搭建的新媒体平台还积极探索多媒体的报道形式。除文字报道以外，还通过图片、音频、视频、动画、游戏等手段来呈现新闻内容，使受众能够更直观地感受到新闻事件的现场和情感。多媒体的报道方式不仅提升了新闻的可视性和互动性，也增加了受众的参与感和阅读体验。总之，媒体融合让传统媒体成功转型，通过面向全网读者、提供有价值的新闻报道以及多媒体形式的呈现，适应了新的传播环境。媒体融合不仅为传统媒体开辟了一条有效的发展道路，也为读者提供了更多元化、更丰富的新闻内容。传统媒体的数据新闻报道范围已经扩大到全国，对国际议题也非常关注，展现出了注重国内和兼顾国际的特点。

2. 采用全媒体传播方式

传统媒体所搭建的新媒体平台大力推进媒体融合，利用互联网技术创新新闻报道方式，完善全媒体传播方式，其运作体现了助推媒体发展的创新精神。通过搭建新媒体平台，传统媒体不仅能够向读者提供图文报道，还引入了音频、视频等多种传播形式，丰富了新闻传播的手段。数据新闻的生产和传播更是展现了传统媒体对技术在新闻报道中的重要性的重视。从微观角度来看，传统媒体尝试制作新闻游戏等多种互动报道，引入了各种技术元素，进一步推动了媒体融合发展，扩大了报道的边界。

（三）受众中心地位的显现

在报道形式上，数据新闻强调与受众的互动，并善于从受众的反馈中发现有价值的选题，以不断扩大选题收集渠道。这表明，数据新闻的生产者正在逐渐将议程设置的权力交给受众，他们不再像传统媒体记者那样在事件发生后才跟进，并以采访者的身份了解事件的形态，而是以倾听者和观察者的身份关注受众所关心的话

① 中国互联网络信息中心. 第53次中国互联网络发展状况统计报告［R/OL］.（2024-03-22）［2024-5-01］. https：//www.cnnic.net.cn/n4/2024/0322/c88-10964.html.

题，极为重视受众的议程选择。

媒体议程设置权向受众过渡的现象与数字传播时代的特点密切相关。在数字传播时代，传播者和受众之间的传受关系发生了变化，曾经只是内容接受者的受众扮演着生产、传播信息的角色，他们掌握了诸多的话语权，从而有机会影响媒体的议程设置。过去，媒体议程设置功能完全掌握在大众传播媒体的把关人员手中，而现在受众也参与了进来，共同决定媒体的议程，沉浸在虚拟环境之中。众所周知，在大众传播媒体掌握垄断传播资源的时代，受众因缺乏发声的渠道，往往无法有效地传达自身的意见，也难以评估传播的效果，这种单向的传受关系，让新闻议题的选择基本上由传播者决定，而受众的观点和关注点很少得到关注。

随着传播技术的进步和社交媒体的发展，受众找到了一个可以自由表达自身观点的空间，在微博等公共领域中畅所欲言。在这种情况下，大众传播媒体开始转变自身的角色，不再只是依靠采访的手段来获取信息，而是开始从海量的用户数据中挖掘社会关注的热点，以此明确传播议题。正是意识到了网络传播时代受众地位的提升，数据新闻的生产者才找到了一种挖掘用户数据尤其是 UGC（用户生产内容）用户数据来收集受众的议程的方法，并生产了一系列富有交互性的数据新闻作品，及时回应时代的关切。

（四）数据潜力的凸显

大众传播媒体抓住了数据传播时代的机遇，致力于生产数据新闻，以满足受众对准确、有价值的信息的需求。在这个信息爆炸的时代，面对海量的数据，人们往往感到无所适从，不知道如何从中筛选出有用的信息。而作为专业的信息传播者，大众传播媒体通过对数据的深入挖掘和分析，能够找到事件之间的相关性，为受众提供有价值的信息。

数字媒体也为媒体开辟了讲故事的新方式。通过综合运用图表、动图、音频、视频等可视化元素，数字媒体使新闻文本的阅读变得更加直观和有趣，适应了碎片化阅读的趋势。可视化的传播方式不仅提升了受众的阅读体验，也增加了新闻的吸引力。因此，对媒体来说，生产和传播数据新闻无疑是一个极为重要的机遇，它不仅能够重塑媒体的影响力和权威性，还能满足受众个性化的信息需求。以澎湃新闻为例，其正是充分认识到了这一点，并在新闻制作中积极探索和应用数据新闻的方法和技巧，为读者提供更加丰富、有深度的新闻内容。澎湃新闻致力于数据新闻的生产和传播，并为外部机构提供了一个发布信息的平台。此外，澎湃新闻还举办了数据新闻创作者大会。这些举措体现了澎湃新闻对数据新闻的重视，并将其放在了重要的发展位置上。澎湃新闻非常注重发展数据新闻。在具体的数据应用方面，其注重整合多种渠道的数据资源，主要使用政府、调查机构和其他媒体发布的结构化数据，并从中挖掘出数据的价值。然而，大量使用结构化数据也反映出澎湃新闻在处理海量非结构化数据方面的局限性，数据的功能被局限在描述性的范畴之内，在利用数据解释问题方面表现得不尽如人意。实际上，这也代表了国内其他媒体在数据应用方面的情况。这种现象的出现与我国的数据开放进程有关。我国的数据资源主要由政府和大型互联网企业掌控，虽然互联网公司的数据可能存在商业保护壁垒，但也可以通过合作来获得。而政府掌握的海量数据虽然对公众开放，但目前数据开放仍处于起步阶段，一些有价值的数据资源尚未与公众见面，这限制了大众传播媒体获取数据和进行分析的能力。

目前，我国还没有制定出与公共数据开放相关的法律法规，也没有相应的多级行政数据公共开放体系。同时，地区间的数据开放发展存在不均衡的现象，数据的挖掘和再利用率也不高。与欧美发达国家相比，我国的公共数据开放进程尚存在一定的差距。正是公共数据开放速度缓慢与大众传播媒体获取数据的紧迫性之间的矛盾，才让大众传播媒体在报道中缺乏充足的数据素材，这无疑限制了它们的数据分析能力。尽管我国在公共数据开放方面进展较慢，但对大数据应用的重视已经开始显现。2019 年 11 月，我国出台了《中共中央关于坚持和完善中国特色社会主义制度　推进国家治理体系和治理能力现代化若干重大问题的决定》，把“数据”资源纳入生产要素的范畴之中。随着对数据应用重视程度的提高，政府部门所拥有的占据较大比例的数据资源也将加快开放的速度。到那时，数据新闻的生产者将有更多的渠道来获取数据，其数据处理和分析能力也将会不断提升。

（五）全媒体新闻平台的勃兴

当前，各种全媒体平台如雨后春笋般纷纷出现，并有了长足的发展。以澎湃新闻为例。2014 年 7 月，澎湃新闻的互联网平台正式问世，“专注时政与思想”。随后，该平台陆续推出了网页版以及 WAP 版等不同的访问渠道。起初，澎湃新闻与其母公司《东方早报》的新闻编辑部有着紧密的联系，依托《东方早报》的采编团队和新闻采编牌照等资源，澎湃新闻获得了生产原创新闻的能力。经过两年半的合作运营，2017 年 1 月 1 日，《东方早报》正式停刊。从此，澎湃新闻成为一家完全独立的新闻内容生产和发布平台。在内容分类上，澎湃新闻采用了一种创新的栏目制分类模式，与传统的门户网站频道制有着较大的区别。目前，澎湃新闻网页版下设有“时事”“思想”“澎湃号”“财经”“生活”“科技”及“视频”等栏目，还有“探索”“订购”等十个专题，每个专题再细分为若干子专题，内容分类的层次结构较为明显。在内容来源上，“澎湃新闻将内容源分为优质原创内容、专业开放内容和交互社区内容”①。澎湃新闻一直坚持原创内容，这已成为其核心竞争力。专业开放内容，体现了澎湃新闻作为内容分发平台的重要特征。澎湃新闻聚合了来自其他主流媒体发布的时政、财经等新闻内容，并集中在“澎湃号”栏目中发布。此外，澎湃新闻的“澎友圈”，通过用户与专业内容生产者或各行业的互动交流，生产交互性内容，与原创内容和转载内容一起构成了内容矩阵。

在新闻内容呈现方面，澎湃新闻摆脱了传统纸媒对内容形式的限制，充分利用互联网技术进行创新，综合运用图文、视频、动画、游戏等全媒体传播方式，每天生产数量庞大的原创新闻报道。目前，澎湃新闻拥有一支人数众多的记者团队，为用户提供 24 小时的新闻报道服务，内容涉及时政、思想、财经和文化类等领域。

---

① 李嵘．向着打造生态媒体的更高目标迈进：以澎湃新闻为例论新媒体发展新路径 [J]．青年记者，2019 (28)：50.

（六）弥补真相日益重要

布瑞恩·基冈呼认为，在当代，对于信息过载以及恐惧、不确定性和怀疑等情绪焦虑，数据驱动的新闻可以起到关键性的作用，它们可以为关于政策、经济趋势、社会变革的讨论提供更为坚实的经验基础。[①] 在后真相时期，人们往往只看中信息的轰动效应，只看中其猎奇性，不太关注事件的真相。而这又为一些别有用心的传播者所利用，他们不尊重事实，大肆传播爆炸性的信息，以混淆视听，误导受众认知和舆论。在这种情况下，能够厘清事件来龙去脉和有效呈现真相的数据新闻，无疑成为弥补真相的有效手段，也与“建设性新闻”的需求暗合。

（七）新闻界的追求

以新闻报道来真实、客观、深刻、广泛、明了地反映社会变迁，是新闻界无法推卸的责任，也是其创新、发展的巨大力量源泉。在这一过程中，新闻界可能会遭遇各种挫折，但前途是光明的。今天，要使新闻报道始终行进在真实、客观、深刻、广泛、明了的道路上，就要加大调查性报道、深度报道以及精确性报道的力度，采用计算机等工具来开展辅助性报道，而这正是数据新闻的强项。因此，大力发展数据新闻，与新闻界的追求是相当契合的。

二、数据新闻诞生的支撑技术

（一）大数据技术

毫无疑问，数据是数据新闻的来源，而大数据的意义和价值主要体现在规模方面，数据规模决定了其所蕴含的信息量及价值的大小。然而，当大量的数据聚集在一起时，相应的数据往往会呈现出非结构化的特征，它们涵盖了各个行业、各个领域的内容，但也增加了辨别真伪的难度。目前，我国许多互联网科技公司都建立了自己的大数据使用和研究平台。除了阿里巴巴、腾讯、百度等综合性的大数据平台之外，还有许多专业性的数据平台，例如爱奇艺指数和高德地图等。对大数据的分析和处理离不开对人工智能技术的运用。对新闻业的发展来说，大数据技术主要有两个作用：

1. 让新闻更具说服力

传统的新闻报道通常由新闻工作者选择相关主题来撰写内容，最终发布成稿，广大受众只能被动接收信息，参与度有限，有时甚至会引发受众对新闻真实性的怀疑。然而，在大数据技术的影响下，我国的新闻作品变得更加有说服力。海量的数据样本不仅能揭示各种事件之间的关系，还能深入挖掘新闻背后的“新闻”。例如，《华盛顿邮报》在美国创建了包含各个行业数据资料的新闻数据库。在报道新闻时，这一数据库会对所涉及的行业进行分析，为受众提供思维框架。受众能够跳出单一

---

① 郭恩强，霍华德．数据新闻何以重要？：数据新闻的发展、挑战及其前景［J］．新闻记者，2015（2）：68.

个案的思维框架，重新思考个案背后的深层问题。[①] 这种方式能够在一定程度上增加读者的阅读兴趣，并能够有效地提升新闻媒体的公信力。

2. 个性化定制成为现实

在过去，受传统新闻模式的影响，广大受众只能被动地接受各种新闻信息，获取新闻的途径有限，无法选择自己喜欢的新闻类型。而随着大数据技术的发展，大众传播媒体可以根据受众的选择来满足他们的新闻需求。当受众使用搜索引擎来搜索新闻时，后台浏览器会自动保存搜索内容，并通过分析受众的心理需求和观看习惯来推荐适合他们阅读的新闻内容，或者推荐他们更感兴趣的新闻内容。这种方式真正以受众为主体，为其提供个性化服务。例如，《太原晚报》新闻部于 2017 年创建了“太原时政”这一微信公众号，短时间内吸引了大量的关注。在中、高考期间，其发布了一系列关于中高考信息的稿件，关注的人数更是创了新高，文章的传阅量也极大。这为大众传播媒体提供了启示——受众在特定时期有特定的信息需求，让记者在日常采访中的目标更加明确。

(二) 人工智能技术

目前，有许多公司和机构在积极投入对人工智能（AI）技术的研发。这些公司和机构不仅在人工智能系统的开发上投入了大量资源，还在计算机算法、机器学习和传感器技术等方面进行了深入研究。人工智能技术的发展离不开大数据的支持。大数据的存储和处理能力对于人工智能的发展至关重要。因此，许多公司和机构都在努力提升自己的大数据存储和处理能力，以满足人工智能技术的需求。除了技术平台和公司，还有许多研究机构和学界在积极探索人工智能技术的前沿。他们通过开展各种研究项目和合作，推动人工智能技术的创新和应用。总之，人工智能技术的研发活动正在全球范围内蓬勃发展。各个领域的公司、机构和研究者都在为人工智能技术的进步做出贡献，推动着人工智能技术的不断突破和应用。还有许多中小型技术平台，它们的技术和数据很大程度上来自大型技术平台。这些平台的主要目标是为媒体提供基于人工智能技术的新闻产品。

(三) VR 技术

VR（虚拟现实）技术是一种利用先进的计算机技术创造虚拟环境的技术。用户通过特殊设备如眼镜、头盔等来模拟视觉、触觉、听觉等，可以获得身临其境的感觉。在数据新闻中应用 VR 技术，可以有效地减少传统新闻消费中的抽象感，满足受众特定的心理需求。VR 技术可以被视为一种现代化的“电视魔法”，例如《数说命运共同体：远方的包裹》这一新闻作品对 VR 技术的运用。在摄影技术方面，经过多次磨合，主持人欧阳夏丹和摄制组共同完成了许多大空间、长镜头的无缝转场。可以说，在 VR 技术的运用上，《数说命运共同体：远方的包裹》的制作团队采用了目前仅在电影制作中使用的“跨平台摄像机虚拟轨迹反求技术”，通过控制人物和背景的运动速度和路径等因素，历经特效场景制作、摄像机轨迹虚拟反求等一系列复杂的生产流程，使这一新闻作品最终取得了惊人的传播效果。

---

① 左宁．大数据带来新闻变革 [J]．传媒观察，2016 (7)：53.

【案例】

作品名称：《数说命运共同体：远方的包裹》

作品类型：数据新闻

制作机构：中央电视台

作品简介：《数说命运共同体》是中央电视台于2015年国庆期间重磅推出的一档全新大型数据新闻节目，是对“一带一路”的特别报道。第一集《远方的包裹》借助“一镜到底”的长镜头和虚拟衔接技术，使新闻主播能够瞬间穿越到不同国家和场景，让广大受众身临其境地感受到了“一带一路”共建国家的各种生活场景（见图1-1）。通过这种全新的表达方式，《数说命运共同体：远方的包裹》成功地将国家战略与百姓利益融合在了一起。

《数说命运共同体：远方的包裹》

图1-1　数据新闻《数说命运共同体：远方的包裹》作品截图

（四）物联网技术

早在1999年，美国麻省理工学院就对物联网进行了界定：把所有物品通过射频识别等信息传感设备与互联网连接起来，实现智能化识别和管理。① 对物联网技术的应用，为新闻报道带来了更多的可能性。例如上文中提到的《数说命运共同体》就运用物联网技术，为受众呈现出了一场全新的视觉盛宴，让他们更加深入地了解“一带一路”共建国家的民生百态，同时也让国家战略与百姓利益得到了统一。随着信息传播科技的发展，物联网的定义得以不断扩展，作为大数据、云计算、人工智能以及传感技术等综合发展的产物，物联网构建了人与人、人与物、物与物之间的互动网络。在物联网的视域中，每个物体都有自身的IP，在连接到互联网以后，万事万物就能在相互关联中形成实实在在的虚拟镜像，能够以数据化的形式被感知、记录和分析。物联网的开放和共享服务理念与数据新闻生产中的数据源开放和共享要求有着相似之处。

众所周知，传感技术是实现万物互联的基础，物联网包括感知、网络和应用三个层次。其中，感知层可利用传感器、监控系统、可穿戴设备和无人机等设备捕获

① 郎为民．大话物联网［M］．北京：人民邮电出版社，2011：29.

人体感知范围外的各种数据。通过安装在大坝、桥梁以及各种交通工具上的设备进行数据收集，在对数据进行分析后便能够知晓物体损耗的情况。可以说，物联网的发展正逐渐改变我们的生活方式——各种传感器不仅能够获取物体损耗数据，还能通过电子标签识别和追踪物体位置信息。同时，智能机顶盒和物联感知技术也可以应用在空气和水源质量检测等方面。此外，智能可穿戴设备可以获取心跳频率、脑电波、血压等数据，从而感知用户的情绪变化。可以说，感知层是人体视、听、触等感觉系统的延伸，它所获取的数据具有形式多样、涵盖领域广的特征，能够为数据新闻报道提供丰富的素材。各种信息采集装置的广泛应用扩展了数据采集的深度和广度，为数据新闻的发展提供了新的机遇。除了社交、娱乐和生活等领域外，物联网还涉及智能家居、智能电网、智能交通以及智慧城市和智慧地球等领域。网络层扮演着数据传输平台的角色，将从感知层获取的信息传送到应用层，起到桥梁和纽带的作用。网络层的发展将进一步推动物联网的应用，为人类创造更加智能和便利的生活环境。在数字传播时代，物联网已经成为连接一切的关键，它将为人类带来更多的便利和机遇。毫无疑问，物联网的发展也必将为数据新闻提供更多的机会和可能性。连接互联网的物体会不断产生大量数据，这些数据包含人体、物体及环境的实时信息，以家庭、职业和公共空间等为单位存储在云端。通过详细的数据采集，数据新闻可以朝着专业、精细和深度的方向发展，从直观呈现和解读信息转变为扩展和深化数据中的关系。应用层类似于人体的“大脑”，它通过云计算平台对从感知层获取的数据进行分析和处理，并实现与行业需求的无缝对接，例如机器人写作等专门为大众传播媒体研发的应用程序，就依赖于应用层的智慧分配和处理。

目前，物联网应用与传媒业结合的成功案例比较多，其中比较著名的是传感器新闻，如“蝉群追踪”和“枪声监测”等都是成功的案例。作为一种比较特殊的数据收集方法，物联网为数据新闻的发展提供了新的途径和可能性。通过连接到互联网中的各种物体，社会大众可以获得更多的实时信息，这些信息可以帮助他们更好地理解和解读世界。同时，物联网应用层的智能分析和处理能力也为媒体提供了更多的创作和报道方式。推进物联网和传媒业的融合，人们可以创造出精准、深入和有趣的数据新闻作品。当前，传感器新闻已经被广泛应用于各种新闻领域，如环境新闻、调查新闻和无人机新闻等，其主要目的是通过数据分析来发现相关规律和趋势，从而提升数据的价值和意义。随着物联网应用规模的不断扩大，数据已成为人类理解和定义现实世界的重要方式之一。因此，每个人都必须在物联网所构建的数据生态中塑造自己的形象。在数据来源日益丰富的情况下，数据新闻的选题、数据挖掘和分析也面临着一系列的变革。物联网与新闻业的融合发展已经不再局限于传感器新闻，还涉及数据可视化的发展和数据接收终端的变革等方面。这些颠覆性的革新将催生新的新闻服务模式，为社会大众提供更加丰富和多样化的新闻体验。

（五）媒体融合技术

大众传播媒体在各类融合平台上所采用的技术，不少是从各大互联网公司引进的，这已经成为当今大众传播媒体与技术平台融合的常见做法。如 2013 年，亚马逊首席执行官杰夫·贝索斯宣布收购《华盛顿邮报》，并表示被收购后的报纸将继续为读者提供新闻报道。这可以被视为大众传播媒体与技术平台融合的一个典型案例，即平台主动向大众传播媒体输出技术。这种融合方式使新闻生产者能够专注于内容创作，将新技术的研发外包给技术公司，通过技术整合内容，并根据技术路线的要求重新组织生产流程。与其他方式相比，这种融合方式有着自身的特点：前者是通过内容来适应技术，后者则是通过技术来适应内容。技术的进步源于融合，但无论以何种技术为依托，大众传播媒体都应该坚持以理性为准则，既要敢于探索创新，又要保持自身的独立性。

第二节　数据新闻的内涵及特征

数据新闻能够将数据和新闻有效地关联起来，揭示那些隐藏于数据中的真相，让受众能够更为全面地了解新闻事实。因此，与传统新闻相比，数据新闻的特征也较为明显。

一、数据新闻的内涵界定

（一）何为数据新闻

中西方对数据新闻的定义多种多样，但我国对数据新闻的界定是在参考西方定义的基础上进行的。西方与数据新闻相关的提法主要有 robot journalism（机器人新闻）、robot journalist（机器人记者）以及 algorithmic journalism（算法新闻）等，目前我国所提及的数据新闻，也主要包括这些类型。与传统的新闻生产方式相比，数据新闻的最大特征就在于对数据的非人为处理和加工，体现出“计算机程序思维”。与人类思维相比，这种思维方式在内容和效率上均具有巨大的优势。以机器思维模式来处理文字和数据，进而完成稿件的写作和编辑任务，是智能新闻常用的手段。这些具有新闻思维的“东西”虽然不具备机器人的外形，却能以惊人的速度完成令人震惊的新闻故事。将新闻的生产方式定义为“新闻思维器”，其核心在于处理非结构化的数据。由此可知，数据新闻的生产方式依赖于计算机程序思维，而传统的新闻生产则主要依靠新闻工作者的大脑思维。

由此可知，中西方学界对数据新闻的定义，都将重点放在了大量非结构化数据的非人为加工和处理上。国内学者们对数据新闻的界定比较多。章戈浩认为数据新闻为数据驱动新闻，是对数据进行过滤分析后，生产出新闻报道的方式。[①] 郭俊义认为数据新闻主要包括借助各类数据工具来挖掘新闻、做数据的引证以及数据可视化三个方面。[②] 黄志敏等认为数据新闻是基于大数据的收集、清洗、整理、分析，进而挖掘出数据背后互相关联的逻辑关系和意义而形成的一种新型新闻报道方式，通常是运用可视化技术，以信息图表的形式发布。[③] 方洁认为，数据新闻是一种运用计算机程序对事实材料和统计资料进行采集、分析和呈现的量化报道方式，也指一种通过上述方式生产的新闻品类。[④] 综合各种定义，可以看出，数据新闻所包括

---

① 章戈浩．作为开放新闻的数据新闻：英国《卫报》的数据新闻实践［J］．新闻记者，2013（6）：7.

② 曾凡斌，李艺．国内新闻传播学界对大数据的认识和研究［J］．中国广播，2016（3）：24.

③ 黄志敏，张玮．数据新闻是如何出炉的：以财新数据可视化作品为例［J］．新闻与写作，2016（3）：86.

④ 方洁．数据新闻概论［M］．2版．北京：中国人民大学出版社，2019：3.

的数据，既有计算机术语方面的，也有新闻方面的，其中新闻方面的数据是结构化的和可以进行分析的。有人认为，只要新闻文本中的数据对新闻有特定的价值，便可视为数据新闻。但也有人认为，只有利用大规模的数据来开展宏观性的报道，并以可视化的方式来呈现的新闻，才能称为数据新闻。无论如何，对数据新闻来说，数据的获取、分析与呈现是题中应有之义，目的是从数据中寻找有价值、有故事的新闻要素，并在形成新闻文本后进行传播。因此，数据新闻应该是一种以数据来驱动的新闻样式，数据在数据新闻中所起的作用是基础性的。当然，数据新闻的生产和传播离不开相应的技术支撑。当前，采用大数据、人工智能、VR 等技术来挖掘和呈现新闻，成为数据新闻生产和传播中的必然环节。

有鉴于此，本书将数据新闻界定如下：数据新闻是指综合利用大数据、人工智能、VR 等技术，对报道对象所关涉的大规模的数据进行挖掘、获取、分析与处理，从中提炼出具有新闻价值的信息，将数据转化为新闻背景和故事，并以相对宏观的视角对新闻进行可视化呈现的报道方式，也指以上述方式生产的新闻作品。它是一种典型的数据驱动型新闻，更具归纳、统计能力以及直观性，体验感更强。

要较好地理解数据新闻，必须弄清两个较为关键的问题：一是数据和新闻之间究竟有何种关联性？数据新闻是一种将新闻价值标准和可视化形式高度融合的产物。尽管数据新闻强调新闻表达的可视化，但可视化本身也需要承载新的信息，以满足内容表达的需求、实现生产者的意图，并符合新闻价值的要求。数据新闻的核心仍然是“新闻”，尽管它以数据的形式呈现，但其灵魂和核心仍然是新闻本身。因此，数据新闻首先必须具备新闻价值，才能进行可视化呈现。由此可知，数据新闻必须包括其他新闻所具备的要素，并在此基础上进一步发展。数据在其中的作用不仅仅是使内容更直观、更清晰地呈现出来，更重要的是在经过包装和可视化后，增加新闻的信息量。二是如何将数据和新闻有效地结合起来？目前，一些人对数据新闻存在着误解，认为数据新闻只是一种“炫技”的手段，认为在数据新闻领域，人们常常看到将一些简单的问题通过复杂的可视化效果来呈现。然而，一篇优秀的数据新闻作品，必须首先是一篇优秀的新闻作品，否则追求表达形式的创新只是枉然。虽然数据新闻非常注重作品的表现方式、表达技巧和可视化效果，但我们不能忽视“合适的鞋子才是好鞋子”的道理。形式的创新固然重要，但更重要的是选择与内容和目标相匹配的表达形式。数据新闻并不是简单地“从故事中发现数据”或者“用数据来讲故事”，而是在数据中发现故事，将数据转化为新闻背景和故事情节，技术手段只是发现、讲述和呈现故事的重要工具。

（二）数据新闻与传统新闻的区别

作为一种新兴的新闻报道方式，数据新闻与传统新闻有着显著的区别。主要体现在两个方面：

1. 数据新闻是对传统新闻的拓展

数据新闻的兴起是对传统新闻的拓展与创新，它借助传播技术的力量，不仅扩展了传统新闻的范围，还确保了新闻的及时性。同时，数据新闻通过对信息技术的运用，实现了新闻可视化的展示，改变了传统静态文字和图片的呈现方式。传统新闻主要由新闻工作者进行采编，而数据新闻则将受众融入新闻的采编过程中，广泛获取数据来源，从而提升了新闻的深度和价值。因而数据新闻有效地弥补了传统新闻的不足之处，丰富了新闻的形式和内容。

2. 传统新闻与数据新闻相互包含

传统新闻与数据新闻呈现出互相交织的现象，数据新闻是在计算机技术和传统新闻的基础上发展起来的。因此，在传统新闻的形式中，虽然也融入了一些数据的元素，但并没有赋予其特定的意义。而在今天，数据新闻被重新定义，传统新闻中的数据元素也被重新解读，新闻工作者对数据重要性的认知逐渐增强，他们开始认识到传统新闻与数据新闻之间的紧密关联。

毫无疑问，越来越多的人已经认识到了数据新闻的重要性，并开始运用有价值的数据来支持他们的报道。以《纽约时报》关于军队医院的报道为例，这是有效制作数据新闻的典型案例。记者不辞辛劳地走访了各家医院，发现了大量高发难产的病例。这些不正常的分娩并非由遗传基因或其他原因引起，而是源于医疗护理的不足。如果是在以前，记者可能会依靠自己私下采访的或医院提供的数据来分析这些难产事件和非正常出生婴儿的情况，并撰写报道。然而，现在的情况是，记者亲自进行调查，并建立了一个数据库。因此，数据新闻与传统新闻最大的不同之处在于，新闻记者将所有的数据汇总并分析，然后进行可视化报道，这也是数据新闻的独特之处。此外，数据新闻的可信度更高，因为它基于大量的信息。过去，人们常常将新闻报道称为“街头巷尾”的传闻，这种说法虽有些戏谑的成分，但也有一定的道理。对于一件事情，只要记者能找到三个例子，然后做简单的总结，似乎就能发现某种趋势。然而，这种方法实际上并没有太大的说服力，因为记者所拥有的可能只是一些特例。当然，并不是说记者不努力进行调查报道。但今天的社会环境更加复杂，可报道的范围也更加广泛，传统的报道模式越来越不被重视。如果记者进行系统的研究，并用数据支持自己的推测，那么新闻会更加可信。

（三）数据新闻对传统新闻生产的颠覆

与传统报道主要依靠文字和图片来呈现不同，数据新闻以真实数据为基础来呈现新闻事实。它主要以调查数据为主，辅以文字和图片等来支持报道。与传统新闻侧重于调查采访不同，数据新闻更多地依赖于数据的挖掘、整理和分析，以找出新闻事件中各要素之间的关联。最后，通过图表等形式将这些关联展示给受众。因此，可视化成为数据新闻的核心关键点，当每个新闻要素以图表等形式被呈现出来时，新闻生产的思路和流程便改变了，同时也影响着大众传播媒体和受众的思维方式。

1. 新闻文本方面的颠覆

在新闻文本生产中，新闻叙事是必不可少的。所谓新闻叙事，是指运用一定的语言系统，叙述、重构新近发生的新闻事实的活动。[①] 在传统的新闻报道中，新闻工作者通常以文字、图片、音频、视频为主要手段，力求通过细节描写来传达信息。而数据新闻则以数据为基础来构建新闻的核心内容，并将视角从事件的因果关系转变为事件的相关联系。可以说，数据新闻从根本上改变了新闻报道的叙事方

---

① 李小华，张付伟．基于数据新闻热的审视与思考［J］．中国出版，2016（8）：36.

式，实现了从文字到数据、从宏观到微观的转变。在呈现方式上，可视化的数据地图、图解新闻和交互式图表能够为受众提供更好的阅读体验，图像化的表达方式已成为数据新闻传播的主要形式。众所周知，人类已经进入了一个图像化的时代，多样化的数据新闻呈现方式更符合现代人碎片化的阅读习惯。正因为如此，与传统新闻生产模式相比，数据新闻在叙事方式和呈现手段上都发生了全方位的变革。

2. 新闻生产理念方面的颠覆

数据新闻的出现不仅改变了新闻报道的形式，也对新闻生产理念产生了冲击。在传统的新闻生产中，记者通常通过发现新闻线索或者利用线人提供的信息来开展采访调查活动，并根据调查所得的材料来撰写新闻稿件。数据新闻的生产方式则更加多样化，记者既可以通过收集、挖掘、过滤和制作数据来完成报道，也可以利用计算机程序将数据融入结构化的语言之中，生成机器人新闻。新闻工作的重心发生了转变，新闻工作者必须转变他们的新闻观念。

从新闻生产理念的角度来看，数据新闻对传统新闻生产方式的颠覆也是一次重塑媒体价值的机遇。在新媒体蓬勃发展的背景下，专业媒体在进行新闻报道时面临着诸多困难，而数据新闻则为专业媒体开辟了一条新的发展道路。如果大众传播媒体能够更好地挖掘和分析数据，那么它们将能够提供更加专业化的报道，在满足受众需求的同时增强自身的影响力。如果它们将注意力集中于对事实的评估和对事件未来发展的预测，就能够超越其他非专业新闻工作者所能达到的高度。通过深入挖掘复杂的数据，大众传播媒体就能够主导新闻议题，为受众提供独特的视角和深入的分析。这种专业的能力使大众传播媒体能准确地预测事件的走向，并为受众提供有价值的信息，从而引领社会的发展和进步。

3. 受众方面的颠覆

随着数据新闻的普及，大众传播媒体和受众的角色都发生了翻天覆地的变化。受众不再被动地接收信息，他们可以积极参与新闻的生产和传播。例如《纽约时报》上的报道《拉姆·伊曼纽尔治下的芝加哥：读者讲述》，就是通过众包的方式来收集新闻信息的，记者发布信息后立即收到了受众的回应，而记者的分析也被加入其中，最终成为一篇综合性的新闻作品。这样的成功案例屡见不鲜，众包的方式可以帮助新闻工作者高效地获取新闻线索，节约时间并降低成本。据此可以说，数据的多样性是数据新闻生产的基石。

就作为数据生产者的受众来说，其阅读习惯、兴趣爱好、反馈等都会被详细地记录下来，并对最终的新闻报道产生巨大的影响。

4. 数据新闻与数字新闻的异同

数字新闻有着悠久的历史。早在古罗马时期，就出现了数字新闻的雏形。学界普遍认为，《每日纪闻》（欧洲最早的官方手抄报纸）中刊载的与公民投票统计结果相关的报道，可被视为最早的数字新闻作品。在我国唐朝，《敦煌进奏院状》和孙樵的《读开元杂报》，也运用了列举数据的方式来传播信息。20 世纪 80 年代初，我国新闻界提出了“数字新闻”这一专业术语，并开始进行相关研究。1981 年，张铭清发表了《新闻数字的使用》，较早地探讨了在新闻中使用数字的问题。张铭清认为，相比于文字，数字具有“简练、准确、醒目、直观”的优点，但也存在着

“抽象、干巴、枯燥”的缺点。因此，在新闻中使用数字时，应该充分发挥其优点，避免其缺点。《新闻数字的使用》这篇文章，通过多个实例，为读者提供了一系列改进数字使用的建议，比如：对写进新闻里的数字，应该比统计数字有更高的要求；它应该扬数字之长，避数字之短，使抽象、干巴、枯燥的数字生动起来，为广大读者喜闻乐见。①

数字新闻是一种以数据为主体的新闻形式，它简洁明了地报道新闻事实，不做过多的描述和解释。随着计算机和互联网技术的不断发展，数字新闻的呈现和传播方式也变得更加多样化。如今，数字新闻已经演变成一种借助计算机网络技术和各种数字平台传播信息的新闻形式。数据新闻以数字为核心，采用静态或动态的图表形式重新组织数据，以揭示社会现象，让读者能够清晰地了解复杂的社会状况。众所周知，图表、图例和图解是数据新闻中不可或缺的重要元素。数据新闻的标题通常采用直接明了的表达方式，正文则坚持“以数量关系为骨，以数字为肉”的理念。数据新闻的核心在于数据，文字的作用仅是对数据的补充，有时甚至只用于对标题、图例和数据来源进行说明。然而，我们也不能忽视文字在数据新闻中的解释和说明作用，受众需要借助文字来理解数据，新闻的真实性和有效性也需要通过文字来传达。

由此可知，数字新闻的表达方式为数据新闻提供了丰富的经验，然而，在将某一新闻现象“数字化”的过程中，数字新闻和数据新闻之间仍然存在着特定的区别。就信息选用而言，数字新闻中数字的比重必然很大；而在数据新闻中，数字可能只是内容的一部分，甚至可以没有数字资料。就信息处理而言，数字新闻可能只是简单地罗列数字；而数据新闻更注重对数据关系的拆解。就信息表达而言，数字新闻中数字占主导地位，文字只是对数字的补充说明；而在数据新闻中，数字和文字是相辅相成的，二者共同服务于某一新闻主题。就文章核心而言，数字新闻仍以文字观点为核心，数字仅作为佐证存在；而数据新闻的核心是数据中的信息，新闻作品中的所有材料都是为了有效地编排数据，使关键信息更容易被受众接受。

需要特别指出的是，在数据新闻兴起后，数字新闻并未消失，它仍然在各类新闻报道尤其是财经新闻报道中扮演着重要的角色。随着新兴技术的不断发展，数字新闻展现出了强大的生命力。它不仅能够直观地展示数字变化的情况，还能通过互动手段与受众进行交流，甚至可以帮助受众预测未来。在思考数据新闻时，我们应该避免陷入数字新闻的误区，简单地将数据新闻等同于数字新闻。

二、数据新闻的特征

（一）以数据作为新闻的重要操作元素

数据在数据新闻生产链中扮演着核心角色，它是数据新闻的“原材料”。数据新闻尤为重视数据的准确性和可靠性，只选择经过严格筛选和验证的数据作为报道的基础。数据在数据新闻中的应用主要体现在数据采集和数据功能这两个方面。

---

① 张铭清．新闻数字的使用［J］．新闻战线，1981（4）：28.

1. 数据采集

新闻工作者擅长从公开的资料中寻找和挖掘有报道价值的数据，确保报道的可信度和权威性。在原创数据新闻报道中，新闻工作者需要清楚地标注数据的来源，让受众可以追溯数据的真实性和可信度。通过数据分析和统计，数据新闻报道能够提供深入的洞察和全面的视角，为受众呈现出更加全面和更为准确的新闻信息。数据新闻报道中所使用的数据可以分为一手数据和二手数据两种。一手数据是指新闻工作者通过各类软件自主采集到的新闻数据，这种数据具有真实度高、时效性强等优势，但局限是所花的时间较长，成本较高。二手数据是指利用已有数据作为报道来源的数据，具有来源广泛、时间短和成本低等特征。在生产数据新闻的过程中，很多媒体都经常使用二手数据，呈现出一手数据使用不足的现象。毫无疑问，最好的做法是将二手数据作为一手数据的补充。

2. 数据功能

在数据新闻的生产中，数据是核心原材料。因为一方面，通过大量的数据信息，可以勾勒出新闻事件的形态；另一方面，新闻工作者可以在错综复杂的数据中找到线索，发现事件主体之间的关联性，并向受众提供事件背后的深度信息。

根据报道内容的指向性，原创数据新闻的数据功能主要体现在两个方面：一是通过数据展现新闻事件的全景。数据新闻不仅要注重数据的挖掘和分析，也要重视可视化设计。因为数字是数据新闻的骨架，而设计是其灵魂。二是坚持问题意识，致力于揭示新闻事件发生的原因，并对事件的深层内容进行解释。在原创数据新闻中，描述性功能更为突出，解释性功能并不显著。

（二）以可视化来体现艺术性和审美性

1. 艺术特性：以静为主且形式多元

可视化是数据新闻生产中的最后环节，它关系到新闻作品的吸引力和受众对其的体验感。因此，大众传播媒体在可视化设计方面投入了大量精力，以确保数据新闻作品的质量和吸引力。由此可知，形成自己的可视化特色，对数据新闻制作团队来说非常重要。

在可视化方面，数据新闻通常采用三种常见形式——静态信息图表、动态信息图表和交互设计程序。静态信息图表是指使用简洁的文字和静态图表来呈现数据，动态信息图表是指利用动画和数据变量来显示数据的变化，交互设计程序则是指通过算法设计的新闻游戏或 H5 等作品。

在静态信息图表中，数据新闻主要使用各种类型的数据图表，如表格、折线图、柱状图、地图、散点图、气泡图、面积图、饼状图、热力图、时间轴、关系网以及词云等。统计数据显示，这些图表被广泛应用于数据新闻的可视化制作中。在动态信息图表中，对动态元素的运用能够让受众更直观地感受到事件的变化情况。同时，对动态元素的运用也让新闻报道更具有吸引力和互动性，受众可以通过点击或滑动来观看不同时间段事件的变化。除了动态元素，数据新闻还可以通过其他创新的可视化手段来提升报道的质量。例如，利用 VR 技术将读者带入真实的场景中，让他们身临其境地感受新闻事件的进程。又如，交互式图表和图形可以让受众根据自己的需求和兴趣来探索数据，从而深入了解事件背后的故事。这种创新的可视化手段不仅能够提供更丰富的信息，还能够激发受众的参与和思考，使新闻报道更具有影响力和记忆点。

总之，数据新闻的可视化制作是一项充满创意和挑战的工作。通过运用动态元素和其他创新手段，新闻工作者可以让报道更具有吸引力和互动性，让受众更好地理解和记忆新闻事件。同时，可视化也是一种将数据转化为故事的方式，通过可视化的方式传达信息，可以让受众更加深入地了解事件的背后故事，满足他们的个性化需求。例如，财新网于 2018 年发表的《五环以外》一文，就使用了交互性可视化工具。记者以数据化的形式呈现了北京五环外的地理信息，记录了北京五环外建筑的变化及相关景观。

【案例】

作品名称：《五环以外》

作品类型：数据新闻

制作机构：财新网

作品简介：该作品使用了交互性可视化工具，受众可通过滑动屏幕来获取北京五环以外的信息，在地理、空间上定位五环以外的区域。在互动设计部分，受众可以点击不同圆圈观看“北四村”的聚居局部图；还可以双击屏幕后，拖拽红点，定位适合自己的居住区域（见图 1-2）。由于每个受众的选择不同，因此所得到的理想居住结果也会有所不同，从而为受众提供了个性化的反馈。

《五环以外》

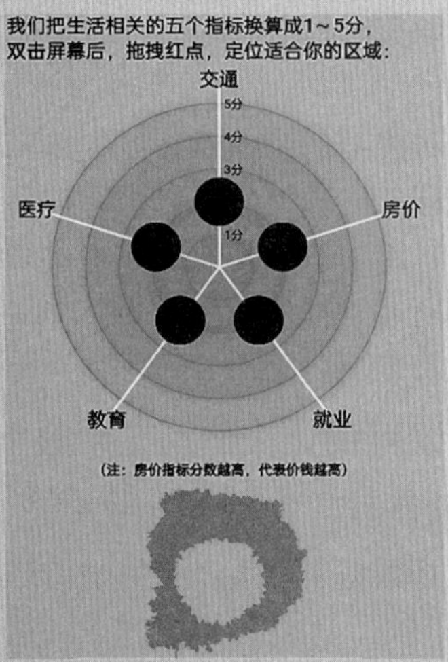

图 1-2　数据新闻《五环以外》作品截图

2. 审美取向：配色简洁且界面清爽

配色风格充分展现了数据新闻在可视化制作方面的审美取向。为了发挥配色的功能，数据新闻经常在配色方面下功夫。由于色彩并非越浓越好，因而不少数据新闻在色彩使用数量上做了减法，注重简洁和清晰，以确保受众能够轻松理解和解读可视化新闻作品。大众传播媒体在配色方面所做的努力，不仅使数据新闻作品更加易于理解、更具吸引力，同时也展现了大众传播媒体对于科技与可视化制作的独特见解，以达到简洁明了但不简单的效果。例如，在一张静态数据图表中，大众传播媒体可以通过改变同种颜色的明度来对比不同的数据。

总之，在可视化呈现中，大众传播媒体要善于运用色彩的明暗对比来表达数据结构，展现出简洁、清爽的风格，给人以清晰明了的视觉观感，以取得更好的效果。

（三）主体的"多元化"及报道对象的"中介化"

1. 主体的"多元化"

以数据新闻生产中的"原型事实""中介化事实"和"可视化新闻"为节点，可将数据新闻的主体分为三种类型，即数据生产主体、数据新闻报道主体以及数据新闻受众主体。从数据的获取、分析及处理等过程来看，所谓数据生产主体，其实就是利用特定的技术和工具，开展数据的采集、存储和处理的主体，他们记录和整理与"原型事实"相关的数据，并将这些数据汇集起来。数据新闻报道主体则将数据作为新闻报道的对象，其核心任务是通过对数据的计算和处理，呈现有价值的信息和见解，以可视化的方式来开展新闻报道。在数据生产主体和数据新闻报道主体完成大数据处理后，数据新闻受众主体便扮演着接收已经完成可视化呈现的新闻的角色。数据的质量对新闻报道的质量至关重要，因而数据新闻报道不仅包括数据新闻生产和传播过程，还必须考虑数据的生成过程。在具体的数据新闻实践中，数据生产主体可以分为数据收集者和数据存储者；数据新闻报道主体可以分为数据新闻制作者和数据新闻传播者。显然，数据新闻报道主体的内部由承担不同数据处理功能的多元报道者共同构成。需要说明的是，在个别情况下，数据生产主体和数据新闻报道主体可以实现一体化，即数据新闻报道主体直接采集和存储原型事实数据，并在形成数据后完成新闻的生产和传播。

2. 报道对象的"中介化"

数据新闻的本体假设是，数据是由"数"确定的、已经完成的事实，世界上的一切都可以被还原为数据，并以数据的形式融入新闻报道活动之中。与其他类型的新闻不同，数据新闻报道的直接对象不是客观世界中的"原型事实"，而是通过技术手段将原型事实进行数据化记录，并以数据形式来呈现的"中介化事实"。具体来说，新闻工作者将中介化事实作为直接的报道对象，而原型事实实现了隐身。需要说明的是，"隐身"并不意味着消失，数据仅仅是中介而已，数据新闻所呈现的依然是被数字化处理过的原型事实。通过对中介化事实（可视为"显身"的东西）的分析处理，间接地认识"隐身"的原型事实，是"中介化特征"在数据新闻报道中的具体体现。

（四）信息来源的多样化和报道过程的"计算化"

1. 信息来源的多样化

数字传播促使新闻生产和传播走上数字化道路，其中最显著的表现就是信息来源的多样和信息量的庞大。在这个时代，受众可以通过各种新媒体平台来获取丰富的数据资源。与传统新闻采编过程中依赖记者的新闻嗅觉和直觉不同，数字传播时代的数据信息来源更加广泛。人们既可以通过网络搜索公共数据资源，也可以通过移动设备获取用户的关系网络和兴趣图谱等综合性资料。同时，人们既可以从政府部门和各类企业等机构获取公开的信息资源，也可以通过各类社交媒体平台实现信息数量的指数级增长。

2. 报道过程的“计算化”

从新闻报道的流程看，通过计算的方式，数据生产主体能够将原型事实转化为可存储、可处理的数据，并将收集到的大量小数据聚合成大数据。大数据具有“4V”（volume、velocity、variety、value）特征，即体量巨大、速度快、多样性和价值潜力巨大。这种计算化的报道过程使新闻工作者能够更加全面地了解和分析事件，从而提供更准确、更有深度的报道。数据新闻报道主体必须依赖智能设备，通过计算的方式分析和展示中介化事实，并使用特定的算法来进行新闻分发。可以看出，计算在数据新闻报道过程中起着重要作用，报道的每个环节都可以被视为计算的一部分。然而，“一切皆可看作计算”不等于“一切皆是计算”，计算不可能也不应成为数据新闻报道的全部。数据新闻报道主体不是智能机器而是人。数据新闻报道不是全自动化的，至多是半自动化的，计算只是人们对数据进行处理的一种手段，计算中包含着报道主体的价值，计算是多方博弈的结果。

（五）新闻文本叙事模式的多样性和创新性

数据新闻虽以大量数据为基础，但并不以枯燥的方式来呈现数据。数据新闻是一种创新性的新闻形式，通过整理和分析庞大的数据，揭示数据背后的故事。与传统新闻一样，数据新闻也在讲述故事，但它所依据的数据是全样本数据，而非抽样调查的结果。因此，数据新闻传播的内容更加精确、更为真实。这让数据新闻具有了更强的叙事性，对受众来说，零散的数据价值有了巨大的提升。

数据新闻的叙事模式极其多元，且创新性较强。由于数据新闻促使传统新闻的叙事方式发生了变革，因此许多学者致力于数据新闻叙事层面的研究。许向东认为：“数据新闻可视化叙事突破了传统新闻叙事模式，形成了线型、组合型和交互型叙事模式。”①

线型叙事模式按照时间顺序进行叙事，能够让受众快速了解核心信息，掌握事实真相，因而在数据新闻报道中非常常见。另一种叙事模式是组合型叙事模式，它允许受众自主地选择角度来了解新闻事件。在叙事过程中，各个叙事板块不仅仅按照时间顺序展开，而且围绕主题展开，呈现出由点到面或由线到面的叙事风格。还有一种叙事模式被称为交互型叙事模式。这种叙事模式秉承开放、互动的叙事理念，注重受众的个性化需求。

1. 中心线串联的线性叙事

在数据新闻的叙事中，大众传播媒体常常采用中心线串联的线性叙事模式来进行叙事。这种叙事模式以事件发展为主线，通过线性罗列信息的方式来呈现新闻，报道内容可能会融合碎片化信息以及多方信息来源，让新闻报道能够从主线上展示事件的全貌，受众可以沿着时间主线把握事态的变化情况。这种叙事模式注重描绘事件的轮廓，致力于展现事件的经过，侧重于全面地展示事件的整体情况。特别是在对灾难性议题进行报道时，大众传播媒体更倾向于采用这一叙事模式。

---

① 许向东．转向、解构与重构：数据新闻可视化叙事研究［J］．国际新闻界，2019（11）：142.

【案例】

作品名称：《一图看懂寿光洪灾，上游泄洪导致下游村庄被淹》

作品类型：数据新闻

制作机构：澎湃新闻

《一图看懂寿光洪灾，上游泄洪导致下游村庄被淹》

作品简介：2018 年 8 月，山东寿光遭受台风袭击，引发了一场巨大的洪灾。澎湃新闻发布的这篇名为《一图看懂寿光洪灾，上游泄洪导致下游村庄被淹》的报道，通过深入制作图解，从受灾经过、救灾过程及洪灾对经济的影响等方面入手，向受众展示了洪灾的全貌（见图 1-3）。这种中心线串联的线性叙事模式不仅在国内灾难性事件的报道中得到广泛应用，在国外灾难性事件的报道中也较为常见，如巴黎圣母院火灾报道就采用了这种叙事模式。

图 1-3 数据新闻《一图看懂寿光洪灾，上游泄洪导致下游村庄被淹》作品截图

此外，中心线串联的线性叙事模式也被应用于一些软新闻的报道之中，特别是那些具有明显线性关系的议题。例如，《第五套人民币迎来 2019 版，这里有一部 70 年人民币进化史》就以可视化的形式展现了人民币的进化历史。由此可知，大众传播媒体常常运用中心线串联的线性叙事模式来报道灾难性事件或具有明显线性关系的软性议题，通过串联多方面的信息，向受众勾勒新闻事件的真实面貌。

【案例】

作品名称：《第五套人民币迎来 2019 版，这里有一部 70 年人民币进化史》

作品类型：数据新闻

制作机构：澎湃新闻

《第五套人民币迎来 2019 版，这里有一部 70 年人民币进化史》

作品简介：该作品以可视化的形式展现了人民币的进化历史，介绍了从 1948 年 12 月 1 日至 2019 年，我国共发行的五套人民币在规格、色彩、票面结构以及防伪性等方面经历的更新迭代（见图 1-4）。

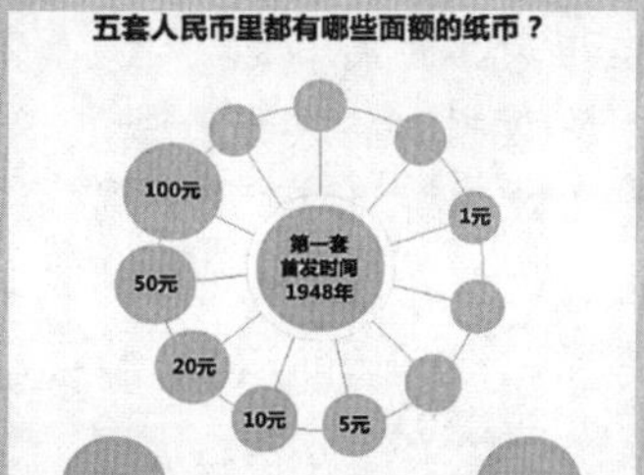

图 1-4 数据新闻《第五套人民币迎来 2019 版，这里有一部 70 年人民币进化史》作品截图

2. 多板块的组合型叙事模式

多板块的组合型叙事模式围绕主题而非按照时间顺序来展开叙述，各个叙事模块之间的关系一般是并列的，当然也可以是补充的。这种叙事模式能够从不同维度对同一主题进行叙述，从而形成多板块的结构。除能够让受众全面而深入地了解新闻事件之外，这种叙事模式还可以为受众的选择性消费提供空间，因而其运用也较为广泛。比如，澎湃新闻的“美数课”栏目曾在 2017 年 7 月连续发布了四篇关于“高温”的报道。这些报道内容多样，读者可以根据自己的兴趣选择阅读，忽略其中一篇并不会影响对其他几篇内容的理解。与“数说高温”这样的多板块组合型叙事模式类似，在 2018 年平昌冬奥会期间，澎湃新闻又推出了“数说冬奥”专题。此外，澎湃新闻还适时推出了“数说两会”“就业季”等专题。

这说明，虽然多板块的组合型叙事模式并不是常用的叙事模式，但在涉及高度发散性的议题时，大众传播媒体也会积极地运用这种模式。

3. 技术主导式的交互型叙事模式

这种叙事模式更加注重受众的阅读体验。通过编程技术，大众传播媒体能够将报道内容以新闻游戏或 H5 的形式呈现给受众，这种叙事模式依托社交媒体的优势，对传统叙事模式进行突破和创新。技术主导式的交互型叙事模式不仅能够向受众提供个性化的信息，还能通过交互性的设计，为受众提供趣味性阅读体验，从而延长受众的新闻阅读时间，由此激发受众的分享兴趣和在传受双方之间建立强关系。技术主导式的交互型叙事模式在不少作品中均有优秀的表现。例如 2018 年七夕澎湃新闻制作并发布的交互型数据新闻报道《转角遇到爱》。

【案例】

作品名称：《转角遇到爱》

作品类型：数据新闻

制作机构：澎湃新闻

作品简介：这篇报道聚焦于相亲这一社会大众极为关心的话题，记者在相亲角进行蹲点，收集到了一手的数据，将其设计成交互型叙事的数据新闻（见图 1-5）。受众只需大致填入自己的信息，系统就会进行匹配，展示出其在相亲角可能遇到的理想对象，查看相应的资料。

《转角遇到爱》

图 1-5　数据新闻《转角遇到爱》作品截图

尽管技术主导式的交互型叙事模式对新闻工作者的技术要求较高，但它在吸引受众注意、个性化表达等方面均具有显著的效果。同时，在培养读者的共情能力方面，这一叙事模式也发挥着特定的功效。例如，澎湃新闻针对斯里兰卡连环爆炸事件发布的数据新闻报道《亲历者的生死瞬间：斯里兰卡爆炸地图》，就通过交互型叙事模式，让受众感受到了爆炸事件亲历者的生死瞬间，引发了受众的共情。

【案例】

作品名称：《亲历者的生死瞬间：斯里兰卡爆炸地图》

作品类型：数据新闻

制作机构：澎湃新闻

《亲历者的生死瞬间：斯里兰卡爆炸地图》

作品简介：2019 年 4 月，斯里兰卡发生连环爆炸，针对这一事件，澎湃新闻采用技术主导式的交互型叙事模式发布了这篇新闻报道。记者对多名亲历者进行了采访，收集了大量的一手资料，然后以地图坐标的形式制作出了具有交互功能的页面：以坐标代表具体的爆炸地点，受众只要点击地图坐标，就能够了解发生在亲历者身上的故事。此外，这篇报道还整合了部分亲历者的碎片化的话语，借用当事人的视角还原了整个事件。当这些碎片化信息通过交互型叙事被连接在一起时，便产生了令人惊叹的效果，真实而生动的爆炸画面被呈现在受众眼前，使他们能够身临其境地感受到亲历者所经历的事件（见图 1-6）。

图 1-6　数据新闻《亲历者的生死瞬间：斯里兰卡爆炸地图》作品截图

（六）受众的参与度高

数据新闻以公众服务为基础进行生产和传播。在数字传播时代，要想充分发挥数据新闻的社会功能，除要保证新闻的专业性和真实性以外，还要在传播中融入以人为本的理念。在数据新闻的辅助下，社会大众能够更为直观地了解事件的真相，并较为全面地分析相关新闻事件的利与弊。例如，通过在新闻中呈现特定时期内的垃圾产生总量，引发人们对环境污染问题的关注，从而提高其环保意识，为环境治理营造良好氛围。

受众的参与度高，主要体现在两个方面：一是交互式设计能够使受众之间、受众与数据新闻之间产生互动，让受众在自行比较中做出理性的判断。二是数据新闻所依赖的数据资源，是受众在社交媒体平台上留下的个人痕迹，如点赞、转发和评论等。经过专业的分析，数据新闻能够提取其中蕴含的意义。这样一来，受众会感到自己也对数据新闻做出了贡献，从而增强他们的参与感。这种互动性和参与感会进一步激发受众的参与热情。如在 2014 年全国两会期间，中央电视台连续推出了九期“两会大数据”报道，第一期的《两会脉搏 全球跳动》，通过对 89 个国家海量数据的挖掘，搜寻了来自海外最热的两会话题，这些话题反映出“全球对中国两会的关注，都在随着中国发展同步跳动着”。

【案例】

作品名称：《两会脉搏 全球跳动》

作品类型：数据新闻

制作机构：中央电视台

作品简介：2014 年全国两会期间，中央电视台抓取了全球与两会相关的信息并进行深入分析，勾勒出了“两会全球热度图”，从中可以看出全球最关心中国两会的区域是亚洲，最关心中国两会的国家是印度尼西亚（见图 1-7）。

《两会脉搏 全球跳动》

图 1-7 数据新闻《两会脉搏 全球跳动》作品截图

（七）可视化、交互化及场景化的表达特色

数据新闻的制作和呈现利用了多种技术，如计算机图形学、图形绘制设计以及人工智能等，这些技术以可视化、交互化和场景化的方式来呈现数据新闻，旨在带给读者更直观的感受。可视化不仅仅是简单地将图表和颜色等元素进行排列组合，而且更多地运用了数据地图、动态气泡图和交互式图标等元素，将数据新闻中复杂的逻辑关系可视化，使之更为形象、更为具体、更为直观。这种结合了知识性、趣味性以及重要性的可视化方式，有助于读者全面和深入地了解事件的全貌，并能够较为准确地把握事件的未来发展趋势。此外，在数据新闻的生产中，受众不再是被动的接受者，而是参与到数据的生产之中，由此提升了数据新闻的交互水平。这种方式不仅增加了受众的参与感，还能够让他们深入了解数据背后的故事，更好地理解和解读新闻数据。

借助互联网等信息媒体平台，大众传播媒体能够收集并分析与受众的阅读习惯和行为轨迹相关的数据，以与受众展开及时和有效的互动。在这种情况下，数据新闻推送变得更具个性化和精准性，并由此让数据新闻发挥出最大作用。

（八）增值性的内容服务及互文性的阅读体验

1. 增值性的内容服务

数据新闻和传统新闻的目标是一样的，都是传播信息。但与普通信息相比，数据新闻具有更强的预测能力，原因在于数据新闻是以大数据等技术为依托而形成的，这种技术可以较为科学地预测社会的发展趋势、预测人类生产和生活的变迁。利用大数据技术，大众传播媒体能够生成可视化、交互式的图表。数据新闻是通过数字信息这一载体来达成新闻增值的目标的。新闻增值主要是指广大受众利用大众传播媒体所承载的信息，获得具有特定指向性的分析结果，以解决自己在生产和生活中遇到的各种问题，并从中获利。

2. 互文性的阅读体验

数字技术的广泛应用，推动了传媒业的变革，使数据的互文性更为突出，让新闻表达更为直观，让新闻的含义更为深刻。随着大数据、人工智能等技术的迅猛发展，数据新闻所收集的样本也发生了巨大的变化，使用表格和图片来解释信息，能够为广大受众提供可视化的观感。同时，大众传播媒体还可以利用链接功能，将数据与其他相关的信息连接在一起，以此拓宽受众的视野。这样一来，受众不仅可以更好地理解信息，还能够更加全面地掌握相关知识。

（九）数据的公开性和情感行为的可判断性

1. 数据的公开性

社交媒体等平台上的海量数据是数据新闻生产和传播的重要资源。保证数据的公开性不仅能提升数据新闻的质量、激发数据新闻的价值，也能对数据新闻传播的广度和深度产生较为重大的影响。在大数据时代，数据的获取虽变得更加便捷和高效，但同时也让信息的真实性面临着巨大的挑战。为了确保数据的公开性，大众传播媒体往往会通过权威部门或者正规的数据库来收集原始的信息，并根据受众的特征和新闻内容遴选出有价值、符合要求的数据，在向官方求证后，才将相关的数据运用到数据新闻的生产和传播之中。这种方式既能保证所公开的数据的准确性，又能让受众享受到高质量的服务。

2. 情感行为的可判断性

在数字传播时代，人们的兴趣爱好、态度和情绪等均可以以数据的形式来进行统计和分析。微博、微信、电子商务以及其他社交平台上所产生的数据，都可以体现出人们的行为习惯和兴趣爱好，为数据新闻报道提供更多的参考和依据。通过对这些难以测量的抽象情感的分析，大众传播媒体可以更好地理解受众的需求，从而提供更加精准和更具个性化的新闻服务。

由此可知，通过跟踪和分析各种用户数据，大众传播媒体能够还原事件的全貌，并预测新闻事件的走向，以便更科学地开展新闻报道活动。客观地说，人类的不少行为都受到规律的制约，因而具备较强的可重现性和较为科学的可预测性。因此，利用数据技术来开展预测行动，远比依靠个别专家的意见更有价值，而这也正是数据新闻所蕴含的巨大价值之一。

第三节　数据新闻的类型和功能

数据新闻是数据和新闻相关联的产物，由于数据的获取和表达模式较为多样，因而数据新闻的类型也较为多元。在技术和数据的加持下，数据新闻能够更好地推动经济社会的发展。

一、数据新闻的类型

（一）普通数据新闻

普通数据新闻，也被称为常规性数据新闻，是一种融合了调查性报道和精确新闻的新闻形式。在数据新闻实践中，西方主流媒体的先进新闻编辑室吸收了数据库新闻、计算机辅助新闻以及可视化等元素来开展新闻报道，使普通数据新闻展现出蓬勃的发展态势。在目前的数据新闻中，普通数据新闻是应用得最为广泛的，它对时效性要求较高，一般需要在1到3天内完成。因此，并不是所有的新闻都能够以普通数据新闻的形式呈现，因为不少数据新闻的生产都需要一定的周期。从题材的视角来看，普通数据新闻需要选择热点新闻，且所选择的热点新闻要具有持续性，数据也要容易获取，否则很难实现。

普通数据新闻是一种以数据集为起点的新闻报道形式，致力于使用可信的数据源，通过整理和解读数据来阐释特定的社会议题。比如，在《各州工人补偿改革》这篇报道中，记者通过数据分析发现：从2002年到2014年，美国有超过半数州的工伤补偿政策不断恶化，员工福利逐渐减少；而相邻的州也会受到影响，在地理上呈现出显著的扎堆效应。

【案例】

作品名称：《中东地区的敌友关系》

作品类型：数据新闻

制作机构：财新网

作品简介：财新网制作的这篇报道，基于各国错综复杂的关系以及中东地区动荡的局势，通过动态环形关系图，直观地描述了各国在中东地区的敌友关系（见图1-8）。

《中东地区的敌友关系》

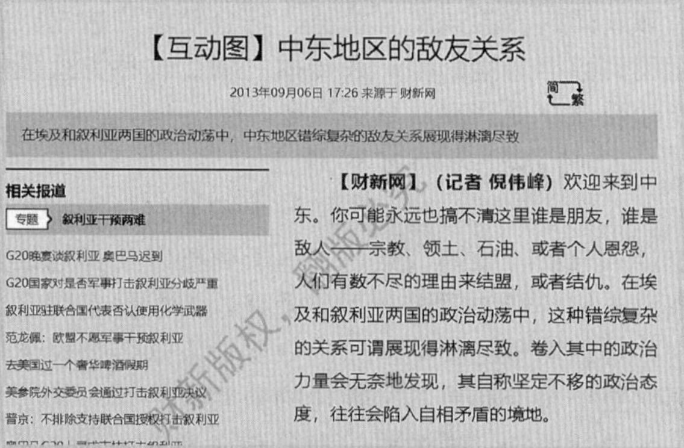
【互动图】中东地区的敌友关系

2013年09月06日 17:26 来源于 财新网

简 繁

在埃及和叙利亚两国的政治动荡中，中东地区错综复杂的敌友关系展现得淋漓尽致

相关报道

专题 叙利亚干预两难

G20晚宴谈叙利亚 奥巴马迟到

G20国家对是否军事打击叙利亚分歧严重

叙利亚驻联合国代表否认使用化学武器

范龙佩：欧盟不愿军事干预叙利亚

去美国过一个奢华啤酒假期

美参院外交委员会通过打击叙利亚决议

普京：不排除支持联合国授权打击叙利亚

【财新网】（记者 倪伟峰）欢迎来到中东。你可能永远也搞不清这里谁是朋友，谁是敌人——宗教、领土、石油、或者个人恩怨，人们有数不尽的理由来结盟，或者结仇。在埃及和叙利亚两国的政治动荡中，这种错综复杂的关系可谓展现得淋漓尽致。卷入其中的政治力量会无奈地发现，其自称坚定不移的政治态度，往往会陷入自相矛盾的境地。

图1-8 数据新闻《中东地区的敌友关系》作品截图

普通数据新闻具有题材广泛、技术要求不高、成本较低的优势，只要经过一定的专业培训，一般的记者就可以很快掌握这种报道形式。

普通数据新闻与调查性数据新闻之间存在着一定的区别，主要体现在生产时间和技术要求、数据量级和准确性、报道深度等方面。从生产时间和技术要求方面来说，一篇出色的调查性数据新闻作品通常要耗时几个月，甚至要耗时几年方能完成，需要利用编码等一系列的数据技术。相比之下，普通数据新闻的耗时通常只有几天甚至几个小时，对技术的要求也比较低，记者会使用一些简单的分析工具和数据可视化即可。从数据量级和准确性方面来说，调查性数据新闻注重调查精神，通常以故事和观点为先、数据搜集为后，重视获取非官方信息以及机密信息。而普通数据新闻的调查主要针对数量庞大的公共和开放的数据集，调查时需要首先考虑数据的开放性和易得性问题。在报道深度方面，调查性数据新闻的生产追求严谨，记者需要对各种信息片段进行整理，并对所获取的信息进行确认和验证，故事来源既包括严谨的事实，也包括记者的解释。而普通数据新闻的信息主要是数据集，且通常被全盘接受，缺乏批判性，故事通常依赖于计算机的辅助分析，几乎没有记者的个人解释。

当然，这种区分是相对而言的。数据新闻的类型并没有优劣之分，好的数据新闻作品通常会呈现出复杂的谱系。仔细观察便会发现，一些地图和数据可视化的交互性作品，可能需要几个小时到一天的时间来完成；而一些作品则需要数年调查方能生产出来，这些复杂的作品涉及医疗卫生、教育、犯罪等多个方面。例如，《卫报》网站与伦敦政治经济学院联合生产的全媒体报道作品——“解读骚乱”项目，历时一年多才完成，是调查性数据新闻的经典之作。该作品通过走访骚乱第一现场，以及对 260 万条推特（Twitter，现改名为 X）数据进行统计分析，“发现推特在纠正谣言方面也发挥了积极作用”①。

2013 年 5 月 15 日，《华盛顿邮报》网站发表了一篇有趣的数据新闻作品，题为“一个有趣的地图：世界上种族最宽容和最不宽容的国家”。该作品的数据来源于《对外政策》杂志当日上午发表的一篇简短报道，下午 3 时 28 分，《华盛顿邮报》便刊发了这篇地图式新闻报道。这篇报道以图表的形式展示了世界各国的种族宽容度，使受众能够直观地了解相关情况。

（二）调查性数据新闻

在传统媒体时期，调查性报道是一种较有影响力、较为常见的新闻报道方式，旨在揭示各种腐败现象，维护社会稳定。调查性报道需要投入大量的物力、财力和时间成本。然而，随着传播科技的迅猛发展，传统媒体市场受到了严重冲击，参与调查性报道的新闻工作者在逐渐减少。数据新闻时期的调查性报道与传统的调查性报道有着明显的区别，它是大数据和人工智能的有机结合。传统的调查性报道通常根据某个人或某个团体提供的线索来开展调查，而数据驱动型调查性报道，也即调查性数据新闻，则是通过数据来寻找更多的新闻线索。

对传统媒体来说，调查性报道是最具影响力的新闻产品，它以维护公众利益为己任，对各种不良现象进行揭露。因此，要完成一份调查性报道，新闻工作者需要花费大量的时间和精力来进行独立调查。调查性报道费时、耗财，对人、财、物资的需求过于庞大，这些都导致了调查性报道数量的下滑。② 但在西方新闻界，数据驱动型调查性报道正变得越来越受欢迎，与传统的调查性报道遭遇的困境形成了鲜明的对比。《华尔街日报》于 2015 年推出的“医疗解密”系列报道，被视为数据驱动型调查性报道的成功实践。该系列报道对收集到的 920 万条数据进行了智能化分析，揭露了美国医保体系中存在的惊人黑幕，在社会上引发了巨大的震动，推动了美国医保体系的改革。2016 年，西班牙一家非营利性机构发表的一篇关于药品专

---

① 章戈浩．作为开放新闻的数据新闻：英国《卫报》的数据新闻实践［J］．新闻记者，2013（6）：10.

② 郭之恩．式微的调查性报道［J］．新闻与写作，2010（9）：96.

利制度对全球药品获得性影响的调查性报道，获得了全球编辑协会颁发的新闻调查奖。该报道以多个国家的药品价格（涉及4.5万个领域）和药品支付情况（涉及1.45万个领域）的数据为基础，通过智能化分析做出判断——虽然专利制度在医药领域的地位是无法撼动的，但相关的一些制度也是可行的。这篇以数据为驱动力的调查性报道，引发了人们对制药行业现行制度的深思。

从生产机制来说，数据驱动型调查性报道与传统的调查性报道有着显著的区别：传统的调查性报道主要依赖于个人或机构提供的线索，或者依据社交媒体和社会舆论的关注点来展开；而数据驱动型调查性报道则利用大数据、人工智能等技术，对相关的数据进行处理，为新闻报道提供了新的线索和选题来源。在新闻生产流程和方式上，传统的调查性报道遵循的是线性操作模式，即“记者—编辑”模式；而数据驱动型调查性报道依赖于团队协作的模式，在具体的操作中，需要运用多种技能，对团队的技术能力、新闻素养的要求更高。与传统的调查性报道不同，数据驱动型调查性报道以海量数据的获取和分析为基础，并通过多维的信息交叉印证，力求发现数据中隐藏的价值、数据之间的相关关系，并以此开展报道活动。

（三）即时式数据新闻

即时式数据新闻源于机器人写作新闻，它直接利用算法程序撰写新闻报道，通过采集大量的题材以及高质量的数据，建立各种分类的庞大数据库，从中寻找模型、趋势以及相互关系，最后由机器自动化生产新闻。[①]

当然，并不是所有的机器人写作新闻都可以被称为数据新闻。实际上，只有那些与数据新闻生产模式相匹配，并由机器人自主完成的新闻，方能被视为即时式数据新闻。美国的一些新闻媒体已经开始使用新闻机器人（new Dots）来自动完成新闻报道。例如，美联社与 Automated Insights 于 2014 年签署了一份协议（价值 550 万美元），使用 Automated Insights 公司开发的程序来撰写新闻报道，内容主要是财经方面的，仅仅几秒钟，该程序就可以撰写一篇完整的新闻报道。目前，即时式数据新闻正在美国、中国等国家慢慢普及，多用于财经、体育和自然灾害等领域。

（四）数据化叙事新闻

数据化叙事新闻可将抽象的数据具体化，致力于挖掘数据之间的相关性，在提炼新闻价值的基础上生产出可视化的新闻文本，由此揭示隐藏于数据背后的意义。恰如菲尔霍夫所言，数据新闻囊括了一套仍在不断增多的用于新闻叙事的工具、技巧与方法。[②] 随着人工智能技术的发展，机器对信息的处理能力有了显著的提升，其数据分析对象从司空见惯的数字，扩展为意义更为广泛的文本、图片、音频乃至视频。比如，2016 年 4 月美国 BuzzFeed News 推出的作品《空中密探》，其编辑团队通过收集飞行轨迹网站 Flighttradar24 的数据（2015 年 8 月至 12 月美国联邦调查局和国土安全局约 200 架监测器监测到的数据），揭示了美国政府的空中监控情况，引起了社会大众的关注。

---

① 鲁烨．“机器人记者”在发酵［J］．中国传媒科技，2015（3）：10.

② 王斌．大数据与新闻理念创新：以全球首届“数据新闻奖”为例［J］．编辑之友，2013（6）：16.

【案例】

作品名称：《〈汉密尔顿〉背后的韵律》

作品类型：数据新闻

制作机构：《华尔街日报》

作品简介：2017 年，凭借《〈汉密尔顿〉背后的韵律》这一作品，《华尔街日报》获得了全球数据新闻奖年度数据可视化大奖。该作品以群众较为喜欢的百老汇音乐剧《汉密尔顿》为基础，利用语音识别和声纹识别等较为先进的技术，对音乐的押韵结构开展智能化分析，让人们能够更好地领略这部音乐剧的魅力（见图 1-9）。

《〈汉密尔顿〉背后的韵律》

图 1-9　数据新闻《〈汉密尔顿〉背后的韵律》作品截图

目前，数据新闻主要包括利基和类比两种模式。数据新闻学对记者和编辑提出了全新的能力要求。记者和编辑不仅需要具备敏锐的新闻嗅觉，还需要拥有先进的科技水平和有效处理新闻信息的技能，以使新闻采访和报道更具逻辑性，更加科学和生动。简而言之，记者和编辑应该善于发现新闻，并能够将其转化为一个具体的事件，通过对事件的采访和分析，探索其中蕴含的道理和寓意，并利用各种信息技术对新闻进行有效的报道，以满足广大受众的需求。在我国，数据新闻通常被用于民生和公共事件领域的报道。在当今社会，虽然数据新闻在政治、经济、文化等领域都发挥着巨大的作用，但不同模式的数据新闻，对社会的贡献是不一样的。下面将详细探讨数据新闻的两种重要模式，即利基模式和类比模式。

利基模式是一种科学有效的数据过滤和整合方法，它根据不同受众的需求来细化数据信息，确保每个受众都能够获取到他们想要的新闻信息。为了实现这一目标，需要建立全新的媒体平台，如社交软件和移动应用软件等，以便受众可以通过新媒体平台来获取和阅读新闻信息。在现有的媒体中，澳大利亚广播公司是数据新闻的杰出应用者之一，利基模式也是由它开发的，它首次在各大门户网站上设置了用数字解读煤气层的话题，这是数据新闻的主要应用成果之一。煤气层一直以来都是各国政府和公民非常关心的问题，它与生态环境保护以及社会安全有着非常紧密的联系，但是不同的人群对于煤气层的重视方向并不一样。为了更好地了解澳大利亚煤气层开采的情况，澳大利亚广播公司的记者进行了详细的数据信息收集和调查，并对相关的数据信息进行了精细化的处理。通过利用计算机系统对数据进行精心的筛选和整理，澳大利亚广播公司的记者成功地创建了一个交互地图，有效地展示了澳大利亚煤气层开采的情况。这个交互地图不仅包括了可视化的信息，还提供了相关文字介绍。通过多媒体系统以及计算机网络系统，人们可以较为轻松地在交互地图中选择感兴趣的地点，并获取该地区煤气层开采的详细情况、环境影响以及社会安全问题等相关信息。通过不同颜色的模块和深浅不同的色彩，人们能够清晰地了解该地区煤气层的开采次数和密度。如果人们有特殊需求，则可以通过深入按键功能，查看每个煤气层的发现者以及实际开采时间，并了解当时的开采情况。这让社会大众能够实时监督煤气层的开采工作，使煤气层开采工作具有透明性。人们可以利用该系统来分析当地是否适宜居住。而那些拥有选举权的人们，还可以通过对数据的分析来判断当地政府部门是否履行了自己的责任和义务等。因此，这种数字化的解读方式不仅提供了更直观的数据展示，还使人们能够更深入地了解澳大利亚煤气层开采的现状和挑战。澳大利亚广播公司的记者运用数据新闻学的理念和技术，通过交互地图的创新应用，为公众提供了一个更加全面、直观地了解煤气层开采的途径。这不仅有助于公众更好地参与到与煤气层相关的讨论和决策中，也为煤气层开采的可持续性提供了更有力的支持。

类比模式是指使用量化和质化的研究方法，依据主题来确定相关的“变量”，以此为基础挖掘不同层面、不同类别的数据，以直观化和互动化的手段让受众开展纵横类比的模式。这种模式可以让受众在充分知情的基础上进行理性分析，避免做出“标签”式的臆断，杜绝“坐井观天”式的偏见的出现。与“利基模式”（提供专业信息服务）相比，类比模式致力于挖掘数据背后的价值，注重提升社会大众的媒介素养。

二、数据新闻的功能

与其他类型的新闻一样，数据新闻也具有环境监测、社会协调、社会遗产传承、报道新闻、传递信息、进行宣传、引导舆论、刊登广告、提供娱乐等功能。不过，作为一种新兴的新闻报道方式，数据新闻也具备自身的特征，主要体现在以下几个方面。

（一）从折射到镜像：环境监测能力的提质增效

在当今世界，信任已经成为一种稀缺资源。在信息过载的时代，媒体之间的竞争已经从争夺注意力转向了争夺公信力。数据新闻能够适应这种竞争方式，因为通过挖掘和分析相关的数据，新闻业能够更全面、客观和深入地洞察社会现实。数据新闻报道与客观现实之间的关系也有了显著的变化，即从过去只是折射现实，转变为更真实地反映现实，这意味着人类将进入一个镜像化生存的时代。在大数据时代，数据来源多样且具有聚合性，使得大规模数据集能够更好地反映现实，为人类实现镜像化生存提供更多的可能性。

【案例】

作品名称：《“据”说春运 今天中国人在忙啥?》

作品类型：数据新闻

制作机构：央视网

作品简介：该报道以百度迁徙后台为依托，对每天数十亿次的 LBS（基于位置服务）定位数据进行挖掘和分析，描绘出了我国人口在春节前后的大规模迁移轨迹及特征（见图 1-10）。受数据来源的限制，百度迁徙尚不能完全准确地反映人们的实时迁移情况。然而，随着大数据时代的发展，不同平台之间的互联互通逐渐实现，数据孤岛将会逐步消除。因此，未来的数据新闻将能够通过接近全样本的数据镜像，全面展示人们的迁移情况。

《“据”说春运 今天中国人在忙啥?》

图 1-10 数据新闻《“据”说春运 今天中国人在忙啥?》作品截图

（二）从信息到智慧：参与社会治理能力的提升

当前，不少国家都把大数据战略作为助推经济发展、提升公共服务水平以及推动社会治理的重要工具。早在 2012 年 3 月，美国就启动了名为“大数据研究发展计划”的项目，将大数据提升为国家战略。欧盟、日本、澳大利亚以及韩国等也纷纷推出了自己的大数据发展计划。2015 年 8 月，中国国务院发布了《促进大数据发展行动纲要》。

大数据对社会治理的重要性是举世皆知的。在传统的社会治理中，相关的决策存在着碎片化和模糊化等缺陷。利用大数据进行社会治理，可以提高治理的时效性和精准性，社会治理的水平也因此有了显著的提升。

从国家层面启动和实施大数据战略，是媒体发展中的一次极为难得的机遇。利用大数据技术，大众传播媒体能够更深、更广、更有力地参与到社会治理之中。在参与社会治理时，大众传播媒体应该坚持从公共利益出发，有效挖掘和分析各种数据，提供符合社会大众需求的数据新闻作品。实事求是地说，以政府数据为主的开放数据平台的建设，能够为媒体提供诸多便利，它们既可以开发以数据新闻为主的新闻产品，也可以在深度信息加工和服务方面大显身手。除了能够生产知识外，数据新闻还能让新闻生产抵达智慧层面，数据分析的结果能为各种主体提供决策和行动参考，在社会治理中发挥巨大的功效。

（三）从内容到服务：盈利模式的迭代升级

《中国大数据发展报告（2017）》指出，当前有七种主要商业模式可以实现大数据的价值变现，包括大数据咨询、大数据征信评价、大数据营销和大数据交易、数据开放平台、大数据软件工具开发、行业大数据运营以及共享经济。对新闻业来说，大数据咨询和数据开放平台等商业模式的价值更为巨大。

在大数据时代，大众传播媒体已经不再是简单的内容生产平台，而是一个数据集成加工平台，即所谓的“数据中心”。因此，大众传播媒体不应仅仅依赖于政府部门开放的数据，将数据新闻局限于小众形式，而是应该建设自己的内部数据库，为社会提供舆情监测、前景预测以及市场分析等各种信息服务。

目前，许多媒体仍然采用广告销售这一销售盈利模式来推进数据新闻的运营。举例来说，财新网“数字说”频道的盈利模式就主要是广告和订阅。然而，仅仅依靠数据新闻作品来拉动广告收入的盈利模式是不现实的。优质的数据新闻作品能够扩大大众传播媒体的影响力并为客户端带来流量，但这只是实现短期和长期双重收益的一种方式。央视大数据新闻目前仍然采用传统的二次销售模式来盈利，而这只是大数据新闻试验阶段的一种探索。未来，大数据新闻的盈利模式将更多地依赖于产品的增值链。

就产品的“保质期”来说，不管是应用程序还是数据平台，数据新闻在内容上都具有自我更新和升级的能力。此外，对于一些重要的数据库，一旦建设完成后，就只需要定期维护，其运行成本将大大降低。就产品功能来说，数据新闻的优势在于能够预测并深度挖掘数据的各种价值，并将其转化为有价值的信息，以满足客户的特定需求。就盈利模式来说，在智媒时代，数据新闻可以进一步提升其数据服务能力，通过深度分析和实时预测，为个人用户和企业用户提供更智能、更具个性化的服务。在免费层面，数据新闻需要为用户提供一般的数据信息，同时，还需要为用户提供基本的查询和预测服务。在付费层面，数据新闻应该根据用户的个性化和定制化需求，提供更为精准的服务和差异化的定价策略。差异化的定价策略让用户能够根据自己的需求选择适合自己的服务。当然，除了信息服务收费，数据新闻也需要延续二次售卖的广告模式，以进一步增加自身收入。通过引入流量，数据新闻可以吸引更多广告商，并为其提供有针对性的广告投放。这种立体、多层的盈利体系将使数据新闻保持独特的竞争优势。

总之，随着智媒时代的到来，数据新闻需要为用户提供更加智能、更具个性化的服务，通过差异化的定价策略和二次售卖的广告模式，构建立体、多层的盈利体系，实现可持续发展。随着大数据在新闻业的应用范围的拓展，数据新闻的盈利模式将会更为多元化。

（四）从传统采编到人机协同：新闻生产模式的智能化凸显

在传统新闻生产中，新闻的诞生需要经过选题、采访、写作、编辑以及审核等多个环节。这种生产模式类似于一个手工作坊，生产效率低且成本高。而随着大数据技术和人工智能的普及，新闻生产模式发生了巨大的变化，信息技术能够辅助甚至代替记者完成诸多工作，包括数据收集、过滤、分析及呈现等，甚至可以写出一篇优秀的新闻稿，成为相对独立的新闻生产主体。需要指出的是，机器与传统记者之间并不是你死我活的对立关系，而是既对抗又互补的关系。算法可以使记者从烦琐、模式化的新闻写作中解脱出来，从而参与更具创造性、更有深度的新闻生产活动，及时调整报道的方向和内容。

这种人与技术的合作模式，不仅能够提高新闻报道的效率和准确性，还能够为读者提供更具个性化和更有价值的信息。在面对技术的冲击时，记者应该积极拥抱变化，不断学习和提升自己的专业能力，以适应新闻业的发展趋势。同时，记者也应该不断培养独立思考和深入调查的能力，以确保新闻报道的客观性和公正性。只有通过人与技术的有机结合，新闻业才能够自信地迎接未来的挑战，为社会提供更加全面和深入的报道。

（五）从零碎信息到高附加值知识：新闻叙事范式的转向

自从大众传媒问世以来，其主要功能一直是传播信息，知识创造只是媒体生产的一小部分。在过去，科研机构和研发企业是主要的知识生产者。而随着大数据技术的发展，新闻媒体开始从信息发布转向知识传播。众所周知，知识具有相对较长的有效期，新闻业从生产消息到生产知识的转变，使新闻产品的附加价值不断增加。大众传播媒体发布的消息，可以存储在媒体数据库中，也可以转化为知识，且能够被多次利用。在这种情况下，新闻产品的本质已经有了相应的变化，大众传播媒体的职能也得到了拓展。例如，利用大数据得到的信息，不仅可以作为资讯来发布，还可以作为企业决策的重要参考，从而延伸了大众传播媒体的产业链。对那些以广告为主要收入来源的大众传播媒体来说，这不失为一种有效的盈利渠道。

（六）从报道事实到预测未来：新闻作用的延伸

毫无疑问，挖掘核心数据能够预测未来，这已经成为一个新的落脚点。舍恩伯格认为，大数据时代的数据处理理念有三大转变：要全体不要抽样、要效率不要绝对精确、要相关不要因果。[①] 迈尔-舍恩伯格认为在数据使用方面，人们应该关注相关性而不是因果关系的观点引发了广泛的争议。不过迈尔-舍恩伯格强调了大数据在预测事件发展方面的重要作用，认为通过分析数据中的相关性，人们可以了解事件未来的走向，这是值得肯定的。预测性报道是数据新闻中对数据挖掘、过滤、分析和利用的重要体现，也是当前数据新闻生产中必须科学面对的问题。

大数据的出现，使预测性报道有了相应的依据，也让世人能够更为客观和严谨地预测万事万物的变化情况。例如，腾讯新闻的 NBA 指数专栏，通过整合球员或球队以往各赛季的表现数据，可以科学预测今后赛事的走向。腾讯新闻曾依据之前的数据预测里约奥运会美国男篮的夺冠情况，结果相差无几。种种迹象表明，预测未来成为数据新闻报道新的落脚点。数据新闻的发展从过去的历史性报道逐渐延伸至对未来的预测，这种发展使数据新闻的核心竞争力得到了增强。

（七）由信息消费到场景服务：受众体验感的增强

场景服务是未来媒体发展的重要取向。在智媒时代，广大受众不再囿于信息消

---

① 迈尔-舍恩伯格，库克耶．大数据时代［M］．盛杨燕，周涛，译．杭州：浙江人民出版社，2013：17-19.

费的空间之中，他们对服务和体验有着更高的需求。作为一种媒介产品，数据新闻产品需要被受众广泛接受和使用，以发挥其应有的作用。因此，数据新闻应该将其服务功能置于显著的位置，而相较于信息功能，服务功能对新闻工作者的要求更高，其涉及的范围也更广，但场景服务是重中之重。

场景化数据新闻能够营造良好的服务体验。场景指人在活动时所处的环境，它们是不断变化的。在移动终端兴起的时代，场景是拓展受众的核心要素。处于不同的场景，受众的需求也不同。适配场景的数据新闻能够为受众提供综合性的配套服务。例如，前往新的城市定居的人可以接收到有关城市商场、餐厅、交通等方面的数据新闻，帮助他们更好地适应新环境。同样地，旅游者可以通过与场景相关的数据新闻了解目的地的景点、美食、住宿等信息，由此提升旅行体验。此外，与场景相关的数据新闻还可以应用于教育领域，为学生提供与课程内容相关的实时数据和案例，帮助他们更好地理解和应用知识。总之，场景服务是未来数据新闻发展的重要方向，通过适配不同场景的需求，数据新闻可以为受众提供更加个性化、实用性更强的服务体验。

（八）从信息消费到社交：新闻传播互动性的增强

未来的数据新闻需要积极利用新媒体的社交功能，以获得更高的关注度。毫无疑问，包含社交功能的数据新闻，在促成对话式传播方面的价值是极为巨大的。当前，不少数据新闻只提供信息，除那些具有重大话题度的数据新闻能够自带社交热度以外，其他的数据新闻很少被受众分享。由于社交媒体在信息传播方面具有强大影响力，因而如何引起社交媒体对数据新闻的关注，无疑是数据新闻生产者未来需要思考的一个重大问题。

实际上，数据新闻的社交功能可以体现在其产品的各个方面。采用极具趣味的表现形式，如 H5、游戏等，能够激发受众的分享欲望。当然，也可以采用众包的形式，让受众参与到数据新闻的生产过程之中。对数据新闻来说，无论是分发众包还是众筹，都是对其进行宣传的有效途径。同时，这些方式还可以激发人们的参与意识。人们乐于在社交媒体上分享各种信息，这为数据新闻的传播提供了巨大的机会。通过社交媒体的分享和传播，数据新闻可以迅速传播到更广泛的受众群体之中。这种传播方式不仅能提高数据新闻的知名度，还能促进公众对数据新闻的关注和理解。总之，数据新闻的社交功能能够充分发挥人际传播的特点，增强传受互动，这种新的传播方式为数据新闻的发展带来了全新的机遇。

（九）从信息消费到审美享受：新闻报道艺术性的提升

在当今，大众文化尤为流行，人们对娱乐化、通俗化内容的需求日益增长。娱乐化的内容不仅能够为大众传播媒体带来社会效益，还能带来经济效益。为了满足社会大众的心理需求，不少媒体开始尝试用某些新闻与娱乐相结合的报道模式，以娱乐性和趣味性为导向，报道那些引人入胜的新闻内容，不断丰富了受众的精神生活。

一些数据新闻吸收娱乐性、趣味性的报道手法，利用可视化的方式来传播信息，使新闻报道更具艺术性和审美性，让广大受众在获取信息的同时，也能获得不一样的体验感和审美享受。因此，审美享受成为数据新闻的一个极为独特的功能。例如麦克坎德莱斯的《信息之美》一书，收录了 200 余个图像信息设计案例，为读者展现了如何用可视化效果将枯燥、抽象的信息变成通俗、有趣、便于为读者所接受的图形语言，从而提高信息效率。

第四节　数据新闻的优势与局限

数据新闻不仅改变了新闻生产的流程，也提升了受众的体验，让新闻更具聚合性和开放性。但数据新闻也有不少的缺陷，如部分数据来源模糊、同质化报道较多以及忽视了新闻的本质等。

一、数据新闻的优势

（一）数据即讯息

20世纪60年代，麦克卢汉提出了一个振聋发聩的观点，即“媒介即讯息”。尽管引发了一些争议，但在今天，这一观点已经成为世人的共识。而在数据呈几何级增长，数据成为大数据时代的黄金资源的当下，“数据即讯息”也成为共识，数据的社会价值、商业价值被迅猛开发。2013年斯诺登曝光的美国政府的监听丑闻，除了昭示美国政府的恶劣行径外，也显示了大数据时代数据这种独特的信息所蕴藏的价值。

长期以来，新闻报道一直面临着一个困境，那就是如何在呈现片段真实和追求整体真实之间找到一个较为妥帖的地带。在数据新闻时代，这种困境有望被打破，通过获取和分析数据这一路径，能够让新闻报道更加科学和真实。数据新闻为跨越时间和空间的综合报道提供了新的方式，拓展了新闻报道的广度与深度。同时，利用科学的分析方法，数据新闻能够帮助新闻工作者从碎片化的信息中发现相关规律，使新闻报道更为聚焦。此外，利用可视化技术，数据新闻的生产和传播将不再局限于文字表达，而是更多地采用丰富多彩的信息图表和动画视频来呈现，让受众享受更多的“发现”乐趣。

（二）改变了新闻生产流程和丰富了报道内容

1. 改变了新闻生产流程

传统新闻生产主要依靠记者对相关新闻素材的收集，并经过构思写出新闻作品，这一过程完全依赖人力。而数据新闻的生产流程则具有颠覆性，它需要经过数据采集和分析、版面设计以及软件编程等一系列环节，才能生产出一篇作品。不过，虽然数据新闻的生产流程较为复杂，但大数据有着惊人的数据采集速度和极高的数据分析效率，因而在大数据技术的加持下，数据新闻的生产效率是比较高的。这使新闻的时效性有了保障，凸显了大数据时代新闻业的社会价值。

2. 丰富了新闻报道内容

流量大和数据广是大数据的重要特征，这为数据新闻的生产提供了广阔的发展空间。随着互联网的普及，专业媒体和自媒体纷纷涌入各大互联网平台，生产了数量尤为庞大的新闻作品。然而，这也引发了一系列问题，如新闻质量低下和同质化等。所幸的是，大数据等技术也催生了数据新闻，而数据新闻的发展为新闻业开辟了新的发展空间。数据新闻利用与新闻事件相关的大量数据，为记者提供了与众不同的报道角度，使新闻报道呈现出内容新颖、观点独特的佳景。因而数据新闻能够在高度同质化的报道中独树一帜，为大众传播媒体赢得更多关注。丰富多样的数据使新闻报道的多元性特征更为突出，对数据的全面处理也让新闻的报道角度更具立体感。

（三）创新报道形式及提升受众体验

1. 创新报道形式

一般而言，一手数据来源主要有两种：第一种是独家数据资料，这是通过采访获得的，不过这种报道仅占所有一手数据来源报道的三分之一。第二种是通过爬取社交媒体和团购网站上的内容，或者通过已搭建的媒体平台吸引广大受众主动贡献数据获得的，这种方式在所有使用一手数据的新闻报道中占据三分之二的比重，这表明数据新闻对这类数据非常青睐。

大量实时的用户生成内容与明确的选题相结合，往往会产生意想不到的化学反应，得出出人意料的答案。同时，引入用户生成内容，还可以让新闻作品在同一主题的报道中脱颖而出。如澎湃新闻在 2019 年 12 月 27 日发表的一篇名为《职场人的 2019：加班、领导、薪水……什么让你最“南”?》的数据新闻作品，通过爬取某职场微博号 2019 年放出的投稿，获得了大量真实的关于职场人烦恼的一手数据。

【案例】

作品名称：《职场人的 2019：加班、领导、薪水……什么让你最“南”?》

作品类型：数据新闻

制作机构：澎湃新闻

作品简介：这篇报道通过数据爬虫技术，对微博上关于职场话题的讨论进行了全面的分析，数据涵盖某职场微博号 2019 年 1—12 月的微博发布和用户评论。通过回答“上班族的烦恼来自哪儿”“工作内容中哪方面最让人头疼”“大家讨厌加班的原因”等一系列问题，深入剖析了职场中的痛点和挑战（见图 1-11）。

《职场人的 2019：加班、领导、薪水……什么让你最“南”?》

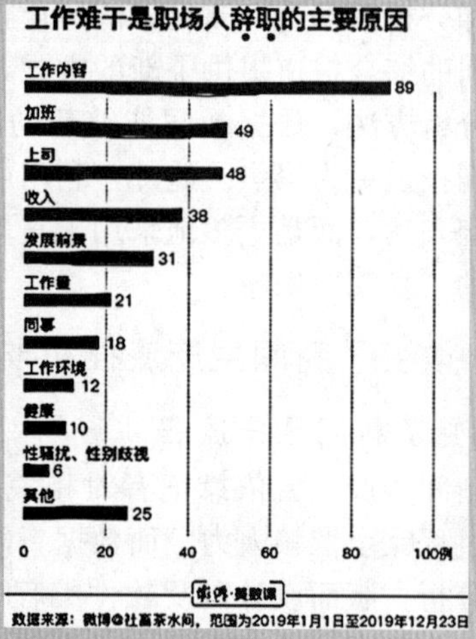

图 1-11 数据新闻《职场人的 2019：加班、领导、薪水……什么让你最“南”?》作品截图

与此同时，DT 财经发表的另一篇数据新闻报道《数据告诉你：哪个行业最难逃 35 岁危机?》，也引起了广泛关注。不同于澎湃新闻采用独特的数据收集方式获得了一手数据，该报道直接使用了二手数据。经过分析发现，澎湃新闻的报道方式更加创新，内容也更容易引起读者共鸣，从而获得了更好的传播效果。

【案例】

作品名称：《数据告诉你：哪个行业最难逃 35 岁危机?》

作品类型：数据新闻

制作机构：DT 财经

作品简介：该报道引用了求职类网站智联招聘上的数据，探讨了中年人在职场中面临的危机（见图 1－12）。虽然与前一篇报道在主题上有所不同，但同样以数据为依据，旨在深入分析职场问题。

《数据告诉你：哪个行业最难逃 35 岁危机?》

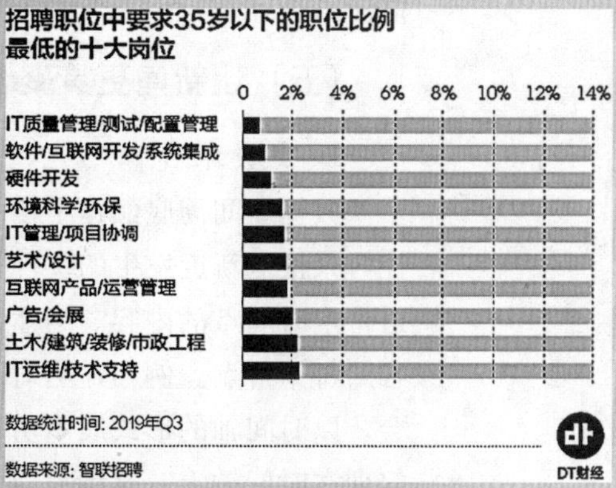

图 1－12　数据新闻《数据告诉你：哪个行业最难逃 35 岁危机?》作品截图

2. 提升受众体验

新媒体的独特之处在于其交互性特征，新媒体受众具有比传统媒体的受众更强的主动性和选择性，他们能够在即时互动中迅速调整自己的行为。这种情况为数据新闻提供了优化读者体验、有效实施交互化设计的可能性。从全球数据新闻实践情况来看，交互性数据新闻作品已成为数据新闻生产的重要趋势。这些交互性数据新闻作品不仅创新了阅读方式，增强了阅读体验，还提升了读者的参与感。澎湃新闻在这方面的表现较为出色，如 2017 年高考期间，澎湃新闻推出了一篇交互性数据新闻作品，通过游戏和 H5 的形式，让受众“进入”高考现场，感受高考的紧张氛围，产生强烈的参与感。数据新闻注重与受众之间的互动性，鼓励受众参与到数据新闻的生产之中。这种交互性思维值得广大媒体学习。

（四）观感美化及拉近与受众距离

1. 观感美化

数据新闻的出现，为新闻报道带来了全新的表达方式，使新闻作品更加生动有趣、更具吸引力。通过可视化手段，数据的直观和清晰等特性得以充分展现，丰富的色彩、流畅的线条和流动的景观，带给受众巨大的视觉冲击，使他们能够准确地理解和解读新闻内容，精准传播因此成为可能。此外，今天的数据新闻已经摆脱了传统新闻中晦涩难懂的困境，以更加通俗易懂、简洁明了的方式将新闻呈现出来，即使是那些媒介素养较低的受众也能够轻松理解，较好地传达了数据新闻所蕴含的深层意义。

2. 拉近与受众距离

数据新闻的受众，历经从精英到普通大众的转变。数据新闻最初只关注特定的领域，如财经和能源等，面向专业人士和理解力较强的精英群体传播信息。而今天，数据新闻将视角转向了普通大众，“数据”变得更加温暖人心。在这个过程中，数据新闻与受众之间的心理距离大大缩小，大众传播媒体也因此赢得了受众的信任。

（五）让新闻更具聚合性和开放性

1. 更具聚合性

数据新闻彻底颠覆了传统新闻的时间观念。众所周知，传统新闻极为注重时效性，只报道新近发生的事件，而大数据新闻则可以根据特定的需求，有针对性地报道特定时间点的内容。当然，数据新闻也可以不受时间先后顺序限制来呈现报道内容的每个节点。例如，当对两会进行报道时，数据新闻可以不局限于特定年份的两会，以时间轴的形式展示历年两会的信息，并将历年两会中社会大众极为关注的内容列在时间轴上。这种报道方式不仅能够让受众了解当年两会的内容，还能回顾之前两会的内容。因此，大数据新闻不仅可以赋予时间具体的形态，还可以聚合若干与数据有关的新信息，让受众能够接触更为多样化的信息。

2. 更具开放性

传统的新闻生产具有较为明显的封闭性，而数据新闻的报道方式较为开放。这种方式不仅使新闻报道更加多元化，也让受众成为新闻报道的参与者之一。过去，记者在选择数据源时通常只能依赖官方渠道或有限的网络来源，而数据新闻记者可以从更多的渠道获取数据。这种多元开放的数据选择方式，能让新闻报道更加全面和客观。此外，在数据处理的过程中，记者还可以收集和采用受众评论等内容，让数据新闻报道更加贴近群众、贴近生活。

除了数据的开放和受众参与外，数据新闻生产还走向了外部化和开放性的道路。例如，在众包新闻中，受众不仅是新闻的信息源，也是参与新闻生产的一分子。《卫报》对英国议员消费情况的报道，就是一种典型的众包新闻模式。记者将英国议员四年的消费情况制成文件（共45万份），并通过网络平台发布出去。受众可以领取相关的数据，并对其进行审查和分析。这种报道方式让受众参与到新闻生产中，各方协同，一起完成了新闻报道。

（六）新闻的定向有效传播和多方向知晓

当大数据思维被应用于新闻传播领域时，就催生了一种能够准确传递信息的大数据辅助新闻，这是一种新型的数据新闻类型。大数据辅助新闻的优势不只是精准传播，它还能发挥多方向知晓的效用。在新闻生产过程中，大数据辅助新闻会记录受众的所有行为，受众的行为数据会被整理并进行云计算，从而形成全面评价受众的记录。根据这些评价结果，大众传播媒体可以向受众推送他们最感兴趣的信息，以扩大传播效果。这必将让受众与大众传播媒体之间的互动更为深入，大众传播媒体的形象也因此得以不断塑造。

此外，当将大众传播媒体所记录的评价汇总后，多方向知晓的效果便开始显现。大众传播媒体可以对受众的行为进行总结，并以此为基础对受众进行分类，然后与广告主共享相关的数据，让广告主能够精准地投放广告。

（七）循环新闻的出现和新的新闻价值增长点的凸显

1. 循环新闻的出现

大众传播媒体可以将传统的新闻转化为数字化的形式，并将这些宝贵的数据存储在自己的数据库之中。通过深入分析和处理相应的数据，大众传播媒体能够发现冗余的知识，精准预测相关的信息，从而让旧新闻焕发出新的生命力，变成新的新闻，实现数据新闻的循环生产。不过，制作循环新闻也面临着特定的挑战——新闻工作者必须具备两种能力，一是能够从旧的新闻中挖掘出有新闻价值的数据，二是将旧的新闻文本转化为有用的数据。循环新闻的优势是，大众传播媒体可以从自己的“旧闻数据库”中获取生产新的新闻的数据，用这种方法获取数据，成本较低且容易生产出独家新闻。

2. 新的新闻价值增长点的凸显

规模尤为庞大的数据，为新闻工作者提供了极为丰富的新闻来源。对这些资源进行挖掘，能够发现新的新闻价值增长点。随着大数据技术的日趋成熟，人类社会正迎来“一切皆可量化”的时代，这为新闻业提供了更多的机遇，当然也带来了诸多挑战。数据量的不断增长让社会大众逐渐认识到它的价值所在，新闻业也着手开发这一“新闻富矿”。大量的数据资源为新闻选题和深度报道提供了强大的支撑。大数据的“4V”特征也保证了新闻的真实性、时效性及接近性。同时，大数据技术的应用，让广大受众能够获得个性化、优质化的服务。正是这些要素拓展了新闻的价值，使新闻有了新的价值增长点。

（八）更好地讲故事

传统的新闻报道往往以枯燥的文字为主，而数据新闻可以充分利用数据信息，使之以可视化的方式呈现出来，达到将数据转化为引人入胜的故事的目的，从而提升新闻的吸引力。同时，数据新闻能让受众与新闻事件之间的联系更加紧密。通过运用先进的技术手段，数据新闻学能够预测事件变化和系统性地分析数据，从而让数据新闻更好地走入社会大众的生产、生活之中。此外，数据新闻的发展使记者的角色发生了转变，他们不再是报道者，而是“讲解员”。

毋庸置疑，故事化是数据新闻报道的一个极为重要的特征。数据新闻最重要的一项功能是使用数据可视化软件，通过统计大量的数据，帮助记者使用数据图表讲述错综复杂的故事。[①] 在谈到数据新闻时，人们常常将故事化视为其中一个构成要素。然而，数据本身是一种抽象的东西，与故事之间并没有直接的联系。因此，将数据与故事相结合并不是要用数据来讲述故事，而是通过可视化的手段，突出新闻故事的核心要素，从而使新闻报道更加有趣。斯蒂尔非常重视数据新闻讲故事的能

---

① 郭晓科．数据新闻学的发展现状与功能 [J]. 编辑之友，2013 (8)：88.

力，并提出了数据新闻故事化的公式，即问题＋可视化数据＋情景＝故事。[①] 构成故事的核心元素，在这种情况下得到了很好的体现。

数据可视化构成了故事中最基本的变化。倘若数据的变化及差异具有意义，就需要让受众知晓数据变化背后的问题，例如变化的原因、不同属性的数据之间存在着什么样的联系等。认知心理学认为，提取记忆的成功取决于你要记起的东西和你第一次遇到它的情景的记忆重叠，以及可利用的线索和提示。[②] 当大众传播媒体将报道转化为故事，它们就为受众提供了一种提取记忆的线索，从而实现了故事化的效果。

二、数据新闻的局限

（一）部分数据来源模糊

要制作一条数据新闻，首先需要获取有用且可靠的数据，这些数据将成为后续数据处理的基础。因此，我们必须对数据的真实性和权威性进行辨别，并切实了解数据产生的背景。然而，在今天的数据新闻报道中，依然存在着没有标明数据来源的情况，让受众难以有效地核实数据的真实性。此外，一些数据是从百度百科或维基百科中获得的，其严谨性并不强，无法保证数据的权威性。[③] 如果这些问题长期得不到解决，受众对数据新闻的信任度就会降低，大众传播媒体的公信力也会因此而降低。

（二）同质化报道较多

许多数据新闻报道都存在着同质化和重复发布的问题，形成了所谓的“炒冷饭”式报道。“炒冷饭”式报道首先表现为内容层面的同质化，不同新闻作品之间在文字撰写和可视化呈现形式上呈现出相似性。比如，澎湃新闻制作的《一图看懂｜七国同日与卡塔尔断交，国家断绝外交意味着什么？》和《一图看懂｜委内瑞拉与美国断交，国家断绝外交意味着什么？》，这两篇数据新闻报道都从国家间断交的原因及影响两个角度进行了分析，在内容制作上存在同质化倾向。然而，这种同质化的报道并没有为读者带来新的观点或信息。相反，它们只是重复了已有的报道，没有提供新的视角或深入的分析。这种“炒冷饭”式的报道不仅浪费了读者的时间，也没有充分发挥数据新闻的潜力。严格来说，它们并不能被归入数据新闻的范畴。因为其制作过程既无数据挖掘也没有对数据进行分析，只是对其他媒体的报道内容进行了整合归纳。

---

① 斯蒂尔，等．数据可视化之美［M］．祝洪凯，李妹芳，译．北京：机械工业出版社，2011.

② Hale-Evans R. 心理和脑与生活［M］．宫宇轩，刘兰，译．北京：科学出版社，2007：55.

③ 史文雄．智媒时代数据新闻发展与反思［J］．新闻传播，2020（19）：41－42.

【案例】

作品名称：《一图看懂｜七国同日与卡塔尔断交，国家断绝外交意味着什么?》

作品类型：数据新闻

制作机构：澎湃新闻

作品简介：2017 年 6 月 5 日，巴林、埃及等七国同时与卡塔尔断交，澎湃新闻及时制作了这篇数据新闻报道。该报道从国家间断交的影响和原因两个角度进行了分析。在国家间断交的影响方面，该报道列举了断交对机构、人员和往来等方面的影响（见图 1-13)。在原因方面，该报道以时间线的形式详细解释了 2009 年以来部分国家间断交的原因。

《一图看懂｜七国同日与卡塔尔断交，国家断绝外交意断味着什么?》

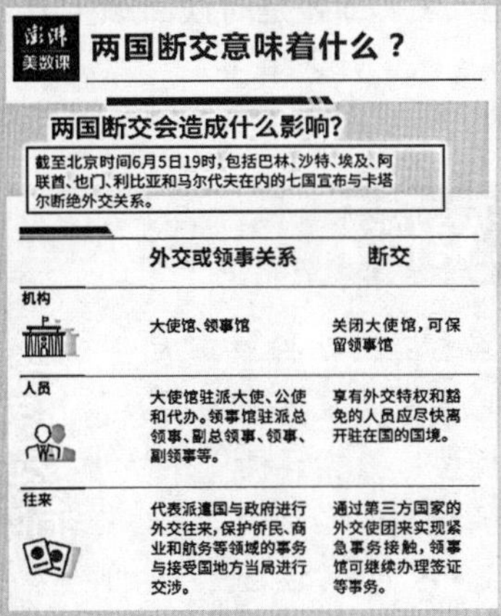

	外交或领事关系	断交
机构	大使馆、领事馆	关闭大使馆，可保留领事馆
人员	大使馆驻派大使、公使和代办。领事馆驻派总领事、副总领事、领事、副领事等。	享有外交特权和豁免的人员应尽快离开驻在国的国境。
往来	代表派遣国与政府进行外交往来，保护侨民、商业和航务等领域的事务与接受国地方当局进行交涉。	通过第三方国家的外交使团来实现紧急事务接触，领事馆可继续办理签证等事务。

图 1-13　数据新闻《一图看懂｜七国同日与卡塔尔断交，国家断绝外交意味着什么?》作品截图

【案例】

作品名称：《一图看懂｜委内瑞拉与美国断交，国家断绝外交意味着什么?》

作品类型：数据新闻

制作机构：澎湃新闻

作品简介：2019 年 1 月，委内瑞拉与美国断交，澎湃新闻再次制作了报道（见图 1-14)。除新闻素材不一样、可视化内容排列有区别外，内容制作与上述报道基本一致，属于典型的“炒冷饭”式报道。

《一图看懂｜委内瑞拉与美国断交，国家断绝外交意味着什么?》

图 1-14　数据新闻《一图看懂｜委内瑞拉与美国断交，国家断绝外交意味着什么?》作品截图

"炒冷饭"式报道还体现在内容的重复发布方面，当受众在不同的时间对同一话题感兴趣并关注时，大众传播媒体就会有此类操作。如澎湃新闻针对万科召开股东大会一事发表的两篇标题不同但内容相同的报道《终章还是中场？万科董事会在即，是时候回顾宝万之争了》和《交互时间轴：万科股东大会在即，是时候回顾宝万之争了》。

【案例】

作品名称：《万科股东大会在即，是时候回顾宝万之争了》

作品类型：数据新闻

制作机构：澎湃新闻

《万科股东大会在即，是时候回顾"宝万之争"了》

作品简介：万科在2017年3月召开董事会，受到媒体的关注，澎湃新闻便制作了《终章还是中场？万科董事会在即，是时候回顾宝万之争了》，以H5的形式对万科的股权纷争展开了报道（见图1-15）。同年6月，万科召开股东大会，澎湃新闻再次发表《万科股东大会在即，是时候回顾宝万之争了》。除标题有极小的修改外，没有对内容进行任何删改。这一报道在内容制作方面没有创新性可言，在一定程度上损害了澎湃新闻的品牌形象。

图1-15 数据新闻《万科董事会在即，是时候回顾宝万之争了》作品截图

（三）忽视了新闻的本质

作为数据新闻生产中一个极为重要的环节，数据处理无疑也是衡量数据新闻质量高低的重要标准之一。从数据采集量上来说，数据新闻所采集的数据量已经远远不是几个数据库或者若干个图表这么简单，而是基于社交网络和移动互联网终端的海量信息采集。① 然而，在诸多的数据新闻中，都存在数据处理水平不高、忽视了新闻的本质的情况，主要体现在三个方面：

1. 二手数据使用较多

数据新闻通常通过政府机构、咨询公司、科研院所以及其他媒体等渠道来获取二手数据。目前，我国尚未建立较为完善的开放数据获取机制，大众传播媒体的选

---

① 喻国明．从精确新闻到大数据新闻：关于大数据新闻的前世今生［J］．青年记者，2014（24）：44.

题也常常超出它们获取和处理数据的能力范围。使用二手数据的情况依然屡见不鲜，这可能与二手数据的“性价比”较高有关。然而，使用二手数据的确存在着不少问题，比如数据与选题的相关性不高、数据过时以及准确性偏低等。大规模地使用二手数据会削弱新闻的说服力，特别是当二手数据的准确性有待商榷时，更会让相关的结论出现偏差。分析数据之间的种种关联性，为受众提供科学的认知路径，是数据新闻的魅力所在。但二手数据的先天缺陷会让新闻工作者难以有效发掘新闻内容，受众也很难从中获得有价值的信息。

2. 存在直接引用数据的情况

方洁和颜冬认为：“数据新闻是一种工作流程，包括下述基本步骤：通过反复抓取、筛选和重组来深度挖掘数据，聚焦专门信息以过滤数据，可视化地呈现数据并合成新闻故事。”[①] 由此可知，在可视化呈现之前，数据处理起着极为重要的作用。然而，在数据的过滤和分析方面，却存在着直接引用数据、不对其进行加工的做法。在政策解读以及调研报告中，这种情况更为常见。对数据新闻来说，最重要的是收集到有价值的数据，并对之进行科学处理。因此，直接照搬二手数据而不进行分析，就难以发现新颖的信息，难以找到有价值的报道视角，致使新闻报道背离了数据新闻的要求。

3. 忽视了新闻的本质、模糊了新闻的边界

以澎湃新闻的“美数课”栏目为例。目前，该栏目发布了许多“一图读懂”的报道。这些报道虽然制作较为精美，但往往只是对传统的文字报道进行视觉加工，很难被视为数据新闻。数据新闻强调对数据进行挖掘和分析，并重视数据在报道中的价值，而不是仅仅以可视化的形式来呈现。因此，过于强调可视化而忽视数据处理这一数据新闻生产中极为重要的一环，是忽视新闻本质、模糊新闻边界的体现。

（四）预测性报道不足和调查性报道缺位

1. 预测性报道不足

从“新闻是对新近发生事实的报道”这句话可知，从时态上来说，新闻着眼于完成时。但对未来有着预测功能的数据新闻着眼于未来时。李晓静认为，数据新闻是一种根据已知推测未知、着眼于未来的新闻报道方式。[②] 大数据技术不仅能够让人类从过去的事件中获取海量的信息，也能让人类科学地预测未来的环境变迁。在数据挖掘和分析技术不断发展的当下，预测性报道正向数据驱动型报道转型，为广大受众提供预测范围更广、预测结果更精确的报道，无疑具有极大的价值。

然而，数据新闻的预测性报道却显得不足，原因在于不少媒体的数据采集能力偏低，数据分析实力与选题制作要求也存在不匹配的情况，因此难以提供丰富的预测性数据新闻报道。

2. 调查性报道缺位

数据新闻的核心在于发现不同数据主体之间所存在的关联性，以揭示问题的本质。调查性报道致力于深入调查事件的来龙去脉，以揭示涉及公众利益的事件信息

---

① 方洁，颜冬．全球视野下的“数据新闻”：理念与实践［J］．国际新闻界，2013（6）：75.

② 李晓静．中国预测性报道：现状、问题及前瞻［J］．现代传播（北京广播学院学报），2004（2）：45.

和真相。由此可知，数据新闻与调查性报道之间有着极大的契合性。

在国际数据新闻实践中，以数据新闻的形式来开展调查性报道已司空见惯。全球数据新闻奖也设立了年度调查报道奖，以表彰在调查性报道中取得突出成就的新闻工作者。相比之下，国内数据新闻在调查性报道方面的表现还有待提高。从选题来看，国内数据新闻虽然范围较广，议题众多，但很多报道都比较浅显，导致影响力有限。此外，在制作周期方面，数据驱动型的调查性报道更是凤毛麟角。

【案例】

作品名称：《谁死于飓风玛利亚》

作品类型：数据新闻

制作机构：美联社

作品简介：该作品获得了2019年全球数据新闻奖年度调查报道奖，美联社通过开展大量的电话采访活动，翻阅数量众多的政府诉讼，对2017年波多黎各飓风事件中的死亡人数及事件性质展开了全面而深入的分析（见图1-16），并建立了数据库，供广大受众检索相关信息。这篇报道的价值在于通过详细的数据挖掘，揭示了波多黎各政府所披露的死亡人数远远低于实际数量的情况，为政府应对类似灾难敲响了警钟。

《谁死于飓风玛利亚》

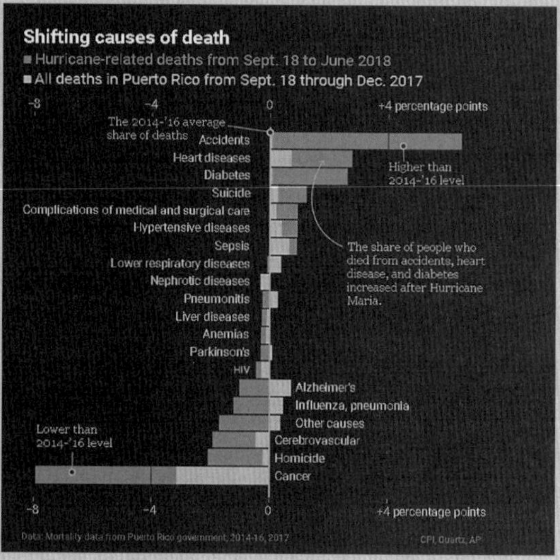

图1-16 数据新闻《谁死于飓风玛利亚》作品截图

综上所述，国内数据新闻需要更深入地把握选题，不能停留于对表面现象的描述，要以更加符合数据驱动型调查性报道要求的眼光和能力开展调查性报道。随着大数据技术挖掘和分析数据能力的提升，数据新闻的生产能力也将不断增强，从而使媒体报道的范围和创造性达到前所未有的水平。数据驱动型的调查性报道已成为数据新闻发展的趋势，大众传播媒体应该紧跟时代潮流，为受众提供更多有内涵的数据新闻作品。

（五）易出现数据中心主义倾向

在大数据时代，数据已经成为无可争议的黄金资源。但无论如何，新闻工作者都不能持有“数据至上”的观点。众所周知，全球数据处理系统正接纳着越来越多的数据，因而大有变得全知全能的趋势。更有甚者认为全球数据处理系统已成为所有意义的源泉，只有融合该系统，才能获得更大的价值。对新闻业来说，如果持此观点，就会出现忽视新闻价值和人的主体性的情况。在大数据和云计算等技术不断成熟的情况下，数据新闻的能量将会更为巨大，我们必须远离“数据中心主义”的困扰。正如丁柏铨所说：“如果缺乏进行正确判断的是非标准和价值标准，则可能对以是为非、以非为是和选择隐含价值偏颇的信息进行传播，从而误导受众。”①

(六) 缺失新闻报道的人文主义情怀

数据新闻以一种更直观、更客观的方式来呈现事实，通过数据获取和分析，大众传播媒体可以更准确地描述新闻事件的规模、趋势和影响。这种由数据驱动的报道方式可以帮助受众更好地理解复杂的问题，并促使他们做出明智的决策。然而，数据新闻并不能完全取代传统的新闻报道方式。有些事实和信息是无法完全用数据来呈现的，哪怕数据新闻的应用模板和机器写作的出现确实提高了新闻生产的效率。例如，2014 年 3 月，美国加利福尼亚州发生地震，一个名为 Quakebot 的机器人成为第一个报道这一消息的“记者”。它将地质勘探局的数据输入内置的模板，仅用 3 分钟就完成了报道。

这种由技术驱动的报道方式虽然在某种程度上提高了新闻生产效率，但也存在一定的局限性。过于依赖数据和技术的报道方式，可能会降低新闻工作者的精神创造力，并把受众当成机器，从而忽视新闻生产和传播的精神内核。新闻不仅仅要传递事实，更重要的是引发读者的思考和情感共鸣。如果将受众视为机器，将新闻生产变成流水线作业，就会让新闻工作者失去深入调查和谨慎思考的积极性。这种机械化的报道方式也会使受众的情感世界空洞化，缺乏相应的人文关怀和道德精神。人的价值不仅仅在于理性思维和数据分析能力，更重要的是具有情感、道德和人文关怀，如果只关注数据而忽视了精神内核，技术就会失去平衡。

(七) 对人和数据的要求更高

1. 对人的要求更高

数据新闻报道是一项需要团队协作的复杂任务，要求新闻工作者具备较高的专业技能和业务素养。在数据新闻的报道中，满足新闻的基本特性是必不可少的。除此之外，还要通过可视化的手段来增强新闻的互动性，使报道简洁、精美，充分展现数据新闻的优势。从北京冬奥会期间的数据新闻报道情况可以知晓，记者的角色已经发生了较大的变化。作为数据新闻记者，必须具备较高的数据素养，具备敏锐的数据感觉和分析能力，在海量的数据库中，能够分辨出有价值的数据，并挖掘数据背后的故事，拟成有价值的新闻选题。②

具体来说，随着时代的发展，记者不再只是信息的采集者，还是信息的阐释者。这一转变有两个方面的要求。首先，记者需要通过多种渠道收集尽可能多的新闻信息，并将这些信息转化为直观明了的数据。其次，记者需要客观地传递这些信息，不能简单地将冗杂的数据直接呈现给受众，而是应该进行应有的解读和分析。因此，作为数据新闻记者，不仅要关注信息的收集，更要注重信息的解读和传递，以便让受众更好地理解和利用相关的数据。

2. 对数据的要求更高

不同于传统新闻的主体由对事实的描述或对当事人的话语引用构成，数据新闻

---

① 丁柏铨．数据新闻：价值与局限［J］．编辑之友，2014（7）：8．

② 喻国明，李彪，杨雅，等．大数据新闻：功能与价值的初步探讨［J］．南方电视学刊，2015（2）：41．

更多的是对数据的展示。[①] 由于数据来源的限制和获取的困难，在可视化及深度挖掘方面，我国的数据新闻仍有不小的改进空间。从信息来源来看，我国数据新闻的数据主要是二手的，来源较为庞杂，但数据的公开程度以及互联互通仍然存在不少困难。从信息范围来看，数据新闻必须有数量庞大、时空跨度较大的数据资源作为支撑，然而，目前的数据采集特别是官方权威的数据采集还面临着数据公开机制不完善、第三方的数据不完善甚至大量缺失的情况。此外，还有一些数据的质量和准确性也存在问题，这些都对数据新闻的发展造成了不小的阻力。因此，我们需要进一步加大数据开放和共享的力度，不断提高数据的质量和可靠性，以推动我国数据新闻的发展。

（八）新闻失实和缺乏深度

1. 新闻失实

数据新闻是基于海量数据而进行的报道，然而数据的来源常常是不确定的。网络上的数据并非都可靠，就像个人信息中的年龄、性别、身高等往往不真实一样。因此，数据新闻中关于每个年龄段的人数比例、性别比例等信息是否准确也值得怀疑。此外，互联网上还存在着人数众多的水军，更让数据的真实性难以保证。倘若大众传播媒体所使用的数据来源于政府公开的信息源，那么新闻的真实性就比较高。然而，如果大众传播媒体从云端、公司处获取数据，并在庞大的数据库中寻找有用的信息，那么即便经过人工处理，仍然有可能出现新闻失实的情况。如果新闻的真实性无法得到保证，那么数据新闻的新闻价值就会受到质疑。因此，为了确保数据新闻的价值和可信度，媒体在使用数据时应谨慎选择来源，并进行严格的验证和核实。同时，公众也应保持对数据新闻的批判思维，不轻易相信数据新闻，而是通过多方面的信息对比和分析来判断其真实性。

2. 缺乏深度

今天的数据新闻，更像是数字新闻。很多人认为，用数据说话就是用数字说话，只要有数字，就可以被视为数据新闻。就算认为两者之间有着巨大的区别，在开展新闻报道时，仍有不少记者直接将数据呈现在受众的眼前，导致受众对数据新闻的理解不够。目前的数据新闻在选题上受到技术、人才及资源等因素的限制，大多选择与受众生活密切相关的主题，如旅游、美食等。然而，受众在接触这些数据新闻后，只能了解到有多少人做了什么。也就是说，数据新闻只提供了“发生了什么”的信息，却没有对“为什么会发生”进行清晰的解释，从而使新闻缺乏深度。

（九）时效性受损和前因后果的解释力不足

1. 时效性受损

时效性是衡量新闻价值的重要指标，但由于数据新闻的制作周期通常较长，从选题确定，数据收集、处理，到可视化呈现，时效性已经大大降低。在注意力经济的时代，各家媒体都在不遗余力地争夺受众的注意力。一个新闻事件经过多次和多角度的报道后，受众的注意力就会被不断分散。由于时效性不强，因此当数据新闻抵达受众时，受众对相关事件的关注度已经下降，这是数据新闻面临的一大难题。

---

① 章戈浩．作为开放新闻的数据新闻：英国《卫报》的数据新闻实践［J］．新闻记者，2013（6）：7.

对新闻产品来说，时效性是极为关键的，任何新闻产品的制作都力求在最短的时间之内完成。然而，数据新闻的制作必然要耗费很多时间。无论是数据的收集，还是数据的过滤，抑或是数据的分析，都会花费大量时间，而在数据分析完成后，可视化的制作也需要较多的时间。这很难满足新闻的时效性要求。

2. 前因后果的解释力不足

大数据全样本的分析方式，具有发现事物相关性和细致描绘个体特征的优势。然而，它不能取代人类进行逻辑判断和因果推断的思维过程。因果关系的推断和解释是传统调查性报道的核心所在。因此，数据新闻生产者应该在大数据分析的基础上进行总结和推理，得出合理的结论，并用之来解释数据新闻事件中的因果关系。在数据新闻生产中，需要注意数据的代表性问题。以百度地图的大数据指数为例，其人口流动趋势和人口密度是根据用户地理位置定位信息得出的。基于这些数据进行更大范围的推断在很多情况下是不合适的。

所以，就算是“全样本”分析也不能保证结论的百分百正确，很多时候仍会碰到类似于传统调查研究中的“抽样误差”的问题，这会让分析结果出现偏差。因此，在利用大数据技术进行新闻生产时，必须要考虑到这一点。所以说，数据新闻生产者在进行数据挖掘和分析之前，必须反复考虑和检验数据来源的可靠性和准确性。此外，鉴于大数据的系统误差，以及其“相关性不蕴含因果性”的特点，数据新闻生产者在进行因果关系推论时，必须科学评估数据的代表性，以避免结论出现偏差。

（十）生产成本高且受众理性思考能力受影响

1. 生产成本高

随着数据新闻的兴起，几乎所有媒体都希望能够涉足其中。然而，进入数据新闻领域并非易事，资金问题就是一大难题，因此只有一些大型主流媒体才有能力从事数据新闻的生产工作。那么，数据新闻的生产，一般会在哪些方面耗费资金呢？首先，雇用专业人才需要资金投入。当前，许多中小型媒体机构尚没有足够的财力来招聘专业人才。而为了在数据新闻领域立足，它们只能勉强依靠现有员工，但这些员工在内容和可视化呈现方面的制作水平远远跟不上大型主流媒体的水平。其次，购买专业技术工具需要资金支持。要想在数据新闻领域取得好成绩，必须拥有相关的技术工具。然而，中小型媒体机构无法拿出额外的资金或不愿意将资金投入这一领域，为了节省成本，它们只能使用一些免费的工具，而使用这些免费工具制作的数据新闻质量自然不高。最后，购买、维护和更新数据库需要资金支持。在许多情况下，数据新闻生产和传播所用到的数据库是需要直接购买的。而在购买以后，还需要进行持续的维护和更新，这需要长期投入资金。然而，并非所有媒体都能够承受这种长期的经济负担。

2. 受众理性思考能力受影响

受图像霸权的影响，受众的理性思考能力会显得不足。在视觉文化时代，人类更愿意用直观的方式来了解周围的事物，更倾向于接触那些容易获取的信息，且在接收信息时不愿进行深入思考。数据新闻的出现，无疑迎合了受众的这种心理需求。其可视化的特征能够充分调动广大受众的感官，吸引他们参与到数据新闻的生产和传播之中。但在这背后，是对受众理性思考以及审美想象空间的挤压。

作为数据新闻传播信息的主要方式的图像文本，强调的是通过直观、形象和视觉冲击等手段来吸引受众的注意力。它将复杂的原始数据转化为易于理解的信息，使更多的人有机会平等地获取知识。然而，这种表象式的图像忽视了传统文本语言所具有的让受众自主理解、解码和想象信息的审美体验。它阻碍了受众进行深层次的理性思考，限制了他们深入探索的可能性。更糟糕的是，看似客观的数据逐渐麻痹了受众的思维，使他们失去了质疑的能力，其想象力与思考能力也会逐渐退化和减弱。

第五节　数据新闻的发展前景

借助各种信息传播技术，大众传播媒体能够充分地挖掘和利用数据，从海量的数据中发现有价值的新闻线索，在加深报道深度的同时，也让新闻更容易被受众理解和接受。因此，数据新闻的发展前景较为广阔。

一、“数据孤岛”被唤醒：新闻报道如虎添翼

当前，数据新闻的重要性已被世人认可，无论是生产者还是受众，在数据新闻时代都有了深层次的变化。对作为数据新闻生产者的新闻工作者来说，他们必须具备发现、采集、分析、解读和可视化表达数据新闻的能力。数据新闻的魅力在于对大规模的数据进行抓取和分析，以做出有价值的判断。因此，获取相关的数据也成为数据新闻生产的重要一环。这就要求政府部门、企事业单位、各类互联网平台完善信息公开机制。实事求是地说，不少应该被公开的数据，尚沉淀在各个政府部门、各个单位、各平台，成为一个个的“数据孤岛”。不同行业、不同工作属性的许多部门、单位和平台没有意识到蕴藏于大量数据中的各种价值，没有向大众传播媒体开放数据源。此外，大众传播媒体自身也存在不能独具慧眼地发现数据新闻的问题，未能有效地与数据源拥有者进行沟通，导致许多重要数据长期未被利用，处于“沉睡”状态。

中央提出明确要求，各级政府要积极扶持主流媒体建设政务平台，重大信息、重要政策、重大事件要首选主流媒体及其新媒体发布；可以公开的政务资源优先向主流媒体及其新媒体开放；推动政务平台建设项目优先与主流媒体对接，确保发展与安全并行并重。目前，国内主流党报集团已经承担了移动政务平台建设的实践工作。例如，浙报集团负责浙江省政府门户网站和浙江政务服务网系列入口的内容运营等服务。又如，在“南方+”客户端建立移动政务平台，是南方报业传媒集团的重要举措，该平台已经吸引大批政务自媒体及官方发布的自媒体人长期入驻。这些举措为数据新闻生产提供了优质的数据来源。在连接了大量党报之后，数据规模就达到了特定的量级，并产生了质的飞跃，创造了独特的价值。因此，党报集团需要及时打通本地政务数据和服务数据，通过与之交叉融合，释放全新的数据价值。目前，各个政府部门和行业都有统计数据，不过相关数据的真实性、及时性以及详细程度尚不能完全满足受众的需求，大众传播媒体可以借此机会大显身手。

大众传播媒体需要成立专门的数据新闻报道团队，从基础数据的采集和分析、寻找数据机构等多方面入手，倾力打造高质量的数据新闻，实现数据采集和传播的

便捷化、精准化，以此创造巨大的社会价值和经济价值。以泰安传媒集团为例，自2016年起，该集团就承接了市县两级12345政务服务热线平台，每年获得800万元的政府资金支持，这一举措积累了大量数据资源，不仅提升了政务服务的质量和效率，也为媒体创造了新的增收渠道，为接下来打造全方位的民生服务平台筑牢了根基。目前，泰安传媒集团正在计划创造一种全新的“媒体＋舆情智库”模式，将数据新闻与新闻数据相结合，根据具体需要出版便民手册，提供最新的一手新闻报道，同时为政府决策提供参考。这将促使主流媒体加大数据新闻、公共新闻、调查性报道和舆论监督报道的供给力度，不断提升舆论引导力。更重要的是，它将推动政务资源共享的进程，使大众传播媒体与各数据拥有者之间的合作更为紧密，更好地唤醒“沉睡”的数据，让数据新闻报道如虎添翼。

二、“记者之死”与“数据之生”：让媒体报道动力十足

数据新闻使记者的角色发生了转变，让记者从宣传者变成阐释者，从采访者变成代言人，从报道者变成预测者。在完成数据处理之前，记者是动的，数据是静的。而在完成数据处理之后，记者是静的，数据是动的。从“采写”到“采制”，记者“死”而数据“生”。从“生”到“死”，从“死”到“生”，数据新闻的生产方式发生了巨大的变化，互联网思维的效用得以显现出来，媒体报道动力十足。

这说明，发展数据新闻，是大众传播媒体不断进步的有效渠道。例如，有“中国数据新闻的开拓者”之称的新华网，早在2013年，就率先成立了数据新闻部，让数据编辑、交互工程师及可视化设计师等优秀人才团队负责栏目建设，形成了“数据抓取—数据分析与提供—数据可视化呈现”的全流程业务链，新闻生产的效率得以大大提升。

如果能够将“数据＋新闻”与立体综合的项目有效地结合起来，把握好“生”与“死”间的转换尺度，就能够为大众传播媒体提供“新能源”。在数字传播时代，以数字技术为支撑的数字经济，已呈现出蓬勃发展的态势，它将制造业推向了前台。同时，数字技术的不断应用，也让各种新兴媒介处于勃兴之态，并催生了海量的数据，为新闻业的发展提供了肥沃的土壤。数字技术为新闻业的内容生产提供了足够的想象空间，但数据只有在被新闻业利用后才能发挥自身的价值，而新闻业只有将数据有效地呈现给广大受众，方能显示自身的活力。有鉴于此，大众传播媒体要思考如何通过计算释放数据新闻的价值，使数据新闻产品真正发挥其公共服务的功能，真正惠及社会大众。为了优化政务数据资源的配置，使其不断增值，进而不断提升政府部门的公共管理和服务水平，除与数据拥有者合作外，大众传播媒体还要与大数据公司合作，致力于打造“未来媒体中心”，在工业4.0时代独领风骚。

三、产品化和产业化加持推动数据新闻蓬勃发展

数据新闻的产业化和可持续发展，为推动数字中国建设、提升数字社会的治理能力注入了强大的动力。在大数据时代，无论是信息还是数据，都成了尤为重要的产业。因此，激活产业思维，必将赋能数据新闻的发展。以《无锡日报》为例，自2014年12月成立数据新闻实验室以来，《无锡日报》就由一群统计分析专业毕业的年轻记者担当主力，连续推出了一系列引人注目的数据新闻作品，如《三个榜单

中的长三角六大城市》《寻着总理的视线看创新》等。与此同时，《无锡日报》还积极面向大众征集议题，并取得了较好的成绩。此外，从 2014 年开始，《无锡日报》便尤为重视数据新闻中蕴含的企业家群体信息，策划了首届锡商年度人物评选活动，实行网上投票，共收集到来自全国各地民众的 200 多万张选票。对这些数据的积累与分析，不仅丰富了报道内容，还为当地政府举办的全球锡商大会提供了数据支持（这些数据均是真实可靠的）。通过这种方式，《无锡日报》在数据新闻领域赢得了声誉，并成为其他媒体和机构的榜样。政府选择《无锡日报》作为承办方，将逐届升格的大会与传媒业务相结合，进一步推动了传媒在会展延伸领域的发展。

大众传播媒体在数据新闻生产中的创新，使政府与产业间的合作成为常态，彼此相互依存。政府与产业间的合作不仅激活了内生动力，也为数据新闻注入了持续发展的动力。在数据新闻不断提档升级的今天，数据新闻已成为数据源的重要伙伴，这让数据新闻的产品库更加丰富多样。目前，大数据产业正在蓬勃发展，各地纷纷成立数据局，大众传播媒体也纷纷设立数据新闻机构，如数据新闻实验室、数据新闻工作室等。除了生产数据新闻，数据新闻机构还以数据新闻为基础，不断进行产品化尝试，将数据的生产和传播视为极具价值的商业模式，积极打造具有影响力的数据新闻品牌，实现社会效益和经济效益的双丰收。

四、数据新闻作品升级为互联网产品

新闻业与互联网行业的跨界合作，不仅为新闻机构提供了更广阔的报道渠道和更多的受众群体，也为互联网公司提供了更可靠和专业的新闻内容。随着互联网技术的不断进步和创新，新闻机构与互联网公司的合作将进一步深化，互联网思维也将成为新闻业的重要思维。

（一）传受之间的权利发生转移

20 世纪 30 年代，施拉姆提出了大众传播的过程模式。通过这一模式，人们看到了受众在传播中的主动性，传播者与受众的权利关系逐渐发生了变化。在新媒体时代，受众在传播中的中心地位得以确立，他们同时扮演着信息生产、传播与消费的角色。面对如此庞大的受众群体，数据新闻记者采用利基模式进行新闻生产，即推行个性化、定制化的新理念，对受众进行细分和细化，以便达到更为精准定位的目的。[①] 大众传播媒体建立利基数据库，对受众市场进行细分，体现了对受众的科学认知与尊重。在数据新闻时代，大众传播媒体需要重新思考一个问题，那就是如何真正地将受众摆在中心位置，为受众提供优质的信息服务。

（二）新闻产品形式及传播方式的革新

互联网思维的兴起，催生了新闻产品形式，并革新了传播方式。传统媒体一直坚持内容至上的思想，认为只有生产出高质量的内容才能立于不败之地。然而，在互联网时代，除具备优质的内容外，新闻产品的形态及互联网特有的传播方式，也是大众传播媒体制胜的关键。近年来，受众的注意力被各大新媒体平台瓜分，数据

① 孟笛．数据新闻生产特征及叙事模式：基于数据新闻奖提名作品的实证研究［J］．当代传播，2016（6）：25.

新闻必须借助互联网思维来促进自身的发展。首先要丰富产品形态。数据新闻不仅仅是新闻产品，也是典型的互联网产品，它通过各种新媒体，如网站、三微一端（微博、微信、微视频和客户端）、小程序等进行传播。大众传播媒体应该综合利用文字、图片、音频、视频、动画、游戏等手段，制作出形态多样的新闻产品，在不同的新媒体平台上进行传播，不断扩大其传播范围。其次要优化传播方式。互联网的兴起，为新闻传播带来了更多的选择。通过社交媒体、即时通信工具和移动应用程序等渠道，可以将新闻更快速、更广泛地传播给受众，并为受众提供互动空间，以此提升新闻的传播效果。

互联网思维的核心是用户至上，大众传播媒体需要转变思维，不仅要注重内容质量，还要不断创新产品形式和优化传播模式。早期的数据新闻主要依靠 PC 端来传播，难以取得裂变式效果。如今，依托移动端这一新阵地，具有社交功能的数据新闻在传播中将会如鱼得水。

（三）资源交互的加速及新媒体的权力升级

新闻业与政府部门、企业和各种新媒体平台的合作，是一种资源互补的模式。通过与上述主体的合作，大众传播媒体能够提升自身的传播效率和信誉度。而各主体凭借大众传播媒体的权威性，可以增强自身的影响力和公信力。这种合作模式让各方的资源交流更加频繁。

五、打破新闻速朽性

在传统新闻作品中，时间一般被置于文本的开头部分，这是大众传播媒体高度重视新闻时效性的重要体现，因此新闻报道往往会将最新的消息放在开头。然而，在新闻消费的过程中，我们是否想过，今天看过的新闻明天就会被遗忘，成为无人问津的废品呢？事实并非如此。在数据新闻时代，不管是新闻的生产还是消费，时效性都被重新定义，呈现出被消弭的状态，因而时间节点的重要性逐渐减弱。这可以说是数据新闻对新闻生产的一个重大挑战，但更应该将其视为一次巨大的革新。数据新闻重在从浩如烟海的数据中找到相关性，并对新闻事件进行判断，对相关的行业进行预测，相对打破了传统新闻生产时间的速朽性特征，拓展了新闻在时间维度上的价值。

第六节　数据新闻的应用情况

目前，数据新闻已被广泛地运用于国内外的新闻报道之中。在不断的实践中，大众传播媒体总结了不少值得借鉴的经验。

一、数据新闻在国外的应用情况

在新闻业发展的早期，就出现了类似数据新闻的报道形式。1821 年 5 月 5 日，英国《卫报》刊登了一篇被视为早期数据新闻的作品，内容与调查未成年教育系统相关。这篇报道以表格的形式呈现了曼彻斯特市的在校小学生的人数，以及他们的年平均消费情况，被视为《卫报》在数据新闻方面的首次尝试。

21世纪的前十年，大众传播媒体的技术基础尚不够扎实，新闻工作者自身的技能水平也整体偏低，不足以利用数据技术完成优质的数据新闻作品。而近年来，数据开放运动在西方兴起，互联网平台累积了大量的免费数据资源，加之大数据、人工智能技术的不断普及，数据获取、处理和分析有了强大的技术支撑，数据可视化也成为新闻报道的常态。在这种情况下，真正意义上的"数据新闻"开始大量涌现，并在新闻传播领域占据一席之地。《纽约时报》《卫报》等知名媒体纷纷在自家的互联网平台上制作和传播数据新闻。早在数据新闻实践的初期，《纽约时报》生产的与战争纪录片相关的系列数据新闻，就让不少专业人士开始探讨数据新闻在未来发展的可能性问题。此外，《卫报》采用数据众包的形式，制作出国会议员开支记录的数据新闻报道，同样引起了广泛的关注。

有效利用开放的数据，必然会为数据新闻提供广阔的发展空间。从2012年开始，全球编辑协会每年都会在谷歌新闻实验室和骑士基金的赞助下开展"数据新闻奖"评选活动，目的在于将优秀的新闻作品推送到世人面前，并推动新闻生产和传播方式的创新。"数据新闻奖"的评审较为公平和专业，评出的作品也较有代表性。对获奖作品进行分析，能够窥见数据新闻的发展状况。以2014年的评选为例，这一年共收到520件参评作品，尽管亚洲国家在数据新闻生产方面还有不小的改进空间，但也有一些作品入围。入围作品的来源极为广泛，既包括《卫报》等老牌媒体，也有威尔士传媒等小众媒体，同时还有自由职业者、调查机构甚至政府机构的作品。这说明开展数据新闻生产的主体是多元化的，且一些非媒体机构的数据新闻生产能力也比较强。

在西方众多的新闻机构中，数据新闻制作已成为一种常规化的新闻生产和传播方式。数据新闻生产者注重收集和处理来自政府机构的开放数据，并注重依托这些数据资源来生产数据新闻。此外，他们还积极寻求其他的数据来源，以确保数据新闻报道的全面性和准确性。

综上所述，由于大众传播媒体及其从业人员的高度重视，全球范围内的数据新闻实践正在迅速开展，并被媒体应用于具体业务之中。不仅传统媒体，一些传播机构、政府机构及市场调研公司也加入了数据新闻的生产潮流之中，各类数据新闻产品在各种媒体平台上得到了广泛传播。

二、数据新闻在国内的应用情况

2012年前后，随着大数据技术的发展，我国新闻工作者对数据新闻的兴趣逐渐浓厚起来，他们纷纷利用数据来呈现信息，用数据驱动的形式来讲述新闻故事。在这种背景下，我国的一些互联网新闻门户率先开始尝试生产数据新闻。

无论是国家级媒体的互联网新闻网站，还是纯粹的互联网新闻门户，都在积极探索通过专栏或专题的形式来制作数据新闻。相比新媒体的积极行动，传统媒体由于其特性的限制，很难呈现动态的内容，加之人才、技术和资金的限制，因此对数据新闻的尝试显得有些滞后。但仍有许多媒体展开了积极的尝试，《京华时报》《南方都市报》《华西都市报》等纸质媒体率先将自己制作的数据新闻刊登在纸质媒介上，内容主要与热点事件相关。随着时间的推移，数据技术和理念逐渐被各种媒体接纳，数据新闻实践不断拓展。这表明数据新闻受到了大众传播媒体的重视。然而，就总体数量而言，纸媒的数据新闻作品仍然较少。同时，与网络媒体相比，纸媒目前还没有以固定栏目的形式来刊登数据新闻作品，且版面也不固定，常规化的报道机制尚未形成。值得一提的是，电视媒体在数据新闻领域做出了不少有益的尝试，其中央视最具代表性。近年来，央视各新闻栏目中经常出现数据新闻报道，这些报道选题较为广泛，逐渐从边缘化的报道形式走向舞台中央，其中不少数据新闻作品令人难忘。

尽管我国在数据新闻实践方面取得了一些进展，但我们也要看到，在数据新闻生产中，我国还面临着诸多困境。主要体现在三个方面：

第一，数据获取仍然是数据新闻生产的主要制约因素。目前，与西方国家相比，我国政府层面数据开放的广度和深度均需进一步拓展。面对较为狭窄的数据来源渠道，数据新闻生产受到了很大的限制。

第二，数据利用和开发程度比较低。目前，不少实践尚停留于可视化的层面上，对数据的深度挖掘和分析力度不够。这种只使用“小数据”甚至脱离数据本身的业务实践，不能被视为真正的“数据新闻”。

第三，在将数据可视化呈现方面，多是静态信息图，交互式图表较少，而以数据实时呈现新闻的情况更是凤毛麟角，与西方国家的数据新闻生产相比，尚存在不小的差距。

当然，国内的数据新闻生产也有值得借鉴之处：

首先，内容生态的多元化，既有原创作品也有转载作品。如在打造全媒体新闻平台的过程中，澎湃新闻较早地设立了“花边数据”栏目（后改名为“美数课”）。借助《东方早报》在图表和制图方面的经验，澎湃新闻开始了自己的数据新闻原创实践。除了设立原创数据新闻栏目，澎湃新闻还聚合了许多优质的外部数据新闻作品，邀请了“新华网数据新闻”“中国有数工作室”“时代数据”“DT 城数”“搜狐四象工作室”等具有代表性的数据新闻生产者进驻澎湃号，发布它们生产的数据新闻作品。

其次，通过自身的专业团队与外部多背景人员的合作来创作原创内容。这种内外结合的方式使得澎湃新闻在数据新闻领域拥有了更广泛的专业知识和资源，能够提供更多元化、更丰富的数据新闻内容。澎湃新闻的原创数据新闻栏目“美数课”与入驻澎湃号的数据新闻栏目共同构成了一个独特的数据新闻生态系统。这种并行的制作方式使得澎湃新闻能够提供更丰富、更多样化的数据新闻内容。

最后，组建数据新闻创意团队。团队成员包括数据新闻编辑、交互设计师、程序员等。数据新闻编辑负责策划选题、数据处理、制作草图和撰写文字稿件。交互设计师负责将可视化效果付诸实践。程序员则负责开发线上项目，如交互式数据新闻代码的编写、数据爬取等。在招募人才方面，澎湃新闻既注重团队成员在核心技能上的专长，同时也注意了解他们是否对新闻业抱有热情。人才到岗后，澎湃新闻注重培养团队成员的协作精神，鼓励他们开展内部学习活动，激励员工充分发挥他们的长处，为生产优质的数据新闻做出贡献。

【思考题】

1. 何为数据新闻？它是在什么样的背景下诞生的？

2. 简述数据新闻的特征、类型和功能。
3. 数据新闻有哪些优势和局限?
4. 简述国内外数据新闻的应用情况。

【推荐阅读】

[1] 方洁，颜冬．全球视野下的“数据新闻”：理念与实践［J］．国际新闻界，2013（6）：73－83.

[2] 方洁，胡文嘉．全球数据新闻教育：发展特征与未来趋势［J］．国际新闻界，2017（9）：134－151.

[3] 刘莹莹，卢长春．数据新闻发展的新特征探析：以 2019 年全球数据新闻奖获奖作品为例［J］．青年记者，2020（23）：34－35.

[4] 白红义，张恬．认识作为知识的数据新闻：基于新闻认识论的考察［J］．新闻大学，2024（1）：1－15，119.

[5] Parasie S. Computing the news：data journalism and the search for objectivity［M］. Manhattan：Columbia University Press，2022.

[6] Reilley M，Sunne S. Data＋journalism：a story－driven approach to learning data reporting［M］. Oxford：Taylor & Francis，2022.

[7] Hermida A，Young M L. Data journalism and the regeneration of news［M］. London：Routledge，2019.

第二章　数据新闻的发展脉络及趋势

【本章学习要点】

一、数据新闻的发展脉络

- 国外的发展历程
- 国内的发展历程
- 发展趋势

二、数据新闻的发展趋势

- 内容深度化且易于分享
- 形式多样化
- 制作精细化
- 多维度加深受众的交互体验
- 功能商业化

人们将英国的《曼彻斯特卫报》于1821年5月5日刊登的庞大的图表（占四个版面），视为数据新闻的开端。自此，数据新闻开启了自身的演变过程。直到今天，数据新闻依然处于发展变化之中，呈现出一系列的发展趋势。

第一节　数据新闻的发展脉络

将数据看作新闻而非小说来源的思想早已有之：几个世纪以来，记者一直在通过各种方式收集数据，使用数据改进传统报道方式。① 虽然人们倾向于将数据新闻视为一项现代发明，然而客观来说，数据新闻的历史甚至比报纸还要久远，欧洲最早的官方手抄报纸——《每日纪闻》就可被视为发布过数据新闻作品。在17世纪，不少定期出版的刊物均会想方设法雇用国际商人报道与经济环境相关的新闻，内容涉及恶劣天气、战争、革命以及疾病等，因为这些因素会导致商品交易的中断，对交易的成本也有影响，这些新闻中存在着诸多的数据报告。1821年5月5日，英国的《曼彻斯特卫报》（后改名为《卫报》）在其“读者来信”栏目中，用四个版面刊登了一幅庞大的图表，揭示出教会学校学生的实际人数远远超过教育改革支持者对于学生人数的估计，这被该报视为其数据新闻的开端。② 从这时起，新闻工作者

---

① Gray J，Bounegru L，Chambers L. The data journalism handbook [EB/OL]. [2013-06-18]. http：//www.datajournalismhandbook.org/1.0/en/.

② Rogers S. The first Guardian data journalism：May 5，1821 [EB/OL]. (2011-09-26) [2023-10-05]. http：//www.theguardian.com/news/datablog/2011/sep/26/data-journalism-guardian.

就没有停止过对数据新闻的实践。但这时的数据新闻更像数字新闻。随着计算机技术的兴起和不断被运用于新闻传播领域，数据新闻越发具有现代意义，而计算机辅助报道也成为真正意义上的数据新闻的开端。

一、国外数据新闻的发展历程

数据新闻的起源可以追溯到1821年的《卫报》。最初，数据新闻的目的是促进政府部门公开相应的信息，从而获得社会大众的信任，以此提升政府的公信力。数据新闻的发展，主要经历了以下几个阶段。

（一）计算机辅助报道

计算机辅助报道（computer-assisted reporting，CAR）是指记者利用计算机检索信息，并将获取的信息组织起来，以新闻的形式呈现出来的一种新闻报道形式。20世纪50年代，计算机的计算能力迅速提高，美国一些媒体记者便顺应技术发展趋势，利用计算机来处理、分析数据，以发现新闻事实，并对之展开调查。其标志性事件是格雷斯·霍珀在1952年带领她的程序员团队，将早期的总统大选投票数据输入“电子数字式积分器和计算机”之中，并编写出了让计算机能够正确预测结果的算法。这个算法模型不仅可以准确预测最终结果，而且其百分比误差不到1%（他们通过计算预测艾森豪威尔可以获得83.2%的选票，最终其实际获得了82.4%的选票）。①

格雷斯·霍珀及其团队使用统计模型来预测结果，与60年后西尔弗所做的一样，该模型由计算机辅助报道进化而来。当时人们都认为艾森豪威尔会与总统无缘。但格雷斯·霍珀及其团队的精确预测，让世人知道了计算机的价值。围绕总统大选所进行的一系列民意调查，是大众传播媒体争相报道的对象，使用统计模型来预测总统大选结果，是新闻界对民意调查的迫切需求所催生的。媒体运用大型计算机进行民调研究，后来又挖掘出其商业用途。很快，媒体中的民调部门便演变成专门的媒介调研机构，成为媒体经营运作的一部分。② 大众传播媒体偏爱计算机的一个主要因素是其强大的计算能力，它可以让记者从复杂的统计计算任务中解脱出来。在计算机技术的不断发展，以及社会大众逐渐接受精确新闻这一理念的背景下，新闻界逐渐将计算机强大的计算能力与社会科学研究方法结合起来。由于技术条件的支撑以及美国民众对数据的天然信任，计算机辅助报道成为一种基本的新闻报道模式。③

受计算机辅助报道发展的影响，美国对新闻传播学科的课程设置及教学计划进行了调整，有关计算机辅助报道的研究也不断增加。20世纪90年代，计算机辅助报道在技术和形式上都变得更加丰富。在普利策新闻奖方面，自1989开始，一直到1996年，平均每年都有一篇计算机辅助报道获奖。计算机能够辅助包括精确新

---

① Tow Center for Digital Journalism. The art and science of data - driven journalism [R/OL]. [2014 - 09 - 11]. http://www.internews.org/sites/default/files/resources/Tow - Center - Data - Driven - Journalism.pdf.

② 苏宏元，陈娟．从计算到数据新闻：计算机辅助报道的起源、发展、现状 [J]. 新闻与传播研究，2014（10）：81.

③ 同①83.

闻在内的多种类型的新闻报道，用计算机处理相关的数据，减少新闻报道中由人工处理所造成的误差。对照计算机的处理结果，记者能够对新闻的真实性进行查证。计算机辅助报道的生产，要求记者掌握数据抓取和分析技术，且对记者的综合素养要求较高。需要指出的是，计算机辅助报道的规模很难与当今的数据新闻相媲美，其数据的主要来源是政府机构和企业的数据库，且计算机主要起辅助作用，与数据新闻生产中机器能介入整个生产流程之中相比，还存在不小的差距。

（二）精确新闻

20 世纪 60 年代，菲利普·迈耶提出了“精确新闻”这一概念，后逐渐被世人认可。“精确新闻”主张将新闻报道与社会科学研究方法有效地结合起来，对获取的信息进行抽样统计，并予以详细的分析，以验证事实的准确性。因而，精确新闻又被称为精准新闻学或精准新闻报道。1967 年，美国底特律市发生了黑人暴动，菲利普·迈耶根据暴动的专题，采用随机抽样的方法，对动乱地区的 400 余名黑人展开访谈和调查，然后推出了《十二街那边的人们》系列报道。调查发现，参与骚乱的黑人中，中学辍学的人所占的比例，与大学文化程度的人所占的比例相同，说明受教育程度不是影响黑人参与骚乱的主要因素。调查还发现，在南部地区长大的黑人，参与骚乱的比例更低。该系列报道通过数据验证得出的结论有效地驳斥了其他媒体报道的观点，荣获了次年的普利策新闻奖，被视为精确新闻的开端。此后，其他媒体也纷纷试水精确新闻，精确新闻由此掀起风潮。

在精确新闻的影响下，新闻界逐渐认识到了数据的重要性，因此开始大规模和系统化地挖掘数据的价值。精确新闻的出现，使记者的工具箱更为丰富，使他们能够深入挖掘那些很难细致而深入地把握的新闻主题，比如持有不同政见的人，以及少数族裔，等等。众所周知，20 世纪 60 年代也是新新闻主义较为流行的时期，这种新闻主义大肆采用文学的写作技巧，致使新闻报道满含主观色彩，充斥着小说的氛围，新闻作品偏离了客观性的初衷。精确新闻的出现有效地改变了这种局面，通过运用计算机技术及抽样统计方法，新闻报道的准确性及完成率均有了显著的提升。然而，由于时代背景不同，虽然精确新闻与数据新闻有相似之处，但二者的概念和方法仍有所差异。今天全球对“数据”这一概念的理解，与 20 世纪 70 年代美国的理解有着不小的差距，从数据规模到对数据的认识、数据处理技术都产生了极大变化。数据新闻学进一步延伸出了精确新闻学，使新闻生产过程更为精细化。[①]除了要具备传统新闻生产的能力，还要熟练掌握相关的社会科学研究方法以及数据处理技术，甚至还要掌握可视化设计技术，这样方能生产出优质的数据新闻。在精确新闻报道中，数据通常是作为论述观点的辅助材料而存在的，其主要价值是增强新闻报道的准确性及可信度。数据新闻则以数据为主体，运用科学的分析方法来构建特定的意义，并通过多种可视化手段来呈现，文字已不是其核心。此外，精确新闻的数据来源一般是经过科学的抽样后得出的，而数据新闻中的数据来源，与今天人们时常提及的大数据更为接近。精确新闻的抽样结果与数据新闻的大数据之间的巨大数据差异，彰显着两种新闻类型在技术运用及数据处理方面的差距。

---

① 郭晓科．数据新闻学的发展现状与功能［J］．编辑之友，2013（8）：87.

（三）数据驱动新闻

21世纪初，英美两个国家的大众传播媒体率先较为系统化地试水数据新闻。2007年，《纽约时报》成立了一个跨部门团队，由程序员和新闻记者合作完成新闻报道。之后，这一团队发展成了“互动新闻技术部”。作为一个融合了采编和技术的团队，“互动新闻技术部”生产了大量具有互动性的信息图表，报道了很多重大的事件。不仅仅成立了“互动新闻技术部”，《纽约时报》还将538（FiveThirtyEight）这一极具影响力的数据新闻博客纳入进来。西尔弗曾数次预测美国总统大选结果，并授权《纽约时报》网站发表其预测文章，使《纽约时报》网站的流量显著增加。2009年，《卫报》在其网站上设立了“数据博客”栏目，这被视为数据新闻发展中具有划时代意义的事件。西蒙·罗杰斯（“数据博客”的首任主编）极为重视与学术机构的合作。如在2011年伦敦骚乱期间，“数据博客”与一些学术机构协作，采集了260余万条与骚乱相关的信息，并对之进行深入分析，详细研究骚乱事件的始末，对其传播路径进行分析，以此判断推特等社交媒体是否对伦敦爆发的骚乱起到了煽动作用。2011年，在欧洲新闻学中心的倡导下，数十位数据新闻的操作专家及倡导者一起编写了知名的《数据新闻手册》，对数据新闻的形成过程进行了追溯，并撰写了多国新闻媒体在数据新闻方面的实践案例，是一本重要的数据新闻文献。

数据新闻的兴起不仅在业界引发了热议，也推动了新闻教育与研究的发展。一些媒体、高校和科研院所合作，共同开展数据收集和处理工作；不少高校开始重视培养数据新闻人才，开设网页抓取、数据分析等课程，致力于提高学生的数据获取和分析能力。

计算机辅助报道、精确新闻和数据新闻之间存在着延续关系，当然，也存在着一定的兼容性。计算机辅助报道在数据收集和分析方面具有较大的功效。精确新闻率先提出使用社会科学研究方法来开展新闻报道的理念，其核心在于如何处理数据。在大数据时代，数据新闻的重要性不言而喻，它不仅可以帮助新闻媒体更准确地报道事件，还可以为读者提供更深入的理解和洞察。因此，数据新闻的发展势头不可忽视，新闻教育和研究也应该与时俱进，紧跟这一趋势。计算机辅助报道、精确新闻以及数据新闻都注重数据的收集、整理和分析，但受不同时代的科技水平的影响，它们在数据处理水平、数据与新闻的有效结合程度以及数据呈现水平等方面均存在着不小的差异。

（四）大数据新闻

在当今世界的数据新闻实践中，欧洲和北美国家的主流媒体处于领先地位。它们在数据新闻生产的每一个环节的表现均较为出色，生产了多样化的数据新闻产品，且在报道中尤为重视互动性和体验感，形成了较为稳定的业务板块，催生了一批极具创新性的数据新闻机构。与之相比，我国数据新闻的发展较为缓慢。然而，在大数据技术的加持下，我国的数据新闻发展未来可期。眼下，发展大数据新闻正当其时。“大数据新闻是基于互联网逻辑的新闻报道，将逐步走向跨领域、跨平台的开放式、众包式合作生产，并将从目前先锋实验性质的形态转变为新闻报道的常态。”①

---

① 喻国明，李彪，杨雅，等. 新闻传播的大数据时代［M］. 北京：中国人民大学出版社，2014：2.

相较于初级阶段的数据新闻，大数据新闻是比较成熟的，主要体现在以下几个方面：一是数据量大且类型丰富。大数据新闻可通过各种数据抓取软件，在众多的机构和平台上抓取数据，获得种类繁多且数量巨大的数据。二是生产和传播的技术水平高。大数据技术的应用对新闻内容生产思维及报道方式都有着较为巨大的影响，通过数据挖掘和分析，可以挖掘出传统新闻报道所不具备的新价值。三是互动性强。大数据新闻的社交特征更为突出，传播中的互动性更强，在受众的参与下，不仅可以实现定制化生产，还可以根据受众的特点提供预测性信息。因此，大数据新闻扩大了民意表达空间，且数据的滚动更新也可以让新闻报道呈现出自我生长的态势。四是对客观世界的把握能力强。关联而非因果，是大数据技术的重要特征。对相关性的把握，提升了数据新闻描述及呈现客观世界的水平，并能全景式地展示世间万物的发展变化状况。五是设计极具艺术性、审美性。数据新闻的可视化设计具有一定的艺术性和审美享受。大数据不仅仅是将数字可视化，更重要的是能将关系可视化，并通过多媒体手段将新闻呈现出来，让受众在信息消费中获得审美享受。

需要特别指出的是，数据新闻的发展并非一帆风顺。它虽然提升了媒体描述和反映客观世界的能力，但在阐释意义方面并没有质的变化。因此，我们需要深入了解数据新闻的发展脉络，不断反思技术进步与新闻专业性之间的关系，以推动数据新闻的进一步发展。

二、我国数据新闻的诞生及其发展历程

（一）我国数据新闻的诞生

1. 数据新闻栏目的开设

数据新闻栏目的开设始于西方。2009 年，《卫报》开设了“数据博客”栏目，开始制作和发布数据新闻，被视为最早开设的数据新闻栏目。

虽然我国的数据新闻实践晚于西方，但媒体对数据新闻的实践热情毫不逊色。从 2011 年开始，以四大门户网站为代表的网络媒体争先恐后地开展数据新闻生产实践，并发表了数量庞大的新闻作品。随后，各大新闻网站相继开设数据新闻频道，在数据新闻生产和传播方面开始领先于传统媒体。2012 年，媒体纷纷开设数据新闻栏目，数据新闻栏目的发展走上了快车道，因而这一年也被称为数据新闻栏目的爆发年。例如，网易在 2012 年 1 月开辟了“数读”栏目，旨在用数据说话，并向受众提供轻量化的阅读体验。紧接着，搜狐开设了“数字之道”栏目，腾讯新闻开设了“数据控”栏目，新浪开设了“图解天下”栏目。2012 年 10 月 25 日，另一家媒体也加入了这一潮流——财新网推出了一个名为“数字说”的栏目，专注于数据新闻的耕耘。随着数据新闻栏目的开设，国内媒体尤其是网络媒体掀起了数据新闻实践的热潮。

2. 数据新闻机构的成立

数据新闻正在改变传统新闻业的作业方式，媒体人敏锐地意识到了其魅力所在，并全力投入数据新闻的制作之中。有些媒体甚至将数据新闻制作视为一门生意，开始了商业化实践。2016 年，财新传媒的前首席技术官黄志敏创立了“数可

视”这一专业的数据新闻机构。“数可视”与其他媒体合作，为合作媒体提供技术支持，共同制作数据新闻。2015年，第一财经成立了商业数据中心，为了满足市场需求，推出了名为“DT财经”的新媒体平台，定位为数据财经新媒体，致力于解读财经话题。起初，“DT财经”通过微信公众号与受众互动，其独特的报道方式和高质量的内容迅速吸引了数量庞大的受众的关注和转发。在试水成功后，“DT财经”还推出了网页版、App等多种内容入口，逐渐将自己打造成为专业的数据新闻机构。

经过十余年的发展，国内的数据新闻制作形成了两类阵营。一类是数据新闻专栏和频道，是由新闻媒体在实践中孵化出来的，例如澎湃新闻的“美数课”、人民网的“图解新闻”以及网易的“数读”等。另一类是专业的数据新闻生产机构，是专门集中人力、财力而打造的专业数据新闻机构，例如“DT财经”“数可视”等。

（二）我国数据新闻的发展历程

我国数据新闻的发展经历了诸多坎坷，就目前来说，大体经历了以下三个阶段。

1. 从无知到萌芽

新闻报道是新闻的最初形态。过去，人们并不了解数据新闻，随着时间的推移，数据新闻才逐渐被人们认识和认可。在我国，与数据新闻相关的研究最早可以追溯到20世纪80年代末。经检索可知，最早的一篇文章发表于1988年，讨论了广播新闻中数据的应用问题。1990年也出现了与数据新闻相关的论文，探讨了如何将数据生动地运用于新闻报道之中。到了20世纪末，我国的大众传播媒体开始试水精确新闻。在这种背景下，高校也纷纷开设精确新闻学课程，为学生提供学习的机会。自此，数据新闻开始萌芽。

2. 从萌芽到兴起

精确新闻时期标志着数据新闻的开端，计算机和数据的作用都是辅助新闻生产和传播，当然数据还有为受众提供决策参考的作用。

最初，媒体使用图表的形式来呈现数据信息，但这种方式无法完全呈现数据的内在逻辑，因此媒体需要寻找其他途径来展现多样化的数据。在这方面，《南方都市报》起到了先锋作用，一开始就采用信息图表的方式来呈现新闻中的数据，供受众阅读和参考。随着大数据技术的普及，我国大众传播媒体纷纷试水数据新闻，数据新闻也逐渐从萌芽走向了勃兴。

3. 从兴起到形式多样

2013年，《纽约时报》发布了一篇关于“雪崩”的数据新闻报道，并在全球范围内广泛传播。这一新兴的新闻报道模式引起了国内媒体的关注。随后，中央电视台的《晚间新闻》开始推出“据”说系列报道，这标志着中国电视媒体正式进入了数据新闻的领域。央视作为中国历史上最早开展数据新闻实践的媒体，凭借其独特的思维方式斩获了中国新闻奖。在这个阶段，交互式体验受到了广泛关注，新闻界纷纷进行数据新闻的实践。媒体在展示数据新闻时不再局限于表格形式，而是不断拓展其他可视化形式。从数据新闻的发展趋势来看，尽管报道形式各异，但数据新闻已经成为新闻报道中不可或缺的一部分。

三、数据加持促进数据新闻的演化

在数据新闻发展的过程中，数据对新闻的加持作用越来越明显。主要体现在四个方面：

（一）数据支持新闻的阶段

数据新闻的相关理论并未认可这一阶段，原因在于它与数据新闻的内涵相去甚远，只是在外在形式上体现出数据新闻的特征。简单来说，就是在新闻报道中使用一定量的数据，或者用数据来解释新闻作品想要传播的观点。换句话说，在这种情况下，数据是辅助性的。删除数据，新闻仍然是完整的，只是其客观性和权威性会令人怀疑。在这一阶段，数据只是起到了进一步证明新闻真实性的作用，与数据新闻所强调的数据对于新闻的叙说、揭示、驱动及生产存在本质差异。也就是说，这种形式的新闻根本算不上数据新闻。因此，无论是国内还是国外，都鲜有学者对之展开研究，但它又客观存在。

更重要的是，我们需要认识到，数据新闻不是简单地使用数据，而是要将数据融入新闻报道之中，以提供更深入、更全面的信息，从而增强新闻的可信度和说服力。早期关于“数据新闻”的出版物和文章都只是简单地强调数据对新闻的支持作用。最早提到“数据新闻”这一词语的两篇文章均发表在 1995 年第 1 期的《浙江统计》上，内容都是关于第三产业的“数据新闻发布会”的讲话，主要涉及第三产业的数据。1997 年第 8 期的《新闻通讯》上刊登了王荧的一篇文章，题为《“目前流行什么”，根据何在？从无准确数据新闻看采编作风》。虽然这篇文章意识到了合理利用调查、实验以及数据分析等方法对新闻报道的重要性，但关注的重点仍然是新闻是否有量化的数字依据，以及数据是否准确等，这是数据支持阶段的新闻。不过，对数据新闻的发展来说，这一阶段的新闻是不可或缺的，正是它让人们开始认识并重视数据新闻。

（二）数据支撑新闻的阶段

支撑是指对对象物的托举，起着不可替代的作用，以数据支撑新闻的目的是利用数据开展新闻叙事，以增强新闻的客观性和准确性，新闻可视化是实现这一目的的主要途径。数据支撑新闻通常被视为数据新闻的初始阶段，但在数据叙事、利用数据来对新闻进行可视化呈现等方面，都显示出较为专业的特征。因此，数据支撑新闻类似于精确新闻，实为数据新闻的第二个阶段。

（三）数据驱动新闻的阶段

数据新闻并不等于数据驱动新闻，但很多人都把它们等同起来。在两者间画等号的做法，既忽略了数据新闻发展的不同历程，也没有看到数据新闻的核心所在。数据驱动新闻是一种依赖于数据演绎的新闻报道形式。它不同于仅仅用数据佐证或强化的新闻类型，也不同于通过数据“叙说”和“透视”的新闻类型，而是在收集和分析大量数据的基础上，对那些无法凭感官及直觉理解的新闻信息进行披露，体现出了较强的创造性。在这个阶段，新闻报道反而成为次要的，对数据的收集、整理、分析和呈现才是主要目的。这个阶段对数字技术的依赖性较强，只有当数字技术发展到一定程度后，数据才能发挥驱动新闻的作用。

（四）数据繁殖新闻的阶段

所谓数据繁殖新闻，是指在大数据和自动可视化技术的加持下，新闻不断涌现和更替。大数据技术既能够窥见当下，又能够挖掘过去，还能够把握未来。过去发生的，正在发生的，未来可能发生的，都能够被大数据技术的相关性逻辑圈占。利用大数据技术，人们能够从浩如烟海的数据（包括历史的、现实的和未来的）中找寻关系，并完成新闻报道。而各种人工智能的能力更为强大，它们能够在自动化的数据收集和分析中，及时把握万事万物的变化状况，并自动撰写和传播新闻。也就是说，在当今时代，随着大数据和高级可视化技术的普及，复杂而科学的算法和模型会相继出现。在这些算法和模型的支持下，新闻不仅具有历史性，还具有现实性；不仅丰富多样，还具有动态性；不仅稳定可靠，还具有持续成长的特点。借助丰富、多元的数据和成熟、自动化程度高的技术，新闻能够被不断繁殖出来。在这个阶段，人与机器都是生产者，新闻产品被流水化地生产出来。

第二节　数据新闻的发展趋势

随着数据和新闻的联系不断加深，数据新闻将会在内容、形式、生产流程、受众体验和商业模式方面发生显著的变化。

一、内容深度化且易于分享

（一）内容深度化

随着大数据技术的发展，数据的有效利用率正以爆炸性的速度提升，推动了数字经济蓬勃发展。2020 年 4 月，我国发布了《中共中央 国务院关于构建更加完善的要素市场化配置体制机制的意见》，将数据划为重要的生产要素，与土地、技术、资本和劳动力并列，并要求各级政府完善市场配置机制，加快培育数据要素市场。这表明，数据已经渗透到我国经济社会发展和人们生产、生活的各个方面。在这种情况下，深度化的内容必将成为数据新闻发展的重要源泉。未来，大众传播媒体将会生产更多具有深度内容的数据新闻作品。

（二）内容易于分享

分享是介入传播过程最为直接和便捷的方式。[①] 数据新闻要转变叙事方式，注重报道内容和形式的趣味性，让那些比较枯燥的议题变得具有新鲜感，以此提升受众的关注度。如法国的《“傻瓜”的艺术品市场》这一数据新闻作品，就采用动态气泡形式来体现艺术品的拍卖价格，特定的气泡代表着特定的价格，气泡越大，艺术品的价格越高，反之亦然。受众点击一下气泡，就能获知艺术品的相关信息。又如美国的数据新闻作品《你身边的急诊室在哪里?》，采用了数据地图的形式来传递信息，在地图上一一标注了纽约急诊室的位置，通过交互性设计，要求受众

---

① 彭增军．内容何以为王？[J]．新闻记者，2016（9）：61.

在最短的时间内将“心脏病患者”送到急诊室，如果拖延时间，那么病人将不幸去世。

《卫报》的“数据博客”为每篇数据新闻都添加了分享标签，受众能够将报道分享到各种社交平台上。通过分享，数据新闻的传播范围会不断扩大，影响力也会不断提高。该网站上的数据新闻作品，其设计更具人性化特征。该网站还提供了完善的搜索选项，受众在消费新闻作品的同时，也能及时研究相关的问题。通过各种动态和静态图表，以及交互性的设计来提升新闻的互动性。这样的内容生产方式将当前的数据嵌入新闻之中，提升了传播者与受众、受众与受众之间的互动效果。

二、形式多样化

当前，不论是传统媒体还是网络媒体，其数据新闻的呈现方式仍然局限于二维图表、关系图连线、气泡图或轴线等形式。这种单一、平面的表达方式很容易让受众感到无聊。随着智能技术的不断发展，受众与世界连接的方式和终端将变得越来越多样化，且每种连接方式都将呈现出独特的形式。因此，数据新闻需要根据不同终端的特点，采用多样化的表现形式，以满足受众的需求。

三、制作精细化

传播技术的创新与应用，为数据新闻的发展提供了有力的支撑。随着“互联网+”战略的推进，数据新闻正朝着更加精细化的方向发展。新闻业务与大数据技术的深度融合，促使各个新闻媒体机构更加重视数据新闻制作的精细化问题，以不断提升数据新闻的品质。举例来说，随着大数据技术的进步，大数据公司日趋专业化，这为大数据新闻的发展提供了强大的动力。新闻媒体应该加强与大数据公司的合作，以实现数据新闻制作的精细化目标。

四、多维度加深受众的交互体验

数字可视化技术能够充分发挥视觉传播的功能，用可视化的手段传播信息，让受众直接接触数据源，并由此直达数据新闻的核心内容，从而大大节省阅读时间。同时，交互设置也增强了新闻与受众间的互动性。在数据新闻作品中，受众接触得较多的是“软新闻”。这类新闻注重受众的参与，强调作品与受众之间的互动，提升了受众的体验。

五、功能商业化

个性化定制是数据新闻的重要特点之一。通过获取和分析受众的行为数据，可以更加客观和准确地了解受众的兴趣爱好与消费习惯，从而为他们提供定制化的新闻内容。个性化定制不仅能够引导受众的消费行为，还可以发现新的商业机会。因此，相较于传统新闻时期的商业模式，数据新闻的商业化前景会更加广阔，而功能商业化将成为数据新闻未来发展的重要趋势，同时也是媒体转型的重要路径。

【思考题】

1. 简述数据新闻的发展历程。
2. 简述数据新闻的发展趋势。

【推荐阅读】

[1] 徐笛. 数据新闻的兴起 [M]. 北京：中国传媒大学出版社，2019.

[2] 范红霞. 数据新闻：从内容创新到算法革命 [M]. 杭州：浙江大学出版社，2023.

[3] 于德山. 新型图像技术演化与当代视觉文化传播 [J]. 现代传播（中国传媒大学学报），2018 (4)：21 - 25.

[4] 郭嘉良. 数据新闻产业化发展的现实困境与未来危机：基于国内三家数据新闻媒体栏目的分析 [J]. 现代传播（中国传媒大学学报），2020 (7)：61 - 67.

[5] 王妍，李霞. 互动新闻的前世、今生与未来：媒介变迁与互动新闻演进研究 [J]. 现代传播（中国传媒大学学报），2019 (9)：65 - 69，101.

[6] 徐星星. 技术赋能下数据新闻的新发展与困境探析 [J]. 中国编辑，2020 (1)：36 - 41.

[7] 董卫民，吴坤玉. 数据新闻演进中的创新向度与未来发展 [J]. 未来传播，2022 (4)：48 - 54，129.

[8] 吕宇翔，方格格，华伊然. 数据新闻发展的全球规律和本土实践：基于2015—2021年获奖作品的分析 [J]. 新闻与写作，2022 (6)：97 - 109.

[9] Zhi H. Research on the developmental trend of data journalism under the background and time of big data [J]. International journal of technology management，2016 (1)：42 - 44.

第三章　数据新闻的价值要素及真实性

【本章学习要点】

一、数据新闻的价值要素

- 时新性与重要性
- 接近性与显著性
- 趣味性
- 关联性与场景性

二、数据新闻的多重真实性

- “双重符合性”真实
- “对话性”真实
- “可视化”显现的真实
- “整体性”真实
- “前瞻性”真实

三、数据新闻真实性的保障措施

- 坚持新闻生产的透明性
- 严守数据的真实性和完整性
- 有效甄别新闻信息
- 挖掘数据新闻背后的真实性和客观性
- 新闻工作者要加强行业自律
- 提高新闻人的数据素养
- 政府、企业、社会机构提高数据库的开放性与共享性

与传统时期的新闻相比，数据新闻有自己的价值要素，否则就不可能成为新闻。数据新闻是由数据来驱动的，因而其真实性所包括的层面更广、更为复杂，也更难以把握。

第一节　数据新闻的价值

除具备传统新闻价值的五要素以外，数据新闻还具有关联性、场景性等价值要素。

一、数据新闻的要素

在对数据新闻的价值要素进行探讨前，首先需要弄清数据新闻的要素，以便于

更好地弄清两者之间的区别。与之前的新闻相比，数据新闻在新闻的要素以及新闻的价值要素等方面均发生了显著的变化。就新闻的要素来说，之前的新闻一般包括五要素，即5W——何时（when）、何地（where）、何事（what）、何因（why）、何人（who）。也有人将新闻的要素归纳为七个方面，除5W外，还增加了1H+1M，1H是指结果（how），1M则指有意义（meaning）。数据新闻除包含之前的新闻所具有的要素外，还包括场景、个性化、交互性、数据等要素。

（一）场景要素

与传统新闻报道一样，数据新闻也是依托新闻事实来开展报道的，但数据新闻更能以客观真实的方式来全面地展示重要的场景。数据新闻不仅关注与新闻事实相关的背景内容，还关注受众对事件的反馈和评价，致力于挖掘新闻背后的新闻。同时，数据新闻还追踪新闻事件对社会的影响，把握公众对新闻事件的反应。在掌握这些信息以后，数据新闻就能够充分发挥其在场景构建方面的作用，不但让新闻处于独特的消费场景中，还巧妙地将场景融入新闻。因此，场景成为数据新闻的一个重要元素。

（二）个性化要素

数据新闻的一大优势就是能够在对受众的行为数据进行分析后，有针对性地提供个性化的服务。虽然其他社交新闻也能提供个性化服务，但效果很难与数据新闻相媲美。因而个性化成为数据新闻的又一个重要要素。众所周知，信息技术的快速发展，为满足受众的个性化、多样化需求提供了强大支持。通过对大量的数据进行分析，大众传播媒体能够准确地把握受众的兴趣爱好和行为习惯，从而较好地把握数据新闻的内容生产及传播。在新媒体环境下，受众对多元化信息的需求不断增加。而在大数据等先进技术的加持下，大众传播媒体能够将内容、时间和空间、艺术等多种元素叠加在一起，创造出全新的数据新闻，以多样化的内容和形式满足广大受众的个性化需求。

（三）交互性要素

交互性是新媒体的重要特征之一，也是数据新闻极为关键的一个要素。数据新闻既需要借助大量数据来报道新闻事件，也需要在新闻报道中加入丰富的交互元素，赋予新闻产品强大的互动功能。社交媒体的交互特性，为受众与数据新闻产品之间的互动提供了足够的空间，使交互性要素成为数据新闻产品中不可或缺的部分。

（四）数据要素

随着移动互联网络等信息技术的发展，信息共享和交流的环境日益成熟。这种变化从根本上改变了传统新闻的呈现方式及发布渠道。数据新闻因此而诞生，它需要借助技术的东风，利用规模庞大的数据来挖掘新闻的价值，并巧妙地分析数据背后的新闻故事，从而充分发挥数据要素的价值。数据新闻的一大功能就是预测事物的发展走向，而这种预测需要以大量的数据为支撑，并对数据与新闻事件之间、数据之间的相关性甚至因果关系进行深入分析，否则就不能做出科学的预判。正因如此，数据成了数据新闻的重要要素。

二、数据新闻的价值要素

作为一种重要的衡量标准，新闻价值不是一成不变的，它固然具有相对稳定的价值，但在新闻业态发生变迁时，新闻价值也会被重塑。数据新闻作为一种新兴的新闻业态，必然需要与其相协调的内容生产与传播方式，其价值衡量标准也会发生变化。数据新闻的价值体系不仅延续了传统新闻的价值维度，还在不断对其进行解构和重塑。在数据新闻时代，新闻报道的重心从新闻转到了数据，新闻的价值要素也因此得到了拓展。众所周知，数据新闻既要报道已发生的新闻事件，也要挖掘新闻事件的背景。此外，数据新闻还要收集、分析受众的反馈意见，并对事件的后续走势进行科学的预判。唯有如此，数据新闻才能真正发挥其社会价值。也正因为如此，数据新闻需要跳出传统新闻报道的模式，在收集、处理和分析大量数据的基础上，挖掘新闻背后的故事，不仅要告诉受众发生了什么，也要告诉他们为什么，当然还要让他们知晓事件的走向，使相关的数据能够充分发挥自身的价值。这样看来，数据新闻的关注重心已不在新闻，而是数据背后的故事，新闻的价值要素因此得以拓展。

关于新闻的价值要素，一直存在“五要素”之说，即我们常说的时新性、重要性、接近性、显著性和趣味性。然而，在数据新闻时代，新闻的价值要素有了拓展，还包括关联性、场景性等。

（一）关联性

寻找关联性，是数据技术的强项。没有关联性，就无法从海量的数据中提取有价值的数据进行新闻报道，数据新闻的社会意义就会大打折扣。因而关联性就成为数据新闻一个极为重要的价值要素。

在传统媒体时期，新闻报道的素材获取渠道相对有限，一般依赖于当事人的举报、线人的提供以及记者对生产、生活的细致观察。新闻的主体是事件的内容，数据只对事件起解释作用。加入数据虽然比单纯的描述要好，但它只是具体层面的东西，无法准确地把握报道对象的整体情况。而数据新闻的诞生，能够较好地填补这种缺失。虽然“全样本”“大规模”的数据新闻可能给人一种平铺直叙的感觉，但它能够让人们关注宏观和中观层面的事情，从而从整体上把握事件的情况。以央视的《“据”说春运》为例，其通过深入挖掘与详细分析百度迁徙最热线路图和迁徙动态图等数据，生动而全面地报道了我国春运的总体情况。这种报道方式并非具体到个体，而是通过数据选择、挖掘、整合和呈现等手段，将数据从辅助解释转为报道的主体，从而拓宽了报道的范围。

此外，大数据新闻也打破了传统新闻探索因果关系和就事论事的狭隘视角，让受众了解到数据的相关性和事件的发展态势。

艾伯特-拉斯洛·巴拉巴西指出：“在大数据背景下，人类的行为并不是互不相关的独立事件，而是相互关联的数据网络中的一个片段，在这张数据大网之下，许多事件的相关性与其发展的规律变得有迹可循。”① 这说明，通过将内容进行多角

① 巴拉巴西．爆发：大数据时代预见未来的新思维［M］．马慧，译．北京：中国人民大学出版社，2012.

度的组合，数据新闻成功地摆脱了传统新闻中的片面观点，在新闻内容编排方面取得了巨大的突破，基于客观事实推断出来的结论不再是具体的和唯一的，而是多样的。在喻国明看来，“在大数据与信息过剩的风险社会，真正有价值的新闻应当是基于数据分析得出的‘预计明天将有暴风雨’式的忠告、指南、通知、预警”①。数据新闻让受众看到了各种可能出现的情况，了解事件的动向，从而能够对新闻事实之间的种种联系进行思考。需要指出的是，尽管数据新闻能够提供更多的信息、能够规避更多的风险，但这并非难以动摇的真理，我们仍然需要进行理性的判断。

（二）场景性

当前，场景在数据新闻中的运用越来越广泛、越来越深入，数据新闻的场景适配能力也越来越强。伴随着场景而来的价值要素，如预测性、定制性等，不断地拓展着数据新闻的价值范畴。

1. 构建社会场景

在蒋晓丽等人看来，“场景”一词本来是影视用语，指在特定时间、空间内发生的行动，或者因人物关系而构成的具体画面，是通过人物行动来表现剧情的一个个特定过程。② 人所处的场景可分为微观和宏观两个部分，也有隐性及显性之分。因而场景是一个综合体，既包括人们生活的时间、空间环境，也包括人在环境中的一切行为，同时还包括人际关系、情绪和情感的变化过程。数据新闻的数据关系尤为复杂，包括比例、并列、递进、因果、类别等，合理利用这些关系，能够展示万事万物的全貌，体现世界发展的规律，进而科学预判人类生产、生活场景的变化，为广大受众的学习、生活和工作提供参考依据。

2. 匹配时空场景

今天，我们越来越关注受众的个性化需求，信息传播也越来越向定制化方向迈进，精确传播要求信息推送能够与受众即时性的时间、空间场景相适配。数据新闻所特有的技术优势，加之“场景五力”，可以进行精准性的信息匹配，让个性化信息消费成为常态。

利用实时定位、可穿戴设备以及传感器等新兴技术，能够快速把握受众在特定场景中的即时性需求，从而及时采集和传递个性化数据，为定制化信息生产奠定基础。与此同时，随着数据开放、共享程度的不断提升，数据新闻生产模式将会不断完善，数据挖掘、过滤、统计、分析和呈现也会变得更为迅捷。据此可以说，数据新闻将会打破传统新闻在选题策划、生产及呈现等环节所面临的困境，为广大受众的生产生活、事故预警等提供更为优质的服务。

3. 衍生情感场景

在受众对信息消费的要求越来越高的今天，交互性并不局限于大众传播媒体平台与受众之间的互动，它要求平台、接收设备、新闻产品以及场景等因素，都要能够与受众对话。当然，受众之间也要能够通过相应的平台展开对话。从技术的角度来说，受众在新媒体平台上所有的输入行为都会与界面产生互动，生成输出，这些

---

① 喻国明．大数据对于新闻业态重构的革命性改变［J］．新闻与写作，2014（10）：54.

② 蒋晓丽，梁旭艳．场景：移动互联时代的新生力量：场景传播的符号学解读［J］．现代传播（中国传媒大学学报），2016（3）：12.

都可被称为交互，都可用非线性的方式接触信息。[①] 然而，在今天，当提及数据新闻的交互性时，人们往往把视线放在大众传播媒体平台与受众的层面，局限于平台如何有效地与受众开展对话、信息如何吸引受众的注意力等方面，这说明新闻业受传统的新闻生产和传播观念的影响较大。但实际上，数据新闻独特的叙事方式，能够衍生出一系列消费场景，让信息消费中全方位、多层次的社交成为现实。如中央电视台的《数说命运共同体》利用虚拟现实技术搭建了诸多的虚拟场景，让受众在可视化的参与中与报道即时互动。当前，不少媒体还找到了一条更能打动受众的互动方式，那就是制作新闻游戏，让受众在游戏场景中感受新闻故事。

从场景的角度来说，数据新闻在交互性上取得了较大的成功，但其依然存在诸多需要改进的地方，其中最突出的就是情感交互问题。在这方面，数据新闻可谓“曲高和寡”，因为受众与受众之间的关系编织与延伸尚不足，他们之间的情感交流、互动尚处于较低的水平。上文说过，场景包含了人的情感因素。因而在数据新闻的场景打造中，除了要满足受众的消费体验需求，还要满足他们的情感交流需求。

需要注意的是，数据的价值不等于新闻的价值。在大数据时代，数据的价值低于新闻事件的价值，否则就是本末倒置。数据和算法不应成为衡量数据新闻价值的唯一重要标准。有时候，通过数据分析得出的结论并不准确，比如“标题党”，它通过吸引眼球的标题来吸引受众，但新闻内容没有新闻价值可言。实际上，很多人所关注的不是新闻表层的意义，而是隐藏于数据背后的重要价值。如果新闻报道通篇都是数据分析，而未见现实数据背后的故事，那它算不上真正的数据新闻。有鉴于此，广大新闻工作者要警惕“泛数据”思维，注重挖掘新闻背后的价值，不断传播高质量的新闻信息，提高交互的实用性。

同时，无论是新闻工作者还是社会大众，都需要具备一种辨识力，那就是能够看清数据新闻的社会属性价值与商业属性价值。由于这两个方面的价值都较为重要，又容易被忽视，因而此处将进行比较详细的论述。

(1) 表象价值——数据新闻的商业属性价值。

表象价值体现了数据新闻的商业属性。在大数据时代，数据新闻信息与商业之间始终存在着密切的联系。通过科学高效的统计分析，能够达成精准的营销目的。但这并非都是好事。首先，人们对大数据技术在新闻传播领域的应用持乐观态度，希望通过分析各种数据找到受众的个性化需求点，从而能够精准地传播信息，力争实现社会效益和经济效益的双丰收。然而，在经济利益的刺激下，不少媒体都寄望通过大数据技术实现精准影响，以获得巨大的经济收入，商业价值逐渐挤压社会价值。其次，大数据技术的引入以及互联网与大数据的不断融合，再加上自媒体的迅猛发展，导致受众反馈的信息成为定制之后的产物。为了追求新闻的时效性，大众传播媒体很难对这些数量庞大且个性化鲜明的信息进行全面的鉴别，而这会对数据新闻的社会价值造成困扰。

(2) 本质价值——数据新闻的社会属性价值。

本质价值体现了数据新闻的社会属性。新闻业虽然不排斥商业化，但数据新闻信息是为满足社会公共服务需求而生产出来的精神产品，其既要满足社会大众的精

---

① 张超．数据新闻的交互叙事初探［J］．新闻界，2017（8）：11.

神文化需要，又要影响社会大众的思想及行为。因此，数据新闻必须把社会效益放在首位，高度重视自己的社会价值，广大新闻工作者必须明确自己的职责和使命，积极承担相应的社会责任，充分发挥大众传播媒体的舆论监督和引导功能，切实维护社会的和谐与稳定。

表里统一才是数据新闻时代新闻价值形成的最终路径。所谓表里统一，就是社会价值与商业价值的统一。大数据技术的发展使得新闻媒介在生产方式、传播机制等方面发生了一系列的变革，使媒体重新树立了“数据为王、服务为王”的理念。在商业领域，大数据的应用让广告的精准投放成为现实，为大众传播媒体带来了巨大的商机。大数据思维模式的盛行，使得深度报道遭遇困境，大众传播媒体的传播力、影响力及引导力均受到了影响。可以说，在数据新闻时代，资本不断延伸，新闻的价值观念出现了危机，因而如何坚守新闻的价值，成为一个必须面对的问题。各行各业对数据依赖的加深，让数据新闻在各类新闻报道中占据优势。然而，从某个层面来说，这种优势也有可能成为其局限。因为在我国数据新闻的生产中，大众传播媒体尤其是实力相对弱小的媒体，很难获得真正有价值的信息，致使很多新闻生产活动脱离了数据源。百度、腾讯等大型互联网企业成为数据的主要掌握者，新闻媒体必须与互联网企业进行合作，通过交换或购买的方式来获取数据。更为关键的是，就算购买了数据，但由于缺乏对数据进行有效分析的能力，大众传播媒体还得求助于这些互联网企业。

从这个意义上来说，资本的介入大大影响了新闻生产的专业流程。互联网企业尤其是大型互联网企业具有新闻生产的控制权，新闻的价值观受到权力博弈的影响，媒体慢慢地丧失了话语权，这让数据新闻的生产受到阻碍，数据新闻的发展也将受到制约。数据新闻将生产转移到线上，提升了新闻生产的效率。然而，在这种生产模式下，记者的采访权和信息选择权已被剥夺，记者借助数据的便利，用简单的数据提取取代了采访，这容易导致他们变得懒散，不进行深入调查。因此，广大新闻工作者需要认真思考保持新闻的独立性和客观性问题，需要在发挥数据新闻的优势和保持新闻的社会价值之间找到折中地带。这是一项艰巨的任务，但只有这样，数据新闻的发展才有意义。

第二节 数据新闻的真实性

新闻是对新近发生的事实的报道。对数据新闻来说，数据不仅是新闻的呈现方式，还是新闻的一种极为重要的生产手段。因此，数据新闻报道的核心依然是事实，真实性依然是数据新闻的生命。以事实为基础的前瞻性预测，在发挥大众传播媒体的环境守望功能方面具有较为积极的作用。对于预测性数据新闻的真实性，一些人持有质疑态度。他们担心数据来源的可信度、数据分析技术的准确性以及数据的呈现方式可能会有误导作用。这些人也质疑数据是否是报道未来的最佳方式。因此，我们应该对数据新闻与真实性的关系进行分析。无论在何种语境下，真实性都应该是新闻报道的首要原则。为了确保新闻的真实性，新闻记者需要遵守职业规范，使新闻报道更具可操作性和常规性。然而，即使如此，记者仍然有可能在选择、强调和遗漏某些特定细节时形成一种固定的模式，从而陷入框架的束缚。为了使新闻报道更具说服力和真实性，美国新闻业在 20 世纪 60 年代开始采用量化研究方法进行新闻报道，其被称为精确新闻。与精确新闻相比，数据新闻依靠的是实时抓取数据，不再依赖于过时的抽样数据，从而可以更准确地展现实际情况。

一、数据新闻真实性的基本解读

目前，数据新闻报道绕不开数据的扫描式采集和扫描式分析两个阶段：首先是数据的扫描式采集。在这个阶段，记者通过数据挖掘技术进行扫描式采集，以获取与特定问题或主题相关的所有事实数据。在大数据时代，越来越多的信息被记录下来并成为数据。未来，万事万物都会与互联网相连，世界将完全数字化。世界可以被数据化地记录和存储，让扫描式采集有了可操作的对象，而数据挖掘技术的不断发展则让扫描式采集成为现实。扫描式采集数据包括两层含义：一是采集全部的样本，二是采集数量较大的类项。过去，无论采用何种手段来抽取样本，其样本量和覆盖范围都无法与数据新闻的扫描式采集手段相提并论。据此可以说，扫描式采集让结论更为科学和权威。其次是数据的扫描式分析。数据的扫描式分析是指在采集到大量的数据以后，利用相关的软件对之进行分析，从而将隐匿于数据中的真相和事实揭示出来。李普曼认为："新闻的作用在于突出一个事件，而真相的作用则是揭示隐藏的事实。"①

传统新闻报道中的事件往往是孤立的，人们很难从中发现它们之间的联系。而在数据新闻中，记者将大量的事实数据聚合起来，就能呈现出相关事物之间的关联。众所周知，数据新闻的目标是在挖掘和比较海量的同类数据的基础上，找到隐藏在数据背后的深层次规律以及事物的发展趋势，从而推导出人类社会的真实境况。所以说，数据新闻揭示的是更加精确的真相。那么，在数据新闻时代，如何对新闻的真实性进行判定呢？真实性是新闻的生命所在，无论是哪种形式的新闻，都必须经得起事实的考验。从理论上来说，在大数据等技术的赋能下，数据新闻生产能够最大限度地避免人为因素的影响，因而数据新闻应该更具客观性。然而，在数据新闻是否能够确保新闻的真实性方面，是存在着争议的。方洁认为数据新闻的真实性具有"双重符合真实性"，即"中介化事实"（大数据）、大数据记录的"原型事实"。②

"中介化事实"是数据新闻在表达方面的核心特征，其涉及数据获取、分析和可视化表达等环节。尽管中介化事实较少受到人为因素的影响，但在整个建立过程中，它也存在着"数据黑箱"之嫌。目前，大众传播媒体摆脱这种困境的做法是在新闻中标明数据的来源。这种手段可以在一定程度上避免真实性的困扰，但有"甩锅"之嫌，即将对新闻事实进行审查的责任推给了数据来源，不仅解构了新闻事实，也让对真实性的判定蒙尘。虽然数据能够让新闻看起来更加真实，然而这并不意味着数据新闻就是真实的。数据新闻的生产流程是在线上完成的，其中隐藏的"数据黑箱"成为其是否真实的论争点。从本质上来说，操作数据的依然是人，但穿着"数据外衣"的新闻确实更难辨真假，以数据为掩盖的假新闻也时常出现。由此可知，在数据的主导下，新闻真实面临着新的挑战。解决这一问题，不仅需要制

① 李普曼．公众舆论［M］．阎克文，江红，译．上海：上海世纪出版集团，2006：256.
② 方洁．数据新闻概论［M］．2版．北京：中国人民大学出版社，2019：165.

度的规范，也需要专业性的熏陶，当然，更需要时间的积累。

（一）数据新闻中的技术与新闻事实

一般来说，数据新闻是一种融合了文字和数据图表的报道形式。其中数据图表是最常用的方式，它在事实呈现方面更具价值。数据图表在传统报道中很少出现，却成为数据新闻中必不可少的一部分，这是新闻业与新兴传播科技结合后，对新闻事实进行重构的重要体现。而在视频类作品中，动态效果是最常见的。当然，动画、游戏等技术也受到了数据新闻生产者的青睐。多种新兴技术的应用，打破了传统时期新闻消费的线性方式，新闻事实的重构也因此摆脱了时间的束缚。

此外，图片、音频和短视频的交叉运用，为数据新闻的事实呈现提供了更多的手段，这也体现着技术对新闻事实重构的影响。在传统新闻中，特效声音是很少见的，在数据新闻中却司空见惯。

（二）数据新闻的事实来源

1. 广泛的二手材料与信息挖掘技术

数据新闻中的数据，有一些是在面对面的采访中获得的，但更多的数据来自政府机构、供应商以及其他的媒体，当然也有不少数据引自网络资料。在传统时期的新闻报道中，"人"是极受倚重的信息来源，而在数据新闻时代，"非人"的消息来源才是支撑性的。目前，国内的数据新闻生产呈现出采访权受到限制（主要是由数据公开机制不健全引发的）、生产周期短以及稿件体量小等特征。很多时候记者并不需要亲自前往事发现场，因而记者实地采访的事实材料较为少见。但这未必是好事。算法的运用扩大了新闻事实材料的来源，为人们提供了越来越多的隐藏在生活表象之下的信息。

2. 人文性的转移

上文说过，在数据新闻领域，记者很少到事发现场开展走访活动，新闻素材收集越来越缺乏面对面的对话环节，取而代之的是技术对数据的挖掘和分析。这是否意味着新闻报道中人文关怀的消失？如果做出肯定性回答，就显得有些武断。因为数据新闻是对人类生产、生活活动的记录和分析，这一工作之前由记者人为完成，现在交给人创造的机器来完成，但无论由谁来完成，所采集和分析的数据仍然与人密不可分。数据虽然没有温度，但都是由人产生的。因此，并不能说不以普通人作为采访对象来收集素材就缺乏人文关怀。如在新冠病毒感染疫情（以下简称新冠疫情）肆虐期间，新闻工作者可以通过外卖平台的数据来呈现社会大众在疫情下的生活状况，这无疑也具有人文性。由此可知，在数据新闻时代，技术让人文性的表达方式更为多样化，传统新闻时期的人文性并没有因为技术的影响而消失，只是实现方式发生了转变而已。

（三）可视化、空心事实与三手事实——数据新闻的事实处理

在专业事实的解读和传达中，数据图表具有独特的优势。但这并不意味着在专业事实呈现方面，可视化技术是有利而无害的。其能否发挥作用，在很大程度上取决于新闻工作者的制图及表达能力。一些数据新闻的数据图表存在表达不清晰的问题，如《南方暴雨成灾，这一切是如何发生的?》这篇数据新闻中的城市降雨量图

和水位图。此外，一些数据新闻还存在未标注数据来源的情况，或表述不清晰，导致无法查实数据来源。还有一些数据新闻，因为原站点的消失而无法核实数据的真实性。

【案例】

作品名称：《南方暴雨成灾，这一切是如何发生的?》

作品类型：数据新闻

制作机构：澎湃新闻

《南方暴雨成灾，这一切是如何发生的?》

作品简介：这篇数据新闻选择用三个数据图表来呈现暴雨对几个南方城市的影响情况。第一个图表为鄱阳湖水域变化图（见图3-1），从中可看出5月—7月鄱阳湖水域面积的不断胀大。第二个图表为各城市降雨量图，但没有列出选择城市的标准。第三个图表为水位图，但图表中没有清晰地标出水位警戒线的具体数字。这说明，在传统新闻中本可以用数据清晰表达的事件，在这篇数据新闻中却较为苍白，出现了事实缺失的情况。

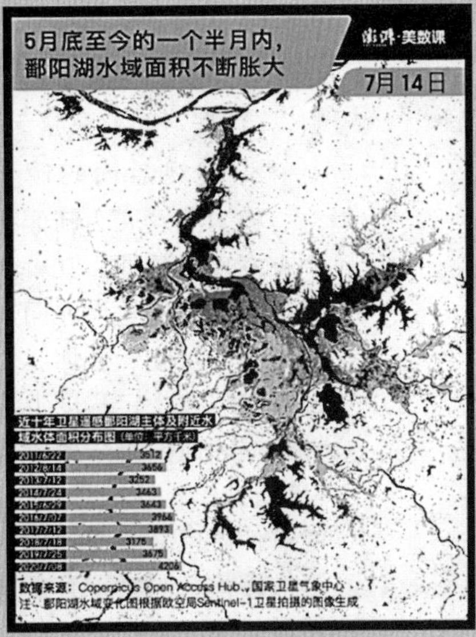

图3-1 数据新闻《南方暴雨成灾，这一切是如何发生的?》作品截图

在方洁等人看来，国内数据新闻领域并没有确立一套相对完整、全面且具有针对性的专业规范。[1] 目前，数据新闻作品仍然存在不符合专业规范的问题，原因在于新闻工作者标注、制图意识等专业素养的缺失。在这种情况下，本来值得信赖的数据，反而存在技术处理不当致使新闻事实“空心化”的风险。

(四) 数据新闻中事实的性质

1. 时效性被扩写

大数据时代的新闻生产及传播环境特别复杂。尽管如此，时效性仍被新闻工作者视为新闻报道的重要原则。从过去静态的和切片式的报道，到如今的直播和实时更新报道，事实材料能以动态性和延展性等方式被呈现出来。数据新闻的样本数据来源极为多元化，几乎囊括具有时间跨度的结构性数据。因为新闻生产和发布的时间状态发生了变化，呈现出“及时-即时-历时”的态势，所以新闻生产与发布不再是两个分明的时间点。这样一来，就不能再将事实材料的“新”与“旧”作为时效性的测量标准，而更多是在尽力兼顾“时”的情况下谈“效”的问题，即重点关注

---

① 方洁，高璐．数据新闻：一个亟待确立专业规范的领域：基于国内五个数据新闻栏目的定量研究 [J]. 国际新闻界，2015 (12)：118.

通过数据技术重组后的“事实材料”的社会意义是否深厚。数据新闻用于重组的“事实”材料，在传统新闻时期是存在的，但因缺乏相应的开发技术，记者很难在新闻生产中将相应的事实结构化，并在探索出规律后做出科学的判断。而数据新闻的叙事不再局限于文字，它能够运用多媒体手段来呈现过去、现在和将来的“事实”，使“事实材料”的价值被不断开发出来，让对时效性的扩写有了硬性支撑。

需要特别指出的是，“扩写”并非“改写”，因为扩写是在保持原有“事实材料”的基础上，通过技术手段将其呈现得更加清晰、更有价值。数据新闻的魅力在于它与现实事件的紧密联系，只有这样，数据新闻才有意义。如果脱离了“事实材料”，数据新闻就只是无价值的数据报告。

2. 客观后面的隐性倾向

技术的发展为新闻报道带来了更多的“证据”，让新闻报道更具说服力。科学调查发现的数据，其科学性远胜于普通人的看法、对个别人的采访或不全面的问卷调查。从传播效果方面来说，数据能够让受众产生良好的感受。对数据的处理大多为整合、对比、叠加、关联等基础方式。对数据的变化规律与历时性趋势进行呈现，能够在一定程度上避免机器处理中的“黑箱”，在一定范围内防止可信度的隐性磨损。但如果采用较为复杂的方式来处理数量尤为庞大的“事实材料”，机器的“黑箱操作”就很难避免，受众在消费新闻时，就可能遇到这样那样的障碍，新闻的可信度也必然受到损害。因此，新闻工作者在处理事实材料时，要更加有耐心、更加谨慎。同时，有必要制作附录，对数据的处理情况进行详细说明，以便受众能够随时核实。

传统媒体通常将报道与评论分开，而数据新闻在叙事中带有强烈的问题意识，它能够在报道新闻的同时，通过独特的数据处理方式和可视化呈现手段，将自己的立场和态度显现出来。比方说，色彩、动态效果以及特效音均不是数据新闻作品中的事实材料，但它们处于传播链之中，已经与“事实材料”融为一体。在开展数据新闻报道时，新闻工作者必须合理利用这些元素。

3. 新奇性陷阱

当下，可视化不仅仅是美学形式的追求，更是一种功能需要。[①] 在设计数据新闻时，需要综合考虑可视化效果与数据的匹配情况，确保信息的准确传达。同时，对受众来说，他们也需要具备一定的数据分析能力，以便正确理解通过可视化手段呈现的信息。可视化表达打破了文字表达的沉闷感，对受众的诱惑性极大，因为交互和动态效果可以增强受众的参与感和互动性。不过，可视化不能过度夸张和夺人眼球，以至于违背数据的真实性。数据新闻的目的是提供准确、客观的信息，而不是追求视觉效果的华丽。因此，在设计和制作数据新闻时，新闻工作者应该注重数据的准确性和可信度，合理运用可视化和交互效果，避免让真实性陷入新奇性陷阱。

---

① 李岩，李赛可．数据新闻：“讲一个好故事”?：数据新闻对传统新闻的继承与变革［J］．浙江大学学报（人文社会科学版），2015（6）：118.

二、数据新闻的多重真实性

数据新闻不能脱离新闻的本质而存在，它必须具备真实性特征。但由于数据是不断变化的，因而数据新闻的真实是一种事实性和过程性真实，当然也是一种即时性和公开性真实。需要特别指出的是，虽然数据新闻的数据量极为庞大且瞬息万变，但数据新闻的真实是有限的真实，因为随便处理数据，随便结合“事实材料”，就无法确保数据新闻的真实性。由于报道主体的多元化、报道对象的中介化以及报道过程的计算化，数据新闻的真实性有着自己的特征，其主要体现在以下几个方面。

（一）“双重符合性”真实

与传统新闻的评价标准一样，判断数据新闻是否具有真实性，需要考察数据新闻报道是否与报道对象一致。由于报道对象具有中介化的特征，因而在数据新闻报道中，既要关注中介事实，即数据本身，也要关注被数据化的“原型事实”。也就是说，数据新闻报道既要与“原型事实”一致，又要与“中介化事实”一致，这就是所谓的“双重符合性”真实。但无论如何，“原型事实”都是最为重要的，“中介化事实”要与“原型事实”相符合。数据新闻的真实，最终的目标是符合“原型事实”。数据新闻报道必须达到“双重符合性”真实的要求，具体体现在两个方面：一是在“中介化事实”与“原型事实”的一致性层面，生产主体要认真记录“原型事实”；二是在符合“中介化事实”层面，报道主体要能够有效地接触到数据源，且能够将所获取的数据进行科学分析后有效地呈现出来。只有达到上述要求，数据新闻才实现了“双重符合性”真实。

（二）“对话性”真实

“对话性”真实是数据新闻报道的一个独特特征，它体现了数据新闻中报道主体的多元性。一次完整的数据新闻报道，不只是生产主体对“原型事实”的记录和呈现，也不只是报道主体对中介化事实的反映，而是各方在报道场域中，围绕数据权力展开对话的结果，多元化主体在对话后达成共识，然后将共识运用到数据新闻生产和传播实践之中，体现出各方的“对话性”真实。

（三）“可视化”显现的真实

新闻报道的过程，是报道主体将自己对新闻事实的认知以符号形式表达出来的过程。从广义上来说，任何使用视觉符号呈现的新闻都可以被称为“可视化”新闻。在数据新闻的表达中，“可视化”具有特殊的地位。首先，数据新闻要求全方位、立体式地呈现新闻事实的整体情况，而用文字等符号来简洁地描述整体情况是相当困难的。但可视化系统可以通过时间、空间、社会网络以及数据关系等维度，完成对整体事件的复杂叙事。其次，由于数据新闻报道的对象是中介化事实（数据），因而数据、数据间的结构及关系成为报道的主要内容，如何将这些数据化的机器语言转化为社会大众易于理解的符号，以此将数据背后的新闻故事展示出来是极为重要的环节。这一点可以通过线条、图表、色彩、动画及游戏等可视化手段来实现，让数据新闻的真实性呈现出可视化特征。“可视化”真实要在做到“符合”

“中介化事实”的基础上，达到符合“原型事实”的目标。

（四）“整体性”真实

“整体性”是指不仅重视新闻事件中最具新闻价值的部分，也重视对新闻事件的不同层面、各个要素、各个环节和各个事项的展示，厘清部分与部分、部分与整体的关系。数据新闻生产是对经由数据技术处理后呈现的“原型事实”的认知活动，作为新闻报道中“中介化事实”的数据，是多个主体对“原型事实”进行持续记录的信息痕迹，是对“原型事实”的多维度认知和呈现。大数据等技术的特征，决定了数据新闻的报道对象是内含于特定时间、空间范围中的整体性客观事实，而不是单一的个体。对数据技术的使用，让受到人类的认知水平限制，想报道却无法报道的信息，进入了记者报道的视野，并被有效地呈现出来。由此可知，大数据新闻更能体现“整体性”真实。

（五）“前瞻性”真实

数据新闻注重对数据背后事物之间的关联性进行分析和预测，因而数据新闻的真实也具有“前瞻性”特征。数据新闻中的真实，既是符合过去事实的真实，也是符合现在事实的真实，还是符合未来事实的真实。数据新闻的生产、传播过程具有智能化的特征，是一种半自动化的过程，未来可能会走向全自动化，这让数据新闻的分析和预测日益快捷且准确。需要指出的是，虽然数据新闻主要体现的是事物之间的相关关系而非因果关系，但因果关系也是相关关系的一个组成部分，因而数据新闻报道注重对“未来会怎样”展开预测，而不注重对“为什么会这样”进行分析，也是可以接受的。同时，就对未来“事实”的预测来说，其只有在未来才能得到印证，因而只有具备一定分析能力的人，才能对数据新闻所预测的结果进行科学的解释。数据新闻的“前瞻性”真实也需要科学地辨识。

三、数据新闻时代新闻真实性的机遇与挑战

夏倩芳等人认为，新闻的客观性体现在三个层面，即理想层面、操作层面和文本层面。理想层面上的新闻客观性，指记者排除个人偏见如实报道；操作层面上的新闻客观性，指用来防止记者主观性介入的一系列新闻常规，如倒金字塔结构、使用引语等；文本层面上的新闻客观性，指“客观报道”的写作样式，它具备以下特质：可以提供完整且可供检验的事实信息、将事实与意见或解释区隔、具有可靠的消息来源、实时传递最新信息、以中立的叙事和形式去呈现报道，同时对争议性事件采取独立、不涉及利益的立场，以及扬弃个人对广告商或第三者的偏私、有利或别有用心的动机。[①] 罗森斯蒂尔认为，新闻工作者无法做到绝对的客观，但可以做到方法上客观，即操作层面和文本层面上的客观，其关键在于约束和规范新闻生产方式。[②] 在理想的情况下，从数据中获取信息的过程是比较客观的，其结果拥有可复现性。然而，从数据可视化的角度来看，每个数据集都可以有不止一种可视化表

---

① 夏倩芳，王艳．从“客观性”到“透明性”：新闻专业权威演进的历史与逻辑［J］．南京社会科学，2016（7）：98－99.

② 科瓦齐，罗森斯蒂尔．新闻的十大基本原则：新闻从业者须知和公众的期待［M］．刘海龙，连晓东，译．北京：北京大学出版社，2011：99.

达效果，这意味着尽管数据本身是客观的，但在可视化过程中仍然存在生产者的主观倾向。因此，要做到绝对的可视化客观性是相当困难的。尽管如此，可视化依然需要最大限度地追求客观性。

（一）机遇

1. 促进新闻总体真实的实现

真实性是作为新闻的灵魂而存在的。但随着新兴传播技术的发展，新闻生产和传播的主体日渐多元化，新闻的真实性面临着诸多困境。尽管如此，确保新闻的真实性是新闻工作者必须始终坚持的原则。真实性又可以分为总体真实和具体真实两个层面。总体真实指的是客观地反映社会整体情况的真实性，通过大数据展示出来；具体真实主要指的是在报道新闻时，需要进行扎实的采访和调查工作，以了解事件的真相和背后的原因，然后将这些信息真实地呈现在报道中。在新闻报道中，必须将总体真实与具体真实结合起来才行。不过，最重要的是实现总体真实。大数据是一种极为强大的工具，可通过对庞大样本数据的分析为人类提供全面而真实的社会图景。

2. 增强新闻的客观性

数据新闻生产的互动性和呈现的可视化，有利于增强新闻的客观性。客观性是新闻报道的重大支撑，无论在何种情况下，新闻工作者都要保持中立的态度和立场，准确区分事实和观点，客观地呈现新闻事件。数据新闻以大量的数据为基础，具有全面呈现新闻事件的功能。数据新闻通过技术手段对“原型事实”进行记录和处理，以大数据的形式展示整个事件的全貌，能够保证新闻在内容层面的客观性。数据新闻要求新闻工作者掌握特定的数据技术，传统新闻工作者并不熟悉这一领域。因此，在数据新闻生产和传播中，互动性生产已成为一种独特的现象，数据新闻业需要引入相关领域的人才来完成相应的工作。当然也可以采取众包的手段，将新闻外包给大众，使他们能够更多地参与到数据新闻的生产和传播之中。从新闻内容的角度来看，互动性让新闻素材更为丰富，能够更好地展示新闻事件的全貌，而专业技术人员参与，使数据得到了更好的挖掘和利用。

数据新闻的呈现通常采用图表的形式，这满足了现代人对于轻松阅读的需求。利用简洁明了的图表，大量的信息得以展现出来，让受众能够在有限的时间内获取更为丰富的信息，从而对报道对象形成客观、全面的印象。数据新闻的互动性和可视化，对传统新闻的生产方式产生了巨大的冲击，这有利于发挥受众的积极性和主动性。受众的职业和环境的多样性，也使得新闻报道的选题与视角更加多样和客观。

（二）挑战

1. 反常规设计扭曲数据

“数据可视化设计中的一些惯例，使其在视觉上具有客观性，例如二维视点、几何形状、包含数据源等。”① 然而，数据可视化设计并不总是遵循传统规范。设

① Kennedy H，Hill R L，Aiello G，et al. The work that visualisation conventions do ［J］. Information communication & society，2016 (6)：715.

计师需要结合数据的特点、版面布局等具体情况来推进数据新闻的可视化。因此，在数据新闻中，反常规设计较为常见。尽管这种设计为我们带来了新的视觉体验，但也有可能对数据的客观呈现产生影响。基于坐标系的图表通常采用向右的 x 轴和向上的 y 轴，这符合人们从左到右、从上到下的思维习惯，例如用从左到右表示时间的增加，但有些图表可能进行相反的坐标轴设计。如果有合理的理由不以 0 为起点，那么要从 0 开始标尺，在轴线上做一个缺口，否则会夸大数据的波动。[①] 考虑到某些数据值永远不会达到 0，而且并非所有比较都要以 0 为起点，特别是在数据基数较大的情况下，若 y 轴从 0 开始，则可能出现数据波动趋势过小的情况，无法提供有价值的信息，甚至还会导致页面出现大片空白。因此，有时候我们需要截断 y 轴来解决这个问题。但可视化的规则要求，y 轴仍需从 0 开始，这时需在 y 轴以上的位置设计一个断点，再从合适的基点开始显示数据。[②]

此外，还有一些数据新闻报道在横纵轴的刻度划分上采用了反常规的设计方式。为了使图表更加清晰易读，未均匀划分刻度，而是让散点在图中的分布更加均匀和清晰。然而，这种设计可能会让数据分布的视觉效果受到扭曲，所以需要提醒广大受众，以免造成困惑。

需要注意的是，未采用反常规设计的数据新闻，不见得都是客观的。有些反常规设计可能是在更好地呈现数据的目的驱动下而采用的，这并没有违反规范，反而体现了可视化的创新性，能够避免审美疲劳，因而可以更好地吸引受众的注意力。

2. 注释说明隐含制作者的观点

信息图表中的注释说明可暗含制作者的观点。这些注释包括对数据规律和要点的解释，以及对图表的读取说明。在数据新闻中，通过以文字形式概括数据规律和要点，制作者可能会引导受众将注意力集中在特定区域，进而让他们特别关注某些数据，忽略其他数据，让事实与观点之间的界限变得模糊，并向受众传达隐含的观点。

在某些可视化设计，特别是那些信息不复杂的图表中，图像可以单独地传达意义，并起到统摄作用。然而，对图像进行的说明，会让图像的意义被“锚定”，让文字再次占据主导地位，并由此形成语言统摄的关系。这样一来，图像反而成为一种证明，成为强化语言观点的附属品。在数字和图表的映衬下，文字看起来更为可信。因此，在对可视化图表进行说明时，不能有主观化表达的成分在里面。

3. 数据完整性说明缺失

在传统新闻生产中，采纳官方信源是一种常见的做法。而在数据新闻生产中，记者也经常使用官方以及非营利性组织的数据。原因是这些数据容易获取且具有权威性，能够减轻记者的数据核实压力。然而，这些数据存在为特定机构服务的嫌疑，数据的结构和组织方式适不适合直接用来做新闻，还值得推敲。因此，为了避免滥用和误用数据，并消除有意无意的偏见，记者必须对数据的语境有清醒的认识。根据格式塔理论，受众可能习惯于补全视觉上缺失的数值，而真正的数字则被忽略了。因此，完整性和影响性标准是指设计人员需要了解该数据可视化作品是否完整地呈现了数据结果，数据可视化中是否存在有意或无意的会导致受众误读的设计

① 琼斯．谁说图表不会说谎［M］．罗立彬，李东博，译．海口：南方出版社，2011：47.

② 同①.

缺陷以及其带来的负面影响有多大。[①] 在数据新闻中，新闻工作者应该展示数据的完整情况，并对所使用的数据的完整性进行说明，以确保操作层面上的客观性。但这并不意味着所有数据都必须完整。就算拥有完整的数据，记者也有可能只选择其中有价值的部分，这并非不坚持客观性，只不过需要进行科学的说明，如隐私保护等。

4. 人工核查的不足削弱了新闻的客观性

凡是严肃、认真的记者，都会将亲历现场、把握事实视为新闻工作的核心。这意味着新闻工作者需要深入实地采访调查，以获得第一手资料，这种做法至今无法被取代。尽管数据新闻在现代社会中扮演着重要的角色，但其“半自动化”甚至“自动化”的生产模式，说明数据的客观真实性依然需要人工来核实。因为数据不等于真实，事实上，不少数据都是虚假的。新闻报道不能过于依靠数据，因为在某些特定类型的报道中，数据依然存在诸多缺陷。

5. “因果关系”缺失后的“新闻反转”

数据新闻以大数据等技术为支撑，受大数据的影响尤为巨大，而寻找事物之间的相关关系，是大数据最为关键的思维模式。因而数据新闻也极为重视报道对象之间的相关关系。然而，致力于寻找相关关系，却忽视了对因果关系的挖掘，使数据新闻生产面临着一些问题，其中最常见的就是引发“新闻反转”。尽管大数据通过多样化的表现形式，使新闻事件的认知过程变得简洁明了，却很难解决“因果逻辑”问题，而因果关系在新闻报道中占据着重要的地位。如果不重视这一点，则不仅很难揭示事件背后的真相，还有可能导致严重的新闻失实，进而使“新闻反转”频繁出现。“新闻反转”对舆论引导的负面影响非常大。这说明，在大数据时代，缺乏因果关系的数据新闻经常会出现问题。虽然数据相关关系包括因果关系，但并不是所有数据新闻报道都有对因果关系的推导，而一些报道是不能缺乏因果分析的，否则就没有社会价值。因此，数据新闻中的“相关性”，虽然在理论上可以保持客观中立，但在实践中未必经得起考验。

6. “不干净”的数据源使数据新闻报道的真实性难以保证

数据真实性取决于数据源的可信度和权威性。然而，无论是官方发布还是民间自发披露的数据，都有可能存在遗漏，有的甚至是虚假的。为了解决政府数据不准确的问题，美国日光基金会甚至专门设立了一个网站来核实数据。在利用众包的形式来揭露议员报销丑闻的数据新闻中，即使《卫报》不断进行数据清理，但仍然很难防止一些议员自行处理数据以美化他们形象的做法。同时，如果无法进一步核实和比对单一数据源，那么数据新闻的真实性也会受到影响。此外，算法和人工对数据分析的“偏误”，也会让新闻的真实性大打折扣。如“利用大数据分析黑人犯罪事件，使得‘黑人犯罪’成为一种主流描述，形成刻板印象，影响种族平等”[②]。当然，可视化技术的使用，也有可能导致只关心新闻呈现的吸引力而忽视图表等可视化元素对数据真实性的影响，出现所谓的图形“说谎”现象。

7. 传统新闻价值与可视化呈现的不平衡

客观地说，在数据可视化表达和新闻价值坚守方面，不少数据新闻已经出现了

---

① 张超．论数据新闻的实用主义客观性原则［J］．中州学刊，2018（9）：170.

② Fairfield J，Shtein H. Big data，big problems：emerging issues in the ethics of data science and journalism［J］. Journal of mass media ethics，2014（1）：38.

问题。数据新闻的核心内涵在于坚守其真实性和客观性，可视化只是辅助性手段。然而，这种初衷已经开始发生偏移，不少媒体都过于注重可视化表达，而忽视了新闻的深广度和温度。

四、数据新闻真实性的保障措施

（一）坚持新闻生产的透明性

透明性和客观性之间有着千丝万缕的联系，透明性能够反映出新闻报道是否客观。在客观性遭遇挑战的当下，强调开放、诚实的透明性成为新闻客观性的推动力，以提高媒体公信力。[①] 在传统新闻报道中，透明性多指信源的公开，通过公开信源和知晓方法澄清倾向。[②] 透明性是区分专业新闻与其他形式的公共话语的方式，也是一种专业规范上的创新。[③] 近年来，新闻业面临着一种较为致命的困境，即假新闻泛滥，社会大众逐渐对新闻业失去信任。使新闻生产的过程透明化，能够让大众传播媒体保住其可信度和权威性。由此可知，在数据新闻生产中，透明性是一种硬性要求，唯有如此，数据新闻生产才有规范性可言。而在传播手段方面，数据可视化也需要公开数据源。

卡尔松认为，透明性包括披露透明性和参与透明性，前者指新闻生产过程的透明，后者指受众在新闻生产中的参与程度。[④] 随着社交媒体的兴起，社会大众在发声方面拥有更大的权力，这导致受众与专业媒体之间的关系发生了显著的变化。在这种情况下，作为一种自带“精确性”光环的新闻样式，数据新闻更需要在透明性方面进行全方位的探索，以提升受众的信任度。数据新闻可视化的生产过程包括数据采集、处理及分析等多个环节，所涉及的决策较多，因而对数据准确性的核实需要更务实的手段。

（二）严守数据的真实性和完整性

1. 搭建高品质数据库

利用数据来讲述故事，是数据新闻生产的核心理念，因而其内容生产的所有流程都应该围绕着数据来展开。然而，如果使用错误的数据，就会得出错误的结论，出现偏离新闻事实的现象，进而对社会造成不良影响。要保证报道的真实性，就要谨慎地对待数据来源，严格审查及筛选数据。同时，要尽力搜集一手数据。倘若使用二手数据，就要对数据发布方的权威性进行科学的评估。此外，单一数据源可能存在偏见性，无法全面地反映新闻事件的全貌。因此，新闻工作者应该聚焦新闻的核心观点，通过多个渠道来收集数据，以达到多个数据源相互补充、交叉验证的目

---

① 夏倩芳，王艳．从“客观性”到“透明性”：新闻专业权威演进的历史与逻辑［J］．南京社会科学，2016（7）：107.

② 科瓦齐，罗森斯蒂尔．新闻的十大基本原则：新闻从业者须知和公众的期待［M］．刘海龙，连晓东，译．北京：北京大学出版社，2011：83.

③ Gade P J，Dastgeer S，DeWalt C C，et al. Management of journalism transparency：journalists' perceptions of organizational leaders' management of an emerging professional norm［J］． International journal on media management，2018（3）：157.

④ Karlsson M. Rituals of transparency［J］． Journalism studies，2010，11（4）：535.

的，将新闻事件全面、客观地展现出来。

为了实现这一目标，需要搭建专业、权威的数据库，为充分挖掘数据价值提供强有力的支撑。数据库搭建起来以后，新闻工作者要学会根据不同的选题，灵活运用相应的数据分析方法和工具。如此，新闻工作者就能够为受众提供准确、全面的信息，促进社会的理性讨论和决策。新闻工作者需要具备从数据库中快速提取相关资料的能力，从而提高数据新闻的生产效率。在数据库建设方面，财新网的实践值得借鉴，其数据来源主要分为两类：一是公共数据库，主要由第三方提供数据。尽管这些数据较为权威，但不少数据需要付费。二是媒体自身数据库，这是媒体依据自己长期的新闻报道资料建立起来的。对媒体来说，利用自己数据库中的数据资料更加快捷，并且更有保障。财新网非常重视自身的数据库建设，并取得了较大的成就。

2. 规范化使用数据

数据的价值不仅仅在于积累了大量数据，更在于发掘了隐藏在大量数据背后的深厚内涵。对数据新闻来说，深入挖掘和分析数据是题中应有之义，它通常采用三种形式来分析数据：一是描述性分析，即列举与新闻事件相关的数据，告知社会大众究竟发生了什么；二是诊断性分析，即充分挖掘事件背后的问题，告知社会大众事件为什么会发生；三是预测性分析，即对事件发展的规律和趋势进行预判，告诉社会大众将会发生什么。其中，预测性分析相对来讲是更加复杂和专业的分析方法，对数据来源和逻辑推理有较高的要求。大数据的核心就是预测。[①] 对数据新闻来说，它不是简单地堆砌数据，而是通过深入分析数据揭示数据背后的故事，为读者提供有洞察力和价值的信息。未来的新闻报道将更加注重预测性报道和深度报道。通过数据分析挖掘数据背后的事实，并做出科学的预判，从而指导人们的生产和生活，这无疑是数据新闻存在的最大价值。

数据来源的规范化是确保数据可信度的重要前提。就国内来说，对数据的规范化使用还有待提升，如在数据新闻方面比较有建树的财新网，其在标注数据源方面还处于相对初级的阶段，通常只是在文末或图表下进行说明。相比之下，国外主流媒体更加专业，不仅公布数据的获取渠道和采集工具，还提供数据库链接，方便受众开展二次创作。数据新闻的价值实现不是一次性的，特别是在对时间跨度较大、背景较为复杂的事件开展调查性报道时，大众传播媒体必须不断吸收新的数据，并经常更新核心数据。只有这样，才能为受众呈现一个全面而准确的故事。

（三）有效甄别新闻信息

1. 数据量不等于信息量

如今，许多数据新闻尚未发挥真正的功能。最明显的就是，一些数据新闻机构已经存在很久了，却还在传统数据库的思维和模式里面打转，没有找到适应数据新闻发展潮流的有效措施，且很多员工还不能较好地利用相关的数据技术和社会科学方法来获取和分析数据。因此，虽然建立了数据库，却只能望“库”兴叹。

究其原因，一些数据新闻机构缺乏对内部原因的深入挖掘，对于依靠技术进行的数据收集与分析过程中的原因并不真正清楚，从而导致一种“知其然而不知其所

① 迈尔-舍恩伯格，库克耶．大数据时代［M］．盛杨燕，周涛，译．杭州：浙江人民出版社，2013.

以然”的状态。此外，为了追赶时事热点，不少新闻网站都未能及时加入专家的看法，出现了观点缺位的现象，它们企图以数据的震撼性来征服受众，因此被指责缺乏新闻的严谨性。

2. 新闻传播力不等于新闻公信力

大数据、人工智能、VR 等技术的不断普及，使新闻业的发展有了极佳的技术支持。然而，新闻生产与传播明显呈现出滞后性，借助上述技术开展的新闻生产与传播活动，仍然存在着诸多问题，凸显了新闻业务未能与技术同步升级的现实。过去，传统媒体主导着新闻生产和传播，受众只能被动接收信息。而现在，广大受众能够以一种互动式、分享式的方式参与到新闻传播活动之中。尽管这种参与式传播使信息更加丰富多样，但相对于传统媒体时期具有严谨性的单向传播，参与式传播中信息传播的准确性值得怀疑。今天，网民素质整体偏低，传播技术与受众素养未能很好地匹配起来。因此，尽管大众传播媒体和受众的传播力都有了较大的提升，但新闻的公信力反不如从前。这也说明，在数据新闻时代，如果不能更好地驾驭技术、不能提升媒体及公众的综合素养，新闻的公信力就很难提升。

3. 图示不等于现场感

今天，新闻的呈现迈入了“读图时代”，数据新闻正是一种“读图式”的信息产品。当谈论符号化的运用时，我们不得不承认，数据新闻的各种可视化技术在某种程度上给受众带来了即视感。但与此同时，受众快餐式的阅读，让他们停留于新闻的表层，对新闻的理解能力大大降低。“读图时代”的报道，让“数字代替了文字”，让“图片代替了现场”，限制了人们对文字的想象力。人们眼前的新闻信息，很多时候只是一种无序的“美丽新闻世界”。传播技术的发展带给人类的更多的是感官刺激，人类有可能离真正的新闻越来越远。

（四）挖掘数据新闻背后的真实性和客观性

无论什么年代，新闻的真实性和客观性都是尤为重要的，数据新闻业也必须将其视为发挥新闻价值的首要原则。这需要做好两个方面的工作：第一，对于即时传播的新闻信息，新闻工作者必须及时予以审查和把关，将虚假、无用的新闻剔除，只让真正有价值的新闻进入传播通道。当然，要做好这项工作，不是容易的事情。第二，应该组建专门的数据新闻团队，由专业人士进行生产和传播。同时，要提升新闻工作者的新闻素养，让他们能够客观、公正地开展报道活动。只有这样，数据新闻才能真正发挥新闻的价值，为社会传递真实、可信的信息。

（五）新闻工作者要加强行业自律

新闻工作者应该意识到，过度依赖社交媒体，会引发信息传播的不准确和不全面问题。同时，为了经济利益而过于迎合受众，则会导致媒体公信力的下降。因此，加强行业自律已成为绕不开的问题。在新媒体时代，数据来源良莠不齐且极具复杂性，数据新闻领域的从业者在面对大量数据时需要选择具有时效性和代表性的数据，以提高数据分析的价值。最好的做法是，在获取到数据的第一时间就进行核实，不断验证数据线索的真实性，新闻工作者可通过书面核实或实地调查的手段来开展这项工作。同时，在数据新闻生产中，新闻工作者要清楚数据来源、数据产生的背景及数据的构成因素，并及时开展数据挖掘工作。此外，为了避免数据中存在的风险，新闻工作者可以利用智能化的信息审核平台开展数据审查工作，并及时惩罚那些使用虚假数据或发布虚假信息的人，捍卫新闻的真实性。

（六）提高新闻人的数据素养

生产优秀的数据新闻作品，需要具有较高的政治素养、掌握相关数据技术、具有数据敏感性、具有较为扎实的专业功底和多学科知识的新闻工作者。在当前的新闻工作者队伍中，很多人都具备政治素养和专业功底，但在跨学科的知识、数据技术能力和数据敏感性上显得不足，尤其是在数据技术的使用能力和数据素养方面。只有掌握先进的数据技术、具备较高数据素养的人才，才能保证数据新闻的真实性，并推动数据新闻的发展。

（七）政府、企业、社会机构提高数据库的开放性与共享性

我国数据新闻中存在着一个亟待解决的问题，那就是数据来源过于单一，且大部分都是国内外政府机构的官方数据。这让我们明白，在数据新闻报道中，只有当政府、企业、社会机构等数据源公开更多可公布的数据，让大众传播媒体共享数据时，数据新闻生产主体才能收集到更有价值的信息，从而更全面、更清晰地解释社会问题，并获得更大的社会效益和经济利益。

【思考题】

1. 数据新闻的要素、数据新闻的价值要素分别有哪些？
2. 如何理解数据新闻的真实性？

【推荐阅读】

[1] 斯蒂尔，等．数据可视化之美［M］．祝洪凯，李妹芳，译．北京：机械工业出版社，2011.

[2] 丁柏铨．数据新闻：价值与局限［J］．编辑之友，2014（7）：6－10.

[3] 李国光，马东丽．5G时代的数据新闻价值：技术与想象的耦合［J］．电视研究，2023（11）：68－70.

[4] 范红霞，孙金波，赵玥．宽视善知：数据新闻的叙事逻辑与价值耦合［J］．新闻爱好者，2023（4）：9－13.

[5] 李凌．打破数据主义迷思：数字化转型的新数据观与应用原则：基于马克思主义经典理论的思考［J］．新闻与写作，2023（4）：53－62.

[6] 郭嘉良，倪万．科学还是人文：数据新闻价值观念探析［J］．中国出版，2022（14）：50－54.

[7] 胡杨涓，余树彬．数据新闻对新闻生产实践与观念的重塑［J］．编辑之友，2019（7）：59－62，72.

[8] Molina M. Simulating data journalism to communicate hydrological information from sensor networks［C］//Advances in artificial intelligence. Berlin：Springer Cham，2012.

第四章　数据新闻产品

【本章学习要点】

一、数据新闻产品的学术概念

- 数据新闻产品的内涵
- 数据新闻产品的演变历程
- 数据新闻产品的呈现方式

二、数据新闻产品的推广

- 打造立体多元产品体系
- 规划长期传播
- 充分利用自身推广资源
- 主动激发二次传播

数据新闻产品越来越呈现出跨媒介的特性，其交互性也越来越强。在数据新闻产品生产的过程中，无论是内容还是形式，都体现着互联网思维的特征。大众传播媒体应该结合数据新闻的具体表征来定位和推广数据新闻产品。

第一节　数据新闻产品及其思维

数据新闻产品是一种用可视化技术来呈现数据之间的相关性、揭示新闻事件真相的融合性新闻产品，其经历了一系列的演化过程，思维越来越呈现出“以用户为中心”的特征。

一、何为数据新闻产品

对大量的数据进行收集、过滤、分析，从中找到与新闻事件相关的信息，从而开展数据新闻生产，并用信息图表、图像动画及游戏等一系列可视化的手段呈现出来的作品，就是数据新闻产品。与传统的新闻产品相比，数据新闻产品最为显著的特征就是数据分析和预测，以及可视化的呈现方式。

由此可知，以可视化的方式来呈现数据新闻，是数据新闻能够得到迅速传播的关键。在“联想链”理论中，图像等是作为一种符号的集合而存在的。在符号的运用过程中，存在着两个必然的环节，即视觉编码和信息解码，二者体现为编码者与解码者之间的双向互动过程。对数据新闻来说，用视觉化的手段来呈现新闻，是编码的过程，而受众在自己的认知下对新闻信息进行解读，是解码的过程。与单纯的文字、图片相比，图表、图像动画及游戏等作为一种新的视觉化语言，为受众解读新闻提供了不一样的感知方式，通过对信息的解构与重组，使之以一种更为生动、更有魅力的形态出现，从而直观和清晰地将信息传达出去，而广大受众也更容易解读信息。总之，以可视化方式来呈现新闻产品，能够打破口语和文字的限制，让受众能够在更具情景感的状态下接收信息，延伸了受众的认知，使数据新闻能够得到更为广泛和快捷的传播。

二、数据新闻产品的演变历程

随着人类数据驾驭能力的持续提高，数据可视化这一概念也在不断演变。数据可视化最早可以追溯到1853年，在克里米亚战争中，一名名叫弗洛伦斯·南丁格尔的战地护士进行了一项调查，目的是让人们了解英国士兵的伤亡情况。在获取相关新闻素材后，弗洛伦斯·南丁格尔使用可视化图形的方式来呈现信息，通过不同颜色和半径的圆形，清晰地展示了传染病、受伤和其他原因导致的死亡人数。因传染病和其他疾病而死亡的，用蓝色代表；因受伤而死亡的，用红色代表；因其他因素而死亡的，用黑色代表。这一作品直观而清晰地显示出，在故去的英军士兵中，非战斗死亡人数所占的比例比较大。这显示出公共卫生条件对存活率有着极大的影响，说服了英国议会展开进一步调查。

此后，可视化得到了不断发展。20世纪30年代，哈里·贝克为伦敦地铁绘制了一张线路图。在这张可视化信息图中，不同的颜色代表着不同的地铁线路，车站也被醒目的字体和符号标示出来。利用这张线路图，乘客能够清楚地知晓自己可以搭乘哪一条线路以及可以在哪一个车站换乘。尽管城市轨道交通网络在不断扩张，但直到今天，人们仍沿用着当年哈里·贝克设计的图形样式来制作地铁线路图。到了20世纪30年代末期，报纸上开始频繁出现一些简单的可视化信息图，如《今日美国》等媒体就靠可视化信息图吸引了不少受众。这些信息图主要呈现的是政府部门的调查统计结果，以视觉化的方式吸引读者的注意。我们今天看到的经由计算机生成的可视化作品，发端于20世纪60年代的计算机图形学，其形态更为丰富多彩。20世纪60年代初，公式翻译器（FORTRAN）编程语言出现，让人们可以使用计算机来进行数据统计，为可视化作品的生成提供了新的可能性。随着技术的不断进步，人们开始意识到利用计算机进行数据分析然后生成分辨率较高的可视化新闻作品，有助于凸显新闻的价值。1973年，弗朗西斯·安斯科姆发表了《统计分析中的图表》一文，指出在统计分析方面，图表具有举足轻重的作用。当时，《今日美国》《纽约时报》等大型报纸开始大量使用图表，这些报纸拥有其他小型出版商难以匹敌的技术和资源，能够不断对信息图表进行改良。因此，那时候的图表的形式也开始多样化，出现了一些象征式和卡通式的可视化图表。1965—1980年，《纽约时报》刊登了一系列制作精美的可视化图表，成为当时积极倡导数据可视化的重要一员。

进入20世纪90年代，在科学技术迅猛发展的背景下，计算机已经能够轻松地生成可视化图表。20世纪90年代末，互联网浪潮开始席卷全世界，让信息变得更加容易获取，传统媒体也开始将内容转移到网上。《纽约时报》《卫报》《芝加哥论坛报》等已意识到可视化的巨大价值，纷纷成立专门的部门，积极生产在线和印刷版等可视化新闻产品。

如今，大数据技术蓬勃发展，数据可视化也迎来了新的春天，其应用日益广泛，涵盖工业生产、交通运输以及医疗等各个领域。可视化概念也不断与计算机、统计、视觉传播、设计、心理学以及数据挖掘等领域的知识相融合，衍生出了多种类型，如信息可视化、数据可视化、科学可视化等，数字图表已经不再局限于二维形式，交互式信息图及数据地图等更为先进的可视化图像纷纷出现。随着移动设备的普遍应用，人们可以方便地在各大众传播媒体平台上浏览这些图像，其逐渐成为现代信息社会中不可或缺的一部分，对人们的生产生活产生了广泛的影响。

在这种情况下，越来越多的人感受到了“一图胜千言”的威力，各行各业都开始广泛运用信息可视化、数据可视化等方式来推动自身的发展，新闻业也不例外。《纽约时报》《华盛顿邮报》《卫报》以及 BBC 等大众传播媒体开始在新闻报道中融入数据可视化手段。这种方式不仅让新闻更加有趣，也更加生动形象。数据新闻中使用的数据涵盖各个领域，如政治、财经、技术、体育比赛等。数据新闻可视化是一种将数据转化为视觉化故事的方式，这种方式不仅能让受众更加直观地理解信息，还能够提供更多的细节，让枯燥的数据变得生动有趣，使得新闻报道更加全面和有说服力。

需要特别指出的是，数据新闻早已迈过了平面图、初级三维图的阶段，迎来了动画、游戏、各种小程序遍地开花的时期，数据新闻可视化的手段极为多元化，其发展前景不可估量。

三、数据新闻产品的呈现方式

在新闻中融合文字、图像和信息图表，受众对新闻的记忆会更加深刻。在这个视觉元素盛行的时代，可视化手段更有助于新闻讲述故事。数据可视化将视觉审美和准确的数据结合在一起，创造出既易于理解又极具美感的可视化新闻。它将文字与可视化信息结合起来，以清晰、直观的方式向受众传播信息。通过数据可视化的方式讲述故事，数据叙事效果远胜于传统的新闻报道手段，如揭示事物之间的关系，预测事态的发展走向，等等。在具体实践中，可以结合数据挖掘和分析的具体情况，选择恰当的可视化表达手段。下面列举几类数据新闻产品中常见的可视化呈现方式。

（一）图表式信息图

图表式信息图是一种常见的数据可视化形式，其通过图形、表格、图解、视频、动画乃至游戏等方式来传播新闻信息。图表式信息图类型丰富，包括静态信息图、动态信息图及交互式信息图等。图表式信息图以轻松、有趣的方式对数据挖掘和分析的结果进行处理，不仅可以使用传统的图表形式，如饼状图、折线图、数据列表以及平面坐标系等来传达信息，还可以通过时间轴、数据地图等形象化的手段来呈现信息。图表式信息图是数据可视化领域极具价值的尝试。

（二）数据地图式信息图

数据地图式信息图的功能在于分析、展示与地理位置有关的数据。这种方法将地图和数据有效结合起来，能够较好地展示一个新闻点在诸多地区的分布情况。将位置数据可视化，有助于受众通过地图上的互动图像来解读新闻。这样一来，受众便可以全方位地了解整个新闻事件，既清晰又直观。

例如，2013 年 11 月，青岛市黄岛区发生了一起中石化输油管道爆炸事故。事故引起了新闻界的关注，财新网的记者第一时间赶到现场，拍摄了大量的照片。为了让读者更直观地了解事故现场及周边的情况，记者将照片与地图相结合，及时把相关的信息呈现给受众，让受众直击事故现场。财新网的记者在拍摄照片后，使用智能手机的定位功能将照片发送给新闻编辑室。数据新闻可视化团队收到相关信息后，立即启动了新闻生产流程，他们编写了代码，并将新闻可视化互动地图上传到网上，让受众更清楚地了解新闻现场的真实情况，引发了巨大反响（创下了单篇最高流量纪录）。

（三）时间轴式信息图

时间轴式信息图是一种有助于受众建立稳固而直观的新闻框架的可视化图示，它能清晰地呈现时间的轨迹或路径，让受众更好地理解新闻事件的各个发展阶段之间的联系。这种可视化形式特别适合展示事件的发展进程。从叙事的视角来看，不少新闻报道其实均是以事件发生、发展的时间顺序为基础来展开叙事的。新闻工作者可以利用“5W＋1H＋1M”所蕴含的新闻要素，在时间轴上展示新闻事件发展过程，利用文本和标签的方式，把握时间点和时间段之间的关系，从而清晰地标注出新闻事件在每一个时间点或者特定时间段上的变化情况。以《驾驶趋势逆转：时报视觉化作品》为例，这是一张由《纽约时报》制作的图表，曾在 2010 年被评为十佳可视化作品之一。这张图表以里程数和汽油价格为二维坐标轴，将每个节点按照年份的顺序连在一起，制作出时间轴，每个节点都标有对应的年份，同时还标有当年对汽油价格产生影响的重大事件，不仅清晰地展示了美国人每年驾驶里程数和汽油价格之间的关系，还展示了相应的变化趋势，可以说是一篇极为成功的数据新闻作品。

四、数据新闻产品的思维

（一）何为产品思维

产品思维是一种以满足用户特定需求为目标，通过创造具体产品形态来实现相关目标的思维模式。在数据新闻可视化领域，产品思维是指通过用户思维和数据思维来发现、分析和解决问题。与新媒体时代的产品思维一样，数据新闻也以用户为中心来展开。各类新媒体的兴起，推动了传媒生态的变革。就信息的生产和传播而言，传统媒体不再独占鳌头。

政府、公司、机构和个人都可以成为新闻生产主体。过去，受众只能被动地接收信息。而在今天，受众能够主动选择消费什么样的信息。那种专注于制作出高质量新闻作品的单向传播思维，已经很难在新媒体时代立足。因此，以用户为中心的用户思维模式脱颖而出，成为大众传播媒体参与市场竞争的新法宝。

（二）数据新闻产品的思维

2020 年初，人们的生活节奏被一场突如其来的新冠疫情打乱。在诸多国家陷入恐慌之际，全体中国人在党中央的领导下，众志成城、沉着应对，打赢了疫情防控阻击战，最大限度地保障了人民的生命安全。在这种情况下，各级各类媒体积极行动，通过各类平台、各种客户端推出了一系列具有媒体融合性质的优质数据新闻产品，深受社会大众欢迎，浏览量和转发率居高不下。这些作品成功的关键在于，大众传播媒体准确把握了受众的需求，在内容和传播形式上大力创新，实现了与广大受众共情和共鸣的目标。

通过这些与新冠疫情相关的数据新闻作品，我们能够窥见中国数据新闻产品的全新思维模式，下面从内容和形式两个方面加以分析。首先，在内容方面，大众传播媒体收集整理了来自多个部门以及多种渠道的数据信息，经过认真筛选和分析，精准地提供了权威部门发布的疫情信息。同时，及时报道各地疫情动态、疫情发展趋势以及公共卫生服务等信息，并随时辟谣，让受众能够更好地了解疫情的真相，在舆论引导中发挥了巨大作用。其次，在传播形式上，紧紧围绕用户思维，利用图表、地图、时间轴、动画及游戏等多种可视化手段来呈现新闻，将复杂的数据转化为直观、易懂的图像，使受众能够一目了然地了解疫情的发展情况。这种可视化的方式不仅提高了受众的阅读体验，还增强了信息的传达效果。

数据新闻以创新思维，构建了独特而高效的传播方式，使新闻领域的可视化应用更加生动有趣。与疫情相关的数据新闻产品不仅直观明了地展示了全国各地的疫情态势和抗疫成果，还激发了受众的行动力，为抗击疫情提供了有力的支持。

第二节　数据新闻产品的定位与推广

数据新闻产品的成功，离不开科学的定位与推广。本节将结合国内深受认可的“网红城市百强榜”这一数据新闻产品，来深入探讨数据新闻产品的定位与推广策略问题。

一、数据新闻产品的定位

数据新闻产品的定位，是建立在有效的数据挖掘点的基础之上的。以财新网为例，该媒体在与财经数据打交道方面有着较为丰富的经验。然而，在传播生态急剧变化以及相关法律法规的影响下，其很难再获得独家数据，并以此为基础生产独家新闻。在这种情况下，大众传播媒体必须探索新的发展出路。财新网的做法值得借鉴。没有了独家数据，财新网便在公众的兴趣点方面下功夫，在对公众的兴趣点进行深入分析的基础上，利用数据挖掘技术，对挖掘中获得的和相关数据机构公开的信息进行重组，打造出备受关注的数据新闻产品。我们可以把财新网选择新闻生产和传播的切入点的过程视为产品定位的过程。

根据受众的需求来策划和生产相应信息，是大众传播媒体立于不败之地的利器。21 世纪经济报道围绕受众的需求推出了系列财经新闻产品，其中产生较大影响的有“网红城市百强榜”。其实，关于城市的排行榜已经有很多，包括其他财经媒体推出的新一线城市排行榜以及城市商业魅力排行榜等。而“网红城市百强榜”之所以能够产生轰动效应，不得不归功于 21 世纪经济报道的策划能力。让我们一起回顾一下“网红城市百强榜”的制作过程。2020 年春天，21 世纪经济报道以疫情后经济的变化特征及国潮热度高涨为聚焦点，萌生了讲述“城市网络名城”故事的想法。

随着抖音等短视频平台的持续火爆，与城市相关的短视频的关注度迅速提升，成都、西安等多个城市被视为网红城市。此后，出于发展旅游业的考量，越来越多的城市希望打造自己的“网红标签”。当时，尚未有对城市网红度开展排名的产品。21 世纪经济报道的新闻工作者认为网红城市是一个热门话题，开展这样的排名能够在数据新闻领域闯出一片天地。做“网红城市”榜单这款产品被敲定后，就需要考量落地的问题了。定义网红城市需要考虑更多的因素，除了网络传播热度指标，还应该考虑城市的特色文化底蕴、吸引游客的能力，以及在人才流入和产业优化布局方面的影响力等，正是这些因素共同构成了一个城市的魅力和吸引力。当然，这些因素也是城市实现高质量发展的关键。21 世纪经济报道“中国潮经济”项目组制作出一份名为“网红城市百强榜”的榜单，对城市的网红指数进行持续监测和评价。“网红城市百强榜”定期更新，以便城市管理者和区域研究者可以及时了解城市的发展情况，并从中获取借鉴和启示。

与相对单一的网络热度指标相比，21 世纪经济报道的评价体系能够更加全面和准确地评估城市的网红程度。通过这个评价体系，人们可以找到城市“长红”的密码，这不仅为城市的高质量发展提供了有力支持，也为未来产品的再传播打下了坚实的基础。毫无疑问，这种别出心裁的数据新闻产品定位模式，为数据新闻的发展提供了极具价值的启示。

【案例】

作品名称：《中国潮经济·2021 网红城市百强榜》

作品类型：数据新闻

制作机构：21 世纪经济报道

作品简介：第二届《中国潮经济·2021 网红城市百强榜》发布于 2021 年 10 月 27 日，从网络热度、城市活力、潮生活、产业发展、印象评分五个维度，设置 13 个二级指标、39 个三级指标，为研究城市影响力塑造和产业布局提供了全方位的视角。为了更全面地评估城市“网红度”，该榜单与 2020 年的榜单相比，新增了一大硬核指标“城市活力指数”，从经济实力、人口吸引力、交通便利性三方面衡量城市的活力程度，总结出了“城市活力 Top10 城市”（见图 4－1）。

《中国潮经济·2021 网红城市百强榜》

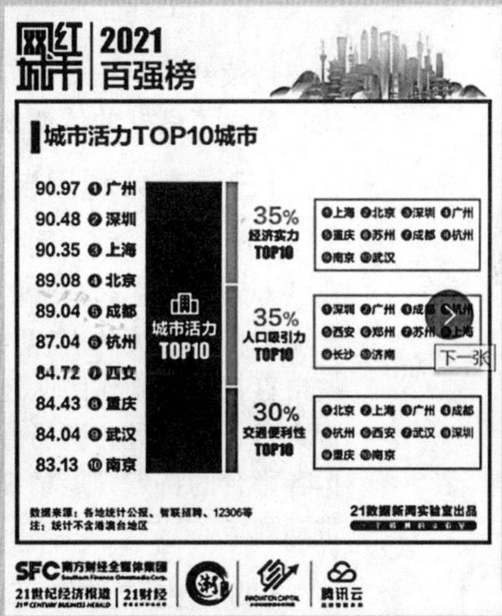

图 4－1 数据新闻《中国潮经济·2021 网红城市百强榜》作品截图

二、数据新闻产品的推广

（一）打造立体多元的产品体系

对大众传播媒体来说，只有打造立体多元的产品体系，方能长期立于不败之地，这个产品体系至少应该包括核心产品、附加产品以及形式产品等。以案例中提及的《中国潮经济·2021网红城市百强榜》为例，最终出炉的网红指数榜单是其核心产品，包括了一系列的指标体系，如网络热度指数、产业发展指数、城市活力指数、印象指数以及潮生活指数等。为了避免单一榜单的尴尬局面，21世纪经济报道力求以多元的产品激活市场，引发持续的舆论关注。这些产品包括指数查询、专家访谈、“网红城市PK”、H5以及典型城市样本解码等，可以让受众参与到数据的解读和分析之中，从而激发他们对榜单的兴趣。

附加产品旨在进一步丰富受众的体验和参与度。如“网红城市百强榜”推出专家访谈，邀请相关领域的专家对榜单进行解读和分析，从而提供更深入的视角和见解。此外，该数据新闻产品还提供典型城市样本解码，通过对一些具有代表性的城市进行深入剖析，让受众更好地理解城市网红指数榜单背后的故事。以《中国潮经济·2021网红城市百强榜》为例，其聚焦于年轻读者喜爱的微博和知乎两大平台，通过有针对性的话题运营来引起广泛关注。可以肯定的是，随着越来越多的媒体加入对网红城市排行榜的讨论，“网红城市百强榜”的影响力将会进一步扩大。

（二）规划长期传播

较长的传播周期是系列数据新闻产品持续发展的关键。此处仍以《中国潮经济·2021网红城市百强榜》为例。在正式发布榜单之前，21世纪经济报道决定在投票环节中设置一项名为“为你心目中的网红城市打call”的投票征集活动，邀请了24位专家、投资者以及各个领域的潮人组成“打call团”，为他们心目中的“网红城市”代言。“打call团”通过各大社交平台上传播的海报和短视频进行打分，投票持续到榜单正式发布前。这种长期传播，成功地吸引了大量读者的参与和关注，取得了良好的传播效果。

（三）充分利用自身推广资源

《中国潮经济·2021网红城市百强榜》以21财经客户端为首发平台，迅速搭建了专题，并在客户端的显著位置突出展示网红城市榜单专题。客户端集纳了与网红城市榜单相关的内容，通过弹窗推送重点内容。此外，《中国潮经济·2021网红城市百强榜》制作团队还充分利用21世纪经济报道及21经济网旗下的两微矩阵、百家号、头条号、网易号、知乎号以及新浪看点平台，开展有序的传播活动，并根据各平台的特点开展精细化运营活动，以充分发挥社交媒体在信息传播方面的辐射带动效应。

（四）主动激发二次传播

《中国潮经济·2021网红城市百强榜》发布以后，21世纪经济报道官方微博积极与多个地区的政府官方微博账号进行互动，这些微博账号包括“北京发布”“上海发布”“中国广州发布”“杭州发布”“西安发布”“成都发布”“重庆发布”“南京发布”“长沙发布”以及“深圳发布”等。同时，《中国潮经济·2021网红城市百强榜》还关注广州、长沙、沈阳、东莞以及柳州等具有特色的网红城市，陆续推出与之相关的报道。对这些报道，社会大众的分享和评论也非常活跃。

通过与社会大众的积极互动，《中国潮经济·2021网红城市百强榜》得到了各个城市的积极响应，成为上榜城市宣传的一大亮点。通过多样化的产品形态和多条传播渠道的传播，榜单取得的传播效果超出预期。

【思考题】

1. 数据新闻产品的思维是什么？
2. 如何定位和推广数据新闻产品？

【推荐阅读】

[1] 少宇．智能硬件产品：从0到1的方法与实践［M］．北京：机械工业出版社，2021.

[2] 刘义昆，赵振宇．新媒体时代的新闻生产：理念变革、产品创新与流程再造［J］．南京社会科学，2015（2）：103－110.

[3] 陶文静，张宇昭．“策略式舞步”：加速时代数据新闻生产中的工作节奏创新：基于澎湃美数课栏目的田野考察［J］．新闻记者，2023（3）：23－38.

[4] 姜日鑫，彭兰．从信息静态呈现到数据深度探索：彭博社网站的交互式信息图表应用［J］．新闻界，2014（21）：65－69.

[5] 喻国明，李慧娟．大数据时代传媒业的转型进路：试析定制内容、众包生产与跨界融合的实践模式［J］．现代传播（中国传媒大学学报），2014（12）：1－5，11.

[6] 王溥，张超．故事深耕与数据再植：数据新闻可视化的管窥与发展：基于现代图式理论视角［J］．宁夏社会科学，2021（4）：210－216.

[7] Chao Z. The power of data：data journalism production and ethics studies［M］. Oxford：Taylor & Francis，2023.

第五章　数据新闻的生产与传播

【本章学习要点】

一、数据新闻生产的场域
- 核心场域
- 关涉场域

二、数据新闻生产的流程
- 选题
- 获取数据
- 分析数据
- 呈现数据

三、数据新闻生产的机制
- 议程设置紧跟热点
- 注重视听融合
- 增强社交性
- 强化视觉修辞

四、数据新闻传播的路径
- 双向低反馈传播
- 多向交互式传播
- 定向定制化传播
- 多维链式传播

数据新闻生产、传播的主体呈现出多元化的趋势，其流程也发生了显著的变化。大众传播媒体需要适应这一趋势，有效地推进数据新闻的生产和传播实践。

第一节　数据新闻的生产

数据新闻的生产过程包括数据收集、分析和呈现等环节。首先，数据收集是关键步骤。数据新闻借助大数据、人工智能等技术来搜集信息。例如，无人机可以从更大的范围、更多层次的视角拍摄照片，展示不同的景象；语音合成技术能够迅速把音频转化为文字；视觉分析技术不仅可以收集受访者的面部信息，还可以根据其细微的表情变化来推测其可能的反应及情绪……英国《卫报》于2010年便开始有效地运用数据新闻来开展报道活动，其利用维基解密披露的数据，以可视化的形式将伊拉克战争中的人员伤亡情况呈现出来。《卫报》用红点在地图上标注每次伤亡事件（每个红点代表一个事件），点击某个红点，地图就会将相应事件的情况详细地显示出来。在这次的报道中，红点的数量超过了 39 万个，成为促使英军撤离伊拉克的一个重要因素。其次，数据分析也扮演着重要角色。数据新闻通过对数量庞杂的非结构化、无目的的数据进行分类和分析，能够发现传统新闻难以窥见的新闻线索。例如，《环球邮报》的《无据可依》这一报道，通过对已获取的大量数据进行有针对性的分析，并以点状排列组合的方式来多维度地展现数据，使性侵案件的重要线索浮出水面。最后，模板化生成是数据呈现的重要手段。当前的数据新闻主要被应用于重大会议、体育、财经以及自然灾害等新闻事件中，其报道模式相对固定。这些新闻的设定基于“人工模板＋自动化数据填充”，能够以极快的速度将新闻事实传递给受众。需要指出的是，随着人工模板应用范围的扩大及数据新闻报道数量的迅速增加，人工智能系统会对其使用过的模板进行学习，在运用“计算机程序思维”进行分析后，能够创造出新的模板，以此满足不同新闻事件的报道要求。

一、数据新闻的生产者

在传统新闻生产中，记者需要深入第一线，开展面对面的采访活动，以收集具有新闻价值的素材，然后返回办公室进行加工。在这种情况下，沟通技巧是极为重要的。而数据新闻对记者的业务素质和专业素质提出了新的要求——他们更多地与机器打交道，需要运用新闻传播学、计算机技术以及统计分析学等多学科知识。同时，数据新闻开放式的生产特征，也使其生产主体呈现出多元化的趋势。因此，数据新闻的新闻生产，必须依靠出色而专业的团队。这个团队的成员需要分工合作，共同完成数据新闻的生产。以网易“数读”新闻团队为例，该团队由记者、编辑和设计师组成。每个人都发挥着自己的专业技能，共同努力创造出优质的数据新闻作品。

（一）多元化的生产者

优秀的数据新闻工作者既要具备传统的新闻报道能力，也要具备与数据新闻相适应的数据分析、版面设计以及软件编程等能力。然而，这种全能型人才较为稀缺，大众传播媒体需要建立一支具有复合型专业结构的数据新闻生产队伍，同时还要鼓励公众参与到数据新闻生产之中。如财新网就在组建专业团队的基础上，借助大数据技术，吸引公众参与到新闻生产之中。在这种情况下，财新网的数据新闻生产团队呈现出人才来源多元、分工明确和相互取长补短的态势，各个生产者都能够发挥自身的优势，为打造优质的数据新闻产品奠定了坚实的基础。例如，2017 年，财新网推出《高铁动车 6 小时能到的地方，你想去哪个?》这一数据可视化专题报道。该专题报道以中国城市建设统计年鉴及中国铁路 12306 网站为数据库，采用H5的形式，将高铁的线路图以及时间表制作成交互式的产品，使读者能够通过点击两个站点的方式来获知列车的最短运行时间。这种报道需要整合和分析大量数据，需要设计网页，故而单靠一个人的力量很难完成。事实也正是如此，《高铁动车三小时能到的地方，你想去哪个?》是由一名设计人员和三名编辑人员共同完成的。编辑人员利用大数据等技术，对相关的数据进行结构化梳理后提炼出报道主题和重点，并将之有效地串联起来。设计人员采用可视化手段，将数据生动、直观地呈现出来，从而在数据和受众之间建立起互动关系。自此，一篇极具吸引力的专题报道就制作完成了。

除了内部的团队生产，数据新闻还有一个最为明显的特征，那就是出现了外部化的情况。UGC、PGC（专业生产内容）等群体纷纷加入数据新闻的生产，为大众传播媒体带来了威力强大的互联网思维和生产力量。数据新闻致力于发掘 UGC、PGC、OGC（职业生产内容）三者之间的协同作用，将职业、专业和草根的各种资源有效地融合起来，形塑了公共传播的价值空间，从而取得了巨大的进步。《卫报》在 2011 年的一则报道，就体现了这一特征：《卫报》对政界人士、警察、骚乱参与者以及市民等相关主体进行了全面采访，同时查阅了法庭案件卷宗、政府和社会组织的统计资料，以及社交媒体上的内容，积极搜集各种数据，撰写了一本名为《解读骚乱》的小册子，体现出了新闻报道的专业性、前瞻性，其结论也广受认可。

就目前来说，数据新闻的生产者主要包括三种类型，即新闻工作者、智能机器和广大受众。由于我们对新闻工作者较为熟悉，所以此处只做简要介绍。需要重点介绍的是智能机器和广大受众这两类生产者。

1. 新闻工作者

新闻工作者包括记者、编辑、评论员等，他们是传统媒体时期唯一的新闻生产和传播主体，即使在数据新闻时代，其主体地位依然不可动摇。在数据新闻时代，新闻工作者既开展采访活动，又对通过数据库等渠道收集到的数据进行统计和分析，从而生产出大量脍炙人口的新闻作品。

2. 智能机器

2015 年，腾讯财经发布了一则题为《8 月 CPI 同比上涨 2.0% 创 12 个月新高》的数据新闻。这则新闻是由腾讯财经开发的自动化新闻采写机器人 Dreamwriter 根据算法生成的，其发布标志着国内也引入了智能机器这一新闻生产方式。在此之后，不少媒体陆续开启了自动化新闻的生产之路。美国的 Narrative Science 公司甚至宣称，在未来，其新闻采编工作将不再需要人工参与。智能机器不仅能够自动化地报道诸如体育新闻等简单的数据新闻报道，还能提供更复杂的数据新闻报道，如经济和房地产分析等。

目前，越来越多的媒体开始探索利用机器人和算法来进行新闻采写，不少人对这一变化充满热情，认为机器人将成为最伟大的记者。在这一领域，《洛杉矶时报》可谓是先锋，如其程序员记者 Ken Schwencke，利用预先设计好的算法，在不到两秒的时间内自动生成了一则关于地震的短消息。此外，《洛杉矶时报》还用类似的手段生成过与城市犯罪相关的报道。智能机器能够自动生成新闻，但最终是否发布，还需要编辑人员依据新闻价值来做出决定。因此，人与智能机器的结合，是保证新闻报道具有新闻价值、不断提升传播效果的重要手段。恰如《洛杉矶时报》所宣称的那样，自动生成新闻的方式并不意味着记者将会消失，而是要提高新闻生产的效率和速度。为了满足这一需求，美联社也在 2014 年年初宣布引入机器自动采写的技术，用来报道公司财务报告和商业新闻。相比于传统的人工撰写方式，智能机器的生产效率要高得多。如在人工生产约 300 条新闻的时间内，智能机器能够产生超过 4 400 条新闻，相当于人力的 14 倍多。

自动化的新闻生产不仅能够快速聚合和传播数据，还能够提高工作效率，为读者提供更多更及时的信息。然而，从根本上来说，新闻生产是一种极为复杂的智力活动，智能机器的采写有着诸多缺陷。最明显的是在目前的技术条件下，智能机器很难拥有人类的思维能力，也不能代替人类做出合理的判断。如 2016 年不少主流媒体对地震误报一事，就给机器写新闻泼了一盆冷水。1 月 4 日，澎湃新闻发布了一则江西省九江市发生地震的报道，声称浔阳区发生了 6.9 级地震，而震源深度达到了 10 公里。这条消息发布后不到十分钟，就被大量媒体转发，并注明消息来源为“澎湃新闻”。然而，仅仅在消息发布后的第 13 分钟，澎湃新闻便通过其微博发布了更正信息：澎湃客户端误推送一则新闻，称江西省九江市浔阳区发生了 6.9 级地震，此信息为地震台网自动后台录入信息，经过编辑人员的核实，为假消息，对给用户带来的困扰表示诚挚的道歉。原报道是澎湃新闻的智能采写机器推出的错误信息，它未经人工核实，便直接推送给了受众，造成了较大的负面影响。不过，这并不能成为否定智能机器采写新闻的理由。其实，智能机器采写新闻，在公司财务、体育及股票等诸多领域都具有其适用性，因为这些领域都以数据为基础，通过预设的模板和程序，自动输入实时数据，经过组合加工后便可生成新闻。尽管如此，我们也要深知，智能机器采写新闻的目的是解放记者，而不是取代他们。智能机器在新闻采写方面的模式化和固定化程序，会使对“新闻”的理解存在误解和贬低的情况。在面对深度报道及调查性报道等较为复杂的报道时，自动化采写技术无法胜任，因为这些报道需要记者的深入调查和分析。因此，智能机器和新闻工作者之间应该是相互分工合作的关系。

总之，智能机器采写新闻的出现，使新闻报道更加迅速和准确，同时也减轻了新闻工作者的工作负担。需要注意的是，尽管自动化新闻的发展为新闻业带来了诸多便利，但仍然存在一些挑战和争议：首先，智能机器采写的新闻是基于算法和数据分析生成的，可能会存在信息的偏颇和主观性的问题。其次，智能机器采写新闻的出现，也引发了关于新闻工作者的职业前景的讨论。但无论如何，智能机器采写新闻无疑是一个不可忽视的趋势，它将继续在新闻业中发挥重要的作用，并对新闻的生产与传播产生深远的影响。

3. 受众采写

各种数据技术改变了受众与新闻内容的关系，使受众成为新闻内容生产的参与者。在今天，开源成为一种重要的理念，其鼓励在产品开发过程中摒弃版权限制，允许任何人对产品进行修正和改进。计算机程序代码公开向受众开放后，受众可以对产品进行自我开发。以众包模式获取有价值的信息，已成为重要的新闻选题来源。虽然这种选题来源是否具有客观性仍值得思考，但它在提高受众参与方面确实发挥了巨大的作用，打破了过去新闻生产中编辑部的垄断地位。举例来说，《卫报》开放了一个新闻选题，即“议员的开支账目”，将 45 万余份与议员开支相关的电话、机票等各类公开账单进行扫描后向公众公开，让公众参与进来，共同查找议员账单的可疑之处。公众的参与，让《卫报》获得了不少具有新闻价值的线索。在利用可视化的手段呈现出来后，公众能够清晰地看到议员们的开支数据。

目前，受众参与新闻采写的方式，在我国也较为常见。

（二）把关人的扩展

在数据新闻生产的过程中，同样存在着主观选择与判断。把关人理论认为，只有符合把关标准或群体规范价值的信息，方能被媒体传播。在今天，“把关”这一理念涵盖了新闻工作中所凸显的信息选择和加工过程，特别是指特定的新闻事件能否通过新闻工作者的把关而得以传播，它意味着新闻工作者对新闻价值的选择标准。

数据新闻生产也存在着“把关”机制。在数据新闻中，数据来源必须真实和准确，数据新闻生产者需要对原始数据进行评估，以确认其是否具有新闻价值。虽然数量庞大的数据为新闻业提供了丰富的新闻源，却增加了新闻价值判断的难度。有鉴于此，数据新闻生产者不能迷信数据，而是要进行合理的筛选和取舍，以提炼出具有新闻价值的数据。当然，这要求数据新闻生产者具有较强的新闻敏感性和较高的数据素养。由此可见，数据新闻生产者只有理性地对待数据，才能发挥把关人的作用。严格来说，数据新闻生产者还要能够超越“把关人”的角色，要在坚持新闻专业性的基础上科学地生产和传播信息，让受众能够更好地理解数据。

二、数据新闻生产的场域

（一）数据新闻生产的核心场域

数据新闻生产包括六个基本要素，即基本认知、角色定位、管理模式、组织目标、生产机制和文化语境。这些要素构成了数据新闻生产的核心场域（六个子场域）。透过这些子场域，可以看到大众传播媒体在数据新闻生产中的现状。

基本认知是指人们对大众传播媒体在数据新闻生产中的角色的认知，以及对其具有的生产价值的总结。由于对生产者和消费者的心理及行为都会产生直接性影响，因此基本认知有着极为重要的意义。众所周知，由于所掌握的技术、资金等资源不同，数据新闻生产主体之间有着这样那样的差异，而种种差异让数据新闻的生产和传播呈现出开放和多元的态势。

角色定位要求新闻工作者科学认识自己在新闻生产中的角色，有效发挥“把关人”的价值，恪守职业道德，理性地监督和引导舆论。这需要新闻工作者做好三个方面的工作：第一，担当起舆论引导者的责任，实事求是、理性地看待新闻事件，最大限度地避免矛盾的激化；第二，科学地开展舆论监督工作，不断提升大众传播媒体的传播力、影响力、引导力和公信力；第三，坚守职业道德，不信谣不传谣，坚持传播权威信息，为和谐社会建设贡献应有的力量。

管理模式包含管理理念和手段，以及人事制度等。数据新闻是一种新兴的新闻样式，较少受到传统管理机制的束缚。因此，在数据新闻时代，大众传播媒体应该加快管理机制改革的步伐，在新闻生产和传播以及舆论引导方面发挥更为巨大的作用。

组织目标与数据新闻生产工作的分工和合作密切相关。当前，我国大众传播媒体在深入思考市场需求、资本投入和实际产出等一系列问题的情况下，将时效性和可视化确定为组织目标，以使数据新闻产生更大的效益。

生产机制是数据新闻在生产方面的技术指标。数据新闻的生产机制主要由选题、编辑、审核发布三者组成，它们之间相互联系、相互影响。然而，实事求是地说，在数据新闻的生产机制中，新闻工作者所承担的职责会更多，在新闻生产和传播中扮演着主导者的角色，设计师、编程员皆与新闻工作者存在着信息不对称的问题，因而二者很难发挥主动作用。但我们千万不要忽视设计师、编程员的价值，因为没有他们，新闻的可视化就无从谈起。

文化语境是数据新闻生产的一个极为重要但常常被忽视的指标，它对数据新闻生产的环境和效果都有着特别重要的影响。在今天，数据新闻生产所需要的文化环境是自由、开放、多元及平等的，而这与数据新闻时代的用户思维极为契合。不过很多数据新闻的生产者依然未能跳出旧有的新闻生产和传播思维，试图通过传统的“把关”机制来体现自身的价值，致使用户思维缺失的问题长期得不到解决。这种情况对数据新闻的生产和传播极为不利。

（二）数据新闻生产的关涉场域

数据新闻的生产和传播中不仅存在着核心场域，也存在着一些相关的场域，即关涉场域，主要体现在政治、经济、文化和媒介等方面。

1. 政治场域

大众传播媒体是公民实现政治社会化的一个极为有效的手段，政治与大众传播媒体之间存在着相互影响的关系。在数据新闻生态中，新闻立法是连接政治场域和媒介场域的重要节点，在社会民主建设不断推进的今天，新闻立法的价值正不断得到凸显。一方面，数据新闻生产的环境因新闻立法而得以改善，使各种新闻工作得以有效推进；另一方面，新闻立法能够更为清晰地呈现出政治场域和媒介场域之间的关系，使大众传播媒体的主观能动性得以充分发挥出来。同时，公众的知情权也因此有了保障。对数据新闻的持续发展来说，这无疑有着巨大的价值。令人遗憾的是，在新闻方面，我国还没有专门的法律法规，数据新闻方面法律法规的缺失就更不用说了。在新闻生产和传播领域，我国基本以行政法规为主。这种情况让一些新闻工作缺乏法律保障，不利于媒介场域的构建和发展，也影响了数据新闻服务政治方面的能力。因此，出台科学的传媒法规，已成为一项极为迫切的任务。

2. 经济场域

场域理论极为关注市场和资本，作为数据新闻生产中极为重要的主体，大众传播媒体必须要吸引足够多的受众，以更好地生存下去。因此，在生产过程中，大众传播媒体必然要与经济场域产生这样那样的关系。在市场经济不断成熟和各行各业蓬勃发展的今天，我国的数据新闻生产与经济场域的联系日益密切。然而，需要明确的是，我国的大众传播媒体要以社会效益为先，然后才谈经济效益。虽然社会效益第一位、经济效益第二位会在一定程度上弱化大众传播媒体与经济场域的联系，但在市场化转型发展不断加速的今天，大众传播媒体与经济之间的融合正逐渐加深。

3. 文化场域

文化场域是数据新闻生产和传播的外部环境。这个环境既为数据新闻的生产和传播提供了养分，也在一定程度上制约着大众传播媒体的运营方式。由此可知，数据新闻也与文化场域有着千丝万缕的联系，数据新闻的勃兴与我国当前的整体文化环境密不可分。当前，开放和包容成为社会文化的主题，再加上科技文化的不断发展，数据新闻发展的前景更为广阔。然而，数据新闻生产所依靠的海量数据，往往掌握在政府、企业等处于生产链上游的机构和单位手中，新闻工作者处于下游，要获得相应的数据，就必须学会与政府和企业沟通，最好是建立起一对一的关系，但这种情况是不多见的。因此，数据新闻的发展受到了不小的限制。要解决这一问题，就需要在文化场域方面做文章，适度开放数据，让数据新闻生产获得更多的素材。

4. 媒介场域

媒介场域是指由报社、广播台、电视台、各类网络媒体等大众传播媒体组成的相对独立的关系网络，在媒介场域中，各类媒体可以进行规模化的信息生产和传播。当然，在数据新闻时代，媒介场域也包含同时承担着信息生产、传播和消费等多重角色的受众。各类媒体是媒介场域中的子场域，它们之间相互影响和相互作用，形成了一个庞大的关系网络。因此，在数据新闻生产中，媒介场域也发挥着较为重要的作用。

综上所述，数据新闻的生产过程是极为复杂的，存在着多个场域相互交织、相互作用的情况，它是媒体融合的产物，具有旺盛的生命力。今天，数据新闻已经对人类的生产、生活产生了巨大的影响。然而，由于兴起的时间尚不长，因此数据新闻也出现了不少的问题，特别是数据新闻生产中存在的社会效益和经济效益的冲突，成为数据新闻发展的重要制约因素。因此，我们需要探明其中的深层次原因，并采取有效的措施予以弥补。

三、数据新闻生产的核心、理念及意识

（一）数据新闻生产的核心

1. 数据新闻生产的内在核心——发现新闻

在系统地梳理了计算机辅助报道、精确新闻和数据新闻之间的联系与区别之后，我们得知，数据新闻是在大数据时代背景下出现的新型新闻报道方式。这意味着，采用大数据技术对数据进行挖掘和处理，是数据新闻的重要特征。数据新闻采用挖掘和处理大量复杂数据的方式向受众讲述新闻故事，并以直观、互动的方式启发人们的智慧。当然，并不是所有的新闻都适合用数据新闻的方式来报道，数据新闻只适用于报道数据量巨大、数据关系复杂的事件和话题的新闻。随着人类生产、生活的快速变化，环保等复杂性议题也随之增多，相关领域的深度报道吸引了受众的关注。帮助受众感知和理解较为复杂的新闻事件和主题，是数据新闻最为擅长的。

数据新闻的生产打破了传统新闻的生产流程，其生产者的分工与合作，以及多样化的表达手段，不断拓展着新闻报道的选题范围。目前看来，运用社会科学研究方法收集、获取、分析和挖掘大量数据，探索“数据”与新闻价值的联系，探索事物之间的相关关系，帮助读者理解较为复杂的新闻主题、把握新闻事件的“本质”，成了数据新闻发展的主流方向。

在欧洲新闻学中心编撰的《数据新闻手册》一书中，数据新闻被认为是一种新闻生产方式的变革，即先搜集和挖掘处理数据以“发现”新闻，然后再通过适当的形式“呈现”新闻。[①] 表面上来看，这种流程似乎是完整的，涵盖了新闻“发现”

---

① 方洁，颜冬．全球视野下的“数据新闻”：理念与实践［J］．国际新闻界，2013（6）：74.

和“呈现”的全过程。然而，这种方式过于强调“用数据报道新闻”，却忽略了“发现新闻”这个非常重要的环节，等于忽视了“选题的价值”及“新闻的敏感性”，其缺陷是显而易见的。客观地说，数据挖掘和处理只是工具层面的问题，旨在更好地呈现复杂的数据关系中所蕴含的新闻价值，选题价值和关系探索才是数据新闻中最为重要的因素。

如果我们确认数据新闻报道是通过对庞杂数据的搜集分析，找到大数据时代出人意料的“相关关系”，进而通过可视化或互动性等简化形式予以“新闻呈现”的话，那么“新闻事实的发现”其实就是数据新闻报道中“发现新闻”的重要一环。“新闻事实的发现”与一般“新闻事实的报道”的不同之处在于，前者调查研究的对象是庞杂数据，后者调查研究的对象是事件本身。数据新闻中“新闻事实的发现”更接近社会科学研究的原则和方法：大胆假设、小心求证、科学准确、论证严密。数据搜集、分析和挖掘，只是达到社会科学研究目的，得到具有新闻价值和新意的“数据关系”的工具和途径。唯有如此，才能找到数据新闻这一新闻报道的主体性所在，而不会在数据浪潮中随波逐流。

2. 数据新闻生产的技术核心——数据的处理和分析

处理和分析数据是数据新闻生产的必然环节，只有找到繁杂数据中的内在关联性，并发现其中所蕴含的规律，方能将大量的原始数据转化为引人入胜的“新闻故事”。在数据新闻生产中，数据的处理和分析是最为关键的步骤，需要耗费大量的时间和精力。因此，熟练掌握常用的数据处理和分析工具，不断提升数据素养，是数据新闻生产者必须具备的技能。

（1）数据处理。

A. 检验数据。

数据新闻生产需要确保数据的全面性和客观性。在获取大量数据后，数据新闻生产者需要认真地判断数据的价值，这种判断是在对完整而复杂的数据集有了深入理解的基础上完成的。今天，与人类生产和生活相关的所有活动及位置等信息，都可以被转化为数据。在数据新闻生产和传播之中，数据新闻生产者需要在数据收集方面下功夫，确保拥有足够充分的数据，以便能够在后续工作中随时利用。例如，在对人的行为趋势进行分析时，由于人的特质是极为复杂和多样的，因而影响他们决策及行动的变量也较多，无法仅凭一两个因素来予以解释。这就要求数据新闻生产者收集足够的背景数据，以使相关的解释更具说服力。这表明，数据的全面性和完整性，是科学地处理数据的重要前提。在确保数据完整性的情况下，数据新闻生产者需要对数据的客观性进行评估。

实际上，拥有完全客观的数据是很难的。在对数据进行记录及统计的过程中，新闻工作者、设计师和程序员的利益诉求及价值取向往往会对最终数据的生成产生极大的影响。比如，在对某项政策在网络媒体上的民意分布情况进行判断时，不但要关注社会大众对该政策的支持度，还要关注各个群体对该政策所持的意见和态度。

也就是说，数据并不总能客观地反映总体真实情况，数据新闻生产者要有较强的新闻敏感性，要善于结合新闻主题和相应的背景来处理相关的数据，积极挖掘数据背后的故事，做出科学的判断，如此才不至于陷入“数据陷阱”而无法自拔。

B. 过滤数据。

在保证所有数据的完整性和客观性的前提下，数据新闻生产者需要对数据进行进一步的筛选，以保证数据的质量。这个过程通常被称为“数据清洗”，也就是剔除无用的“脏数据”。那些不符合要求的数据，会对后续的数据处理工作造成较大的影响，因而对数据进行过滤是十分必要的。一般来说，需要过滤的数据主要包括三种类型：一是有缺失的数据，即数据的某些部分缺失，或者是数据集中缺少某种属性或某个案例。对于这种数据，数据新闻生产者需要将其过滤出来，并在想办法补全所缺失的信息后重新将其加入数据表中。倘若无法补全信息，就应该把相应的数据条目删除。二是格式不一的数据。数据的表达方式不一样，会对数据的处理有着较大的影响，数据新闻生产者要统一数据标准，消除数据处理中的误差。三是重复的数据。这种数据要及时删除，不过删除前要做好备份，以便在需要时可以及时调取。

在过滤数据的过程中，可借助 OpenRefine 等专门的工具来完成。OpenRefine 能够清理大量杂乱的数据，可以导入各种格式（如 xls、xml、csv 等）的文件，并能够对数据进行聚类和转换不同的数据格式。此外，OpenRefine 还能够去除重复的数据。因此，OpenRefine 是开展数据过滤工作时较好的入门工具。

数据检验与过滤涉及诸多的准备和规划工作，它们是做好数据分析工作的前提。实际上，在整个数据处理和分析的过程中，这些步骤是非常重要的，占用了数据处理和分析工作 80%左右的时间和精力。因此，在数据检验和过滤阶段，数据新闻生产者需要有足够的准备，以确保数据处理的有效性。

（2）数据挖掘与数据分析。

在完成数据检验和过滤等工作以后，数据新闻生产者便可以开展数据挖掘与分析工作了。这项工作的目标是探索数据中隐藏的规律和内在联系。数据挖掘是指利用各种分析方法和技术，对数据库中大量复杂的历史数据进行分析、总结和整合，以提炼出有价值的信息（如趋势、模式及相关性等），并将其提供给决策者。利用数据挖掘技术，数据新闻生产者可以从海量的数据中挖掘出富含新闻价值的信息，为数据新闻的生产提供服务。

A. 分类。

分类就是采用特定的标准，对所收集和筛选的数据进行分组。如在 2009 年，《纽约时报》推出了一篇与失业率相关的报道，采用的就是数据新闻的表达方式，通过对个体属性状态进行区分，建立了相应的类组。这篇报道按照性别、年龄、人种以及受教育程度等属性来划分人群，受众只需选择相应的属性，就能够了解相应人群的失业水平。

B. 估计和预测。

在数据挖掘和分析环节中，估计和预测较为常见。估计用于推测当前的未知数，而预测用于推断未来的某个未知数。在很多时候，估计和预测被结合使用。关于预测，有一个比较经典的例子，那就是谷歌在 2008 年推出的一个旨在预测流感发病趋势的项目。该项目通过追踪人们所开展的与流感相关的词语搜索，如“疼痛”“发烧”“咳嗽”等，来判断搜索的人是否患上了流感。结果表明，患流感的人数越多的地区，人们对这些词的搜索越频繁。令人惊讶的是，通过与官方数据进行对比，预测数据和官方数据的相关性特别高。

C. 聚类。

所谓聚类，是指将有相同特性的人归为一组的过程，这些人聚合在一起，就形成了一个类。聚类系统通常采用静态分类的方法，将相似的对象分成不同的组别或子集，使同一组别或子集中的成员对象具有一些相似的属性，并对之开展数据挖掘工作。因此，聚类也是数据挖掘和分析中经常使用的核心技术。

例如，中央电视台于2014年两会期间推出的“据说两会”栏目，利用百度搜索的实时数据，挖掘出了社会大众最为关注的议题。数据挖掘发现，与“一元钱创业”相关的词条特别多，搜索热度居高不下。数据挖掘还发现，大学生和白领等群体对创业的关注度最高，而浙江省的大学生在创业意愿方面的表现最为突出。在创业领域，最受关注的是文化、金融和互联网等领域。这种方法可以帮助新闻工作者将复杂的事物进行分类，使整个情况极为清晰和明了。

D. 相关性分析。

相关性分析是一种常用的方法，用于衡量两个或多个相关变量之间的相关程度和方向。预测是大数据的核心，而相关性分析是预测的基础。举个例子，2013年，谷歌发布了《谷歌搜索电影票房预测分析报告》，在对电影的搜索量和最终票房进行比较后，谷歌发现二者之间存在极高的相关性。根据相关的票房预测模型，谷歌能够提前一周预测上映首周电影的票房收入，准确率达到九成以上。

目前，常用的数据挖掘工具主要有两种：一是用于挖掘结构化数据的工具。结构化数据也被称为行数据，其具有既定的格式，可以用维表结构来表达，是一种实体化数据。如SPSS及Intelligent Miner等工具，就可以用来挖掘结构化数据，并在挖掘后发现数据之间的相关性及序列规律。同时，这些工具也能够生成较为简单的可视化图表。二是用于挖掘半结构化数据和非结构化数据的工具。半结构化数据是指那些不适合用二维逻辑表来表示的数据，它们虽然较为分散，但可能有一定的格式。非结构化数据是指字段长度可以变化，且每个字段的记录可以由可重复或不可重复的子字段构成的数据。这种工具不仅可以处理结构化数据（如符号和数字等），还更适合处理非结构化数据（如文本、图片、音频、视频以及超媒体等）。非结构化数据的数量特别大，并且增长速度很快，对之展开挖掘和分析比较困难。因此，在当前自然语言处理技术尚未成熟的情况下，对文本挖掘的应用主要集中在建立词库、提取关键词、统计词频等简单但实用的方面。对那些没有较好的编程基础的数据新闻生产者来说，可以选择使用一些现成的文本分析工具，如“知微”等，它可以分析微博转发或评论区中出现频率比较高的词语，并以词云的形式展示出来。此外，“知微”还具有一定水平的情感分析功能，可以在对正面和负面的高频关键词进行判断的基础上，较为直观地将其分组显示出来。

此类工具在追踪社会热点事件方面具有极高的效能，能够提供较为深刻的见解。然而，需要指出的是，随着数据量的迅速增长，以及人们对数据应用需求的不断提升，普通的数据挖掘工具已经显得不够用了。数据新闻生产者需要根据自己的实际需求来选择适合的数据挖掘和分析工具，当然也可以委托第三方来开展数据挖掘和分析工作。

数据挖掘和分析是一项极为复杂而关键的任务。数据新闻生产者要清楚地知道自己想要解决的问题，并围绕选题进行深入的数据挖掘和分析，仔细求证、辨别真伪，并在实施过程中不断优化。此外，有一点需要明确，那就是数据挖掘和分析工具只是锦上添花的手段，真正重要的是能够发现新闻事实，并围绕事实来开展有价值的报道。

（二）数据新闻生产的理念

1. 思想上注重道与术的融合

数据新闻是大众传播媒体以数据为突破点，致力于转型创新的积极尝试，也是媒体融合时代新闻生产的一种极具代表性的形式。无论是何种新闻形式，技术都是为新闻报道服务的，新闻必须遵循真实性和客观性原则。

新闻价值是新闻工作者在开展新闻生产和传播活动时必须遵守的价值导向。在第三章我们提到过，数据新闻的价值至少包括七个方面，即时新性、重要性、接近性、显著性、趣味性、关联性、场景性。有些学者认为真实性也应该被列入新闻的价值要素之中，但其实没有必要专门将它列进来，因为新闻是对“新近发生的事实的报道”，从定义中可以知道新闻必须真实。而在美国的“扒粪运动”“黄色新闻”等报道中，刺激性、冲突性、邻近性以及传奇性等也被列入新闻的价值要素行列。这些标准很难被推广到其他新闻领域，其实就算在“扒粪运动”“黄色新闻”报道方面，新闻工作者也不应该只顾追求猎奇和刺激而忽视新闻的社会责任。当前，新闻的价值已成为一个重要的概念，其凸显了新闻为了满足受众的需求而呈现出来的意义及效用。因而对社会来说，新闻必须有用处、有益处、有效果。

不管持哪一种新闻价值观念，在新闻生产中，各类主体都要认真衡量和选择有社会意义的新闻事实，新闻事实的社会意义越大，新闻的价值就越高。选定新闻事实后，就可以按照特定的方式将新闻生产出来，而受众也可以根据自身的需求对新闻进行选择性接触。如若不然，新闻的社会引导功能就会弱化甚至丧失，更有甚者，会对社会造成特定的负面影响。而在这种情况下，受众自由选择新闻、思考社会变迁的权利也将不复存在。对数据新闻来说，要具有新闻价值，就意味着能够挖掘出隐藏于海量数据中的有社会意义的新闻信息，并利用大数据、人工智能、可视化等技术来解释各种重要事件对社会大众的影响。同时，还要能够在科学判断受众的兴趣爱好和消费习惯的基础上，为他们提供个性化的新闻产品。据此可以说，新闻工作者必须强化自身的问题意识，致力于获取一手数据，并具备数据处理和分析能力，洗掉“脏数据”，提炼出真正有价值的信息，从而揭示出数据之间的关联性和事物的发展规律。遗憾的是，我国的数据新闻报道并未真正达到这一要求，有的数据新闻甚至还处于单纯搬运数据的初级阶段，仅仅提供冰冷的数据，无法吸引受众的注意力。这种状况必须得到改变。

数据新闻的力量，在于将复杂的数据转化为准确、直观、生动形象的新闻作品。因此，通过新闻报道，广大受众能够更好地感知和理解新闻事件，能够更好地把握庞杂数据之间的相关关系。数据新闻直接处理的对象是数据，但这些数据是构成新闻事实的信息。新闻工作者要挖掘出数据背后的真相，这要求他们具备专业的数据处理和分析能力。

众所周知，海量和动态是大数据的重要属性，海量的数据必然会导致数据盲区。因而所谓的数据完整性往往只是从理论上来说的，或者说受到技术水平的限制，新闻工作者只能接触到有限的数据。的确，受专业性和数据处理能力的限制，在数据新闻生产中，经常会出现统计学错误，比如将相关性和因果性等同起来，使新闻失去了客观性，从而误导了受众。此外，一些新闻工作者很难开展深度报道，原因在于他们难以在探求原因的过程中引入能够讲述故事的数据，往往只是堆砌数据，想让数据来“说话”，但其实这种数据是说不了话的，更何况受众还会依据自身的情况来对数据进行解读，这更让流于表面的数据新闻难以发挥社会作用。不得不承认，数据新闻的发展与受众的数据解读能力之间存在一定的矛盾。因而数据新闻时代更有可能出现知识沟扩大的问题，受众在接触、理解和接收数据方面存在差异，尤其是在对云图、时间轴等大数据呈现方式的认知方面，更是存在着显著的差别。这也说明，如果迷信技术而轻视人的主体性，新闻工作者就会陷入数据深渊之中，其新闻生产能力必然会被削弱。

新闻人的独特能力，包括发现问题、讲述引人入胜的故事以及洞见事物的能力，是数据及相关技术无法替代的。尽管数据新闻在帮助受众了解世界方面起到了重要作用，但它只是人们理解、阐释世界的一种途径，数据技术只发挥工具性作用，新闻工作者不能过分追求技术本身，更不能让数据新闻生产变成一场炫技式表演。

2. 选题上关注社会

数据新闻致力于用数据来解释宏观的社会问题。因此，在数据新闻报道中，社会性选题所占的比重居高不下。以澎湃新闻的数据新闻报道为例，2017—2019 年，澎湃新闻的原创数据新闻选题主要集中于社会和民生两个方面。而在这两个方面的报道中，社会性选题所占的比重最大，共计 227 篇，占报道总数的 52%。[①] 需要指出的是，澎湃新闻的社会性选题是较为丰富多样的，这反映了近年来人们对社会问题的关注程度。

3. 报道上注重国内并兼顾国际

在我国，澎湃新闻、财新网等数家媒体走在了数据新闻生产队伍的前列。其中，澎湃新闻凭借自身的生产理念和水平，摆脱了《东方早报》的传统思维模式，在全国乃至世界范围内生产和传播数据新闻，产生了一定的影响。通过对数家有名的数据新闻生产机构进行分析，可以发现，在报道导向方面，它们均存在注重国内并兼顾国际的情况。仍以 2017—2019 年澎湃新闻的数据新闻报道为例，其中国内报道共有 320 篇，占总数的 74%，国际报道占总报道数的 26%，共 112 篇。[②]

在国内数据新闻报道中，澎湃新闻独具国际化分析视角，它注重采集国外的数据，将之与国内的数据进行对比，并提供深入的解读，揭示新闻事件主体在国内外的异同之处。

① 李曼.《澎湃新闻》数据新闻生产理念及特征研究［D］. 烟台：烟台大学，2020：21.
② 同①24.

【案例】

作品名称：《中国器官捐献立法十年：年捐献器官数量过万》

《中国器官捐献立法十年：年捐献器官数量过万》

作品类型：数据新闻

制作机构：澎湃新闻

作品简介：在2017年发布的《中国器官捐献立法十年：年捐献器官数量过万》一文中，澎湃新闻在提供2007年以来中国器官捐献数据的变化情况的同时，还对中国移植器官的来源进行了深入的分析（见图5－1）。此外，澎湃新闻还提供了其他国家的器官捐献率和世界排名情况，让受众能够清晰地看到中国在器官捐献方面的贡献。

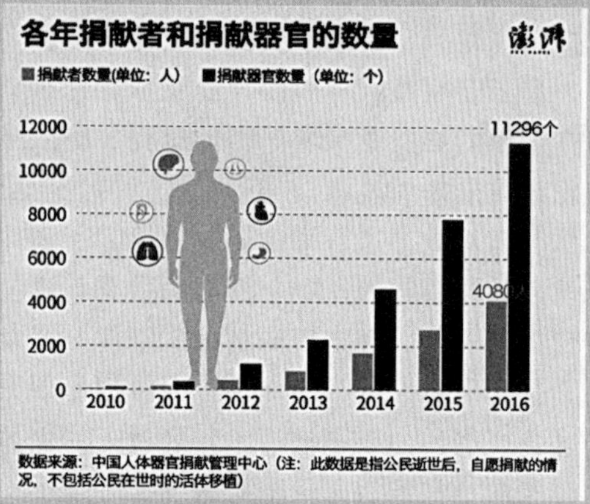

图5－1　数据新闻《中国器官捐献立法十年：年捐献器官数量过万》作品截图

【案例】

作品名称：《机票超售也是国内惯例，四大航的赔偿标准却不够清晰》

《机票超售也是国内惯例，四大航的赔偿标准却不够清晰》

作品类型：数据新闻

制作机构：澎湃新闻

作品简介：在2017年发布的《机票超售也是国内惯例，四大航的赔偿标准却不够清晰》一文中，澎湃新闻结合美国联合航空公司（美联航）暴力驱逐亚裔乘客这一广受关注的事件，巧妙地引出了“机票超售”的议题，并利用可视化的方式，呈现出国内航空运输投诉量的变化（见图5－2）以及四大航空公司在机票超售方面的做法，引起了广大受众的关注。

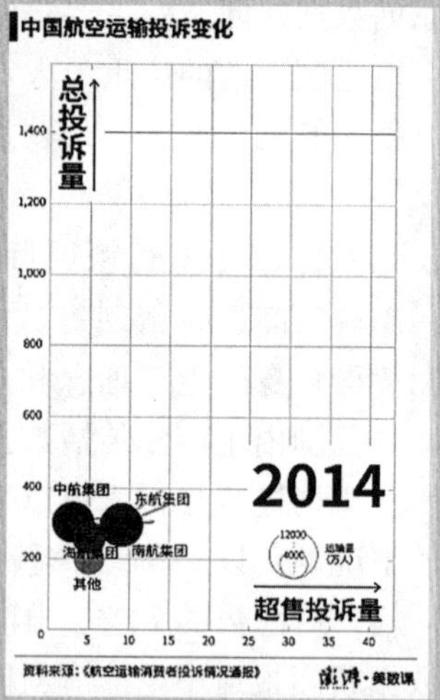

图5－2　数据新闻《机票超售也是国内惯例，四大航的赔偿标准却不够清晰》作品截图

4. 立场上坚持客观平衡和公正全面

无论哪一家媒体，在报道方面均有着自身的立场，而特定的立场会体现在具体的报道活动中。需要特别指出的是，在我国，大众传播媒体虽然在具体立场方面存在差异，但在大方向上是一致的，那就是坚持客观平衡和公正全面的立场。李曼曾按照正面、中性、客观等议题性质，对 2017—2019 年澎湃新闻在数据新闻生产方面的国际和国内数据进行统计分析，以呈现澎湃新闻的报道立场。统计数据显示，澎湃新闻在国内及国际数据新闻报道中均突出了中性议题，占比分别达到报道总数的 61%和 53%。国内报道中，负面议题总数为 60，占比 19%，正面议题总数为 62，占比 20%。① 由此可知，澎湃新闻在数据新闻报道中坚持了客观平衡和公正全面的报道立场。这也体现了澎湃新闻坚持客观中立的态度，不夸大成绩，不掩盖问题的报道风格。特别是在国内报道中，澎湃新闻始终坚持对照原则，通过数据分析来揭示国内与国际之间的差距，并说明国内的优势所在。在灾难性报道方面，澎湃新闻习惯用时间轴的方式对事件的发展变化情况进行可视化展示，利用真实的数据直观地传达受灾情况，同时明确标注数据来源以供查证。在文本叙述方面，澎湃新闻也兼听各方的声音，展示不同主体的态度，不偏离客观平衡和公正全面的立场。

(三) 数据新闻生产的意识

1. 内容与受众的关联意识

在时效性方面，数据新闻并不占优势，但在“接近性”方面，数据新闻能做到极致。因为数据新闻极为重视内容与受众的关联意识。这种意识不是偶然的，而是由数据新闻固有的特质，以及特定的生产周期决定的。数据新闻借助数据、图表，引导受众思考、理解宏观层面的新闻事件与个人之间的关联，凭借自身可视化、要点突出等特性，容易形成良好的互动交流机制，在二次传播或“再创作”过程中使新闻与个人间的关联得到强化。② 从本质上来说，数据新闻属于多次性的知识消费，而不是一次性的信息消费。数据新闻将大众传播媒体推向了知识生产和传播的前台，使大众传播媒体具有了生产信息和知识的能力，在信息转化为知识以后，作为消费者的受众对内容的使用也会产生变化，他们不只是在“看新闻”，更是在“用新闻”。在对海量的数据进行挖掘、统计和分析以后，数据新闻能够更加清晰和生动地展示新闻事件的发展脉络与趋势。利用可视化的方式呈现新闻，广大受众能够更直观地了解特定的事件和自身的关联性所在。

强调内容与受众的关联意识，并不是说数据新闻只能报道本地新闻，跨区域的新闻也能体现出内容与受众之间的强关联性。数据新闻要能够以开放的方式开展报道，思考受众的特定需求，让他们能够在新闻故事中找到自己。一般来说，数据新闻报道包含近景和远景两个层面。其中，近景可以展示人们所在地的故事；远景可以展示全局的故事，让人们了解故事的主题，其往往是全国范围的。从宏观层面来说，数据新闻可以让受众在了解远景之后，进入近景之中，在对周边的情况进行搜

---

① 李曼．《澎湃新闻》数据新闻生产理念及特征研究［D］．烟台：烟台大学，2020：24.

② 戴世富，韩晓丹．增值与“异化”：数据新闻范式中的新闻价值思考［J］．传媒观察，2015（3）：43.

索后，在远景中找到自己的位置，将自己与全国范围内的新闻事件紧密地联系起来。

2. 用数据讲故事的叙事意识

数据新闻并不是简单地将数据呈现给读者，而是通过讲故事的方式将数据融入新闻报道之中。数据只是故事的一部分，起到特定的叙事作用。与传统新闻相比，数据新闻会想方设法突出数据在新闻报道中的叙事功能。从这个层面来说，数据新闻是将数据和故事相结合的一种新闻形式，通过叙事的方式使读者更容易理解和记住信息。由此可知，数据的价值在于让新闻报道更好地解释宏观层面的问题，采用多样化的叙事方法来让受众更好地解读新闻故事。

要想有效地发挥数据的叙事功能，就需要有效地做好数据收集、处理、分析和呈现等工作，以多元化的叙事手段吸引受众，提升数据新闻的交互性。

3. 数据可视化呈现的受众体验意识

数据可视化是一种有效的沟通工具，能够帮助读者更好地理解数据背后的故事，并从中获得洞察和启发。数据新闻的核心是利用数据和相关故事来传递信息，而这必然要运用到数据可视化手段。

数据可视化的目的不仅仅是吸引广大受众的注意力，还是为数据新闻的叙事服务。数据与可视化的结合不仅能够使枯燥的数据变得有趣，满足受众对“懒阅读”和“趣阅读”的需求，还能够提升数据新闻的传播效果。通过数据可视化，数据新闻可以更好地传递信息，启发受众的思考，并促进受众对数据的理解和参与。在提及数据可视化这一问题时，《数据可视化之美》提出了可视化的几点要求，包括“新颖”“充实”“高效”和“美感”四个方面。[①] 其中，“新颖”代表着以全新的视角来对数据展开观察，或者通过独特的风格来激发广大受众的兴趣，从而加深他们对信息的理解；“充实”则意味着，数据新闻的成功与否，需要由其信息传播能力来体现，它在可视化设计方面发挥着积极的作用；“高效”要求可视化设计简洁和清晰，不包含与主题无关的东西；“美感”则要求可视化设计与受众的审美要求相符合。

数据可视化要以满足受众的个性化需求为目标，要致力于提升受众的体验感。为了达到这个目的，数据新闻生产者需要从两个维度来考虑数据可视化的体验感问题，这两个维度就是内容维度和形式维度。内容维度指的是数据可视化所呈现的具体信息和故事。设计者需要选择合适的数据和故事来呈现，以满足受众的需求和兴趣。形式维度指的是可视化的设计风格及表现形式等。例如，在生产历时数据的数据新闻时，可以使用时间线来呈现；在生产共时数据的数据新闻时，可以使用地图的方式来呈现，并运用对比强烈的色彩来凸显；在生产数据比较的数据新闻时，可以采用面积图表的方式来表示；如果想要营造数据新闻的现场感，则可以使用沉浸式地图的方式来表达。

数据可视化应该真实地反映数据的含义，同时要考虑到不同受众的特殊需求和视觉差异。这样做可以让受众更加客观和全面地理解数据的意义，避免产生错误的

① 斯蒂尔等．数据可视化之美［M］．祝洪凯，李妹芳，译．北京：机械工业出版社，2011：7－8.

解读。

4. 数据使用的批判意识

数据新闻工作者要对数据持批判态度，从数据获取到数据处理再到数据阐释，都需要审慎对待。数据并非原始存在，而是根据个人倾向和价值观构建出来的。数据分析结果看似客观公正，实际上也受到新闻价值选择的影响。通过诚实的推理过程，我们可以更好地理解数据的含义。因此，数据新闻工作者要确保他们所报道的数据新闻具有准确性和可信度。在数据的海洋中，我们探索真实的可能性，却可能发现了多个真相，甚至遭遇全然错误的迷雾。正如张超和钟新所言，数据样本是否足以代表整体，数据算法是否足以体现与现实的关联，对数据的解读是否尽可能抛弃了主观性，直接决定着数据的客观性、可信性。① 在数据新闻生产中，数据的可信度不高、实验方法有缺陷，都会让新闻事件的真相被扭曲。当然，利用可信度高的数据展开严谨的推导，也不意味着结论一定是真实的。如果发现数据中存在异常值，那么数据新闻工作者应该及时结合相应的社会背景来考察，而不是以数据来论数据。由于数据只有在特定的社会情境中才会显示出自身的意义，因此数据新闻工作者应该向数据采集部门了解相关数据的采集和处理情况，以防止误读现象的发生。例如，在《“据”说春运》中，记者将分析后的数据套在现实中，结论的可信度受到质疑，原因在于记者可能带入了太多随意和武断的推论。②在数据处理中，数据新闻工作者往往致力于寻找数据中的相关关系，但相关关系与因果关系有着显著的区别，倘若将二者混为一谈，数据新闻的结论就值得怀疑。

5. 数据开发的增值意识

在新媒体占据主导地位的今天，传统媒体不得不重新审视自己的地位。过去，传统媒体以“内容为王”为信条，现在却不得不承认传播渠道的重要性。在传统媒体的黄金时期，它们对渠道有着较大的掌控权，没有意识到渠道的价值。然而，在新媒体时代，传统媒体对渠道的控制权已经大大削弱，甚至不复存在。这就要求传统媒体跳出“酒香不怕巷子深”“只做内容”的思维模式，积极拥抱新媒体，坚定不移地走媒体融合的道路，使自己在数据新闻时代发挥独特的作用。

数据新闻具有天然的优势，因为受众愿意花更多的时间来消费数据新闻。然而，随着媒体格局和竞争模式的变化，数据新闻需要跳出传统的盈利困境，不再仅仅依靠“二次售卖”来盈利，而是要大力借鉴新媒体时代的运营策略，将重点放在提供服务上，不仅销售产品，更销售服务，利用新媒体技术将自己打造成数据中心，借助数据这一核心资源来持续拓展和完善自身的增值链。事实上，利用数据盈利的方式早已存在，只是在以前，相关的从业门槛较高。在从业门槛降低的今天，数据新闻要积极抓住这一机遇。

一句话，数据新闻是一种全新的新闻报道方式，大众传播媒体需要以创新的思维来运营数据新闻，让新闻业进入一个以内容和视觉创意为核心，以技术创新为动力的全新模式，从而推动新闻业的蓬勃发展。

---

① 张超，钟新．新闻业应用大数据：展望、误区与对策［J］．中州学刊，2015（6）：171.

② 陈力丹，李熠祺，娜佳．大数据与新闻报道［J］．新闻记者，2015（2）：54.

四、数据新闻生产的流程

（一）数据新闻生产的环节

数据新闻生产的环节可以分为五个基本部分：一是选题；二是获取、分析和呈现数据；三是算法；四是可视化；五是新闻报道。下面着重介绍前两个部分。

1. 选题

选取一个合适的主题是数据新闻生产的第一步。在选择数据新闻主题时，需要重点考虑两个因素：一是选题是否具有新闻价值；二是相关的选题是否适合以数据新闻的形式来报道。由于数据的采集和处理需要花费大量的时间，因而与传统新闻相比，数据新闻不具备时效性优势，在开展选题策划工作时，要考虑报道对象的时效性要求，选取那些时效性要求相对较低的主题。数据新闻的主要目标是揭示数据背后的相关关系，常常是对已有的数据展开挖掘和分析，因而比较注重新闻事件的显著性价值，以凸显新闻的社会意义。此外，在选题时，数据新闻还要关注接近性这一价值，以提升选题与受众的关联度。

在报道方面，数据新闻报道的独特之处在于通过可视化技术将数据之间的相互关系展示出来。这种展示方式可以包含多种文本形态，通过生动形象的手法揭示数据之间的关系，为新闻报道增添光彩。

2. 获取、分析和呈现数据

尽管不少大众传播媒体经常推出一些引人注目的数据新闻，但总体来说，对于如何生产出优秀的数据新闻作品，国内乃至国外的大众传播媒体依然处于不断探索之中。而优秀的数据新闻作品，是要让数据讲故事。以《“傻瓜”的艺术品市场》这篇获得 2013 年“数据新闻奖”的作品为例来展开分析。该作品由法国记者让·阿比亚特西创作，他以数据为驱动，精心讲述艺术品市场的运作状况，力求让“傻瓜”都能轻松理解。在这篇报道中，让·阿比亚特西既没有采访相关行业的专家，也没用引语，而是让 320 件（时间跨度为 2008—2012 年）拍卖价格最高的艺术品自己讲述故事，利用可视化的方式来呈现数据，充分展示了数据新闻客观、精准和清晰的优势，使一个与艺术品市场相关的主题故事跃然纸上。

（1）获取数据。

虽然对数据新闻来说，大数据并不是必要条件。有些数据新闻没有使用大数据，但依然获得了不小的成果。如《“傻瓜”的艺术品市场》所使用的数据并不多，从作者公布的数据来看，最大的表格只有 12 列 320 行，整个文档仅有 30K。但不能否认的是，数量庞大的数据对新闻生产有着巨大的价值。如《卫报》的“解读骚乱”，就对 260 万人展开了深入的分析。这些以大数据为依托的案例，往往能揭示出让人难以想象的真相。获取数据的方法有很多种，如在线调查、政府及企业等机构和单位公布的数据、各种新闻报道、行业报告以及各类数据库等。

（2）分析数据。

从数据到新闻，需要通过数据分析的方法来挖掘新闻事件的意义，发现隐藏于其中的故事。众多优秀的数据新闻作品告诉我们，不要同时开展数据分析和图形设计工作，而是要先根据数据构建新闻故事，然后再考虑如何准确、生动、直观地呈现新闻故事的问题。

那么，故事从何而来呢？在面对大量数据时，可以从以下几个方面来思考故事的提炼和建构问题：第一，假设检验。在建构故事之前，新闻工作者的头脑中往往已经有了诸多的假设和预想。新闻工作者一方面要去除偏见，避免对数据的误读；另一方面要注重灵感，由假设出发，科学验证真假。第二，关注异常值。异常值既包括最大值、最小值等极端情况，也包括肉眼难以发现的数值及项目。在财务审计中，工作人员注重从异常值中发现问题，而这也适用于数据新闻的生产过程。第三，进行对比。如果数据是孤立的，那么它很难具备价值，只有存在着各种各样的逻辑关系，数据才会产生社会意义，也才能得出有价值的结论。第四，趋势分析。利用这一方法，可以沿着时间轴来探索新闻事件的变化趋势。

(3) 呈现数据。

可视化是数据新闻的独特表达方式。将信息以图形化和有序化的形式呈现出来，能够让数据新闻直观地揭示问题的核心。在可视化技术迅猛发展的今天，数据新闻可以选择多种形式进行展示，如地图、散点图、流程图、网络图以及时间轴等。如在《“傻瓜”的艺术品市场》中的“毕加索：超级巨星”部分，让·阿比亚特西通过简单的筛选视图，展现了50位（时间跨度从2008年至2012年）拍品总价最高的艺术家。他用横轴表示年份，将流派作为标签来筛选艺术家，受众只要点击相应的区域，就能获知艺术家的流派、姓名、拍卖排名、代表性艺术作品的缩略图和拍卖价格等信息。

(二) 数据新闻生产流程的重塑

数字人文是一种研究范式，涉及数据处理、分析、可视化、VR/AR及机器学习等多个领域。在数据新闻时代，数字人文将从选题、数据采集、数据分析、数据可视化四个方面重塑新闻生产的流程。

1. 从“跑”新闻到“数据收集与分析”

在传统新闻生产时期，新闻记者凭借自身的新闻敏感性和所掌握的新闻源，基于个人的价值判断采集和加工新闻信息，并形成报道作品，这是一种线性的新闻生产模式。而在大数据时代，新闻记者能够利用各种数据挖掘技术，从浩如烟海的数据中找到富含价值的信息，并采用数据新闻特有的表达方式，生产数据化新闻作品。在这种情况下，新闻的生产流程也发生了变化，由“跑”新闻转变为“数据收集与分析”。就目前来说，新闻工作者可以通过以下四种渠道来收集数据。

(1) 政府机构公开的数据。

近年来，全球范围内掀起了一股“数据开放运动”浪潮，使诸多原本被封闭的数据得以公之于众。在美国，奥巴马于2009年签署了《开放透明政府备忘录》，决定开放包括商业、金融、能源、农业以及气候等多个领域在内的数据库。中国也于2015年发布了《促进大数据发展行动纲要》，这是我国数据开放工作不断迈向国际化的标志性文件。对新华网、财新网以及新浪网的数据新闻栏目进行分析后发现，这些网站的很多数据新闻所选用的数据素材，都来自政府机构，如教育部、国家统计局、国家发展改革委及国家卫生健康委等公开的数据，这说明我国政府机构都有了数据开放的意识。一般来说，政府机构公布的数据，具有可信度高、准确和便于利用等优势，因此政府机构成为最受欢迎的数据来源。我国要致力于构建开放共享的媒体生态系统，使大众传播媒体拥有丰富的数据资源，推动数据新闻的蓬勃发展。

（2）企业数据开放平台。

除政府机构公布的数据外，数量庞大的互联网企业所公布的数据，也成为数据新闻生产的重要数据资源。如财新网的《一张图揭示区域间发展不均衡》这篇数据新闻，其数据就来自“万得资讯”。作为中国领先的金融数据服务企业，“万得资讯”的客户包括诸多权威的监管机构和大量知名的金融学术研究机构，其数据也经常被中英文媒体、学术论文及研究报告所引用。

随着互联网企业的数量不断增加和实力不断增强，大众传播媒体将会从互联网企业获得更多有价值的数据，进而赋能自身的数据新闻生产。

（3）网络搜索产生的海量数据。

在互联网时代，任何人都可以利用网络搜索来获取各种信息。而无论是利用哪一种搜索引擎或社交媒体来搜索信息，用户都会自行在头脑中生成数据产品。各种数据产品汇集在一起，就形成了充满巨大能量的数据洪流。由此可知，在互联网时代，每个人都能贡献数据资源，因而今天的网络数据正在以指数级的速度增长。通过挖掘和追踪热门话题，新闻工作者可以较好地描绘数据背后的精彩故事。不过，在信息搜索和生产中，社会大众要注意保护自己的隐私。

（4）调查采集的数据。

调查问卷已成为最常用的数据采集手段，它以问题的形式来记录调查内容。随着网络的普及，人们更多地采用网络调查问卷的形式来进行调查，如利用问卷星等平台来开展调查。网络调查问卷的发布、填写比较方便，数据统计也比较容易。当上述三种数据采集方式难以奏效或者调查对象具有强烈针对性时，调查问卷便成为首选的数据采集方式。同时，采用专业性的社会科学研究方法对所采集到的数据进行处理和分析，会让新闻报道更加严谨、更为深刻。

可以预见，在互联网与人们的生产和生活的结合越来越紧密的情况下，所有信息都可以被量化。随着我国数据开放意识的不断提升，大众传播媒体将能够更为轻松地获取数据。毫无疑问，这会让数据新闻生产更具活力。

2. 从“数字化”到“数据化”

互联网的诞生，为数据新闻生产提供了更多的资源。然而，现有的数字化文本，通常是利用计算机扫描等技术将文本转换为适合在互联网平台上展示的格式。由于某些格式的限制，诸多数据无法被有效地检索，因此数据新闻生产缺乏足够的数据。在数字人文范式下，新闻生产强调将文本从简单的“数字化”转变为更复杂的“数据化”，这需要利用计算机对原始数字化文本进行二次编码，将文本拆解并进行系统性的归纳和整理，使文本从非结构化向结构化转变。经过结构化处理的文本，就带有数据化的特征，可以被自由和完整地检索，文本资源被充分激活，有利于数据新闻生产。

3. 从“单打独斗”到“合作共赢”

根据第53次《中国互联网络发展状况统计报告》，截至2023年12月，我国网民数量已经达到10.92亿，其中手机网民占比达到99.9%。在互联网时代，大量的数据是网民贡献的。然而，这些数据一般掌握在各互联网平台的手中，这让数据新闻生产面临了较大的困境，在原始数据采集阶段就遇到了阻碍。因为各互联网平台开放的数据源非常有限，有些数据即使开放了，大众传播媒体也往往采集不到全部有效的数据。

数字人文既强调高效的计算能力下的人文交流，又强调不同学科和机构间开展合作。通过与数据提供方的合作，大众传播媒体能够获得更多的数据。一方面，利用人工智能技术采集合作方的数据，大众传播媒体能够在获得大量数据的基础上构建自己的数据库。这种方法可以在更大的程度上解放记者，使他们不再被烦琐的前期数据收集工作困扰，而能够将更多的精力投入数据分析环节，从而生产出高质量的数据新闻产品。另一方面，大众传播媒体可以直接利用平台开放的元数据来开展新闻生产活动，并对数据进行专业化的把关，为数据提供方提供数据运营建议，从而优化数据资源。

4. 从“粗略工具”到“细分工具”

数据新闻生产非常重视数据处理的严谨性及准确性，一旦数据收集完成，数据新闻生产者就要及时开展数据“清洗”工作，以剔除各种无效数据。利用相应的数据挖掘和分析工具，数据新闻生产者能够在数据清洗阶段实现高效地审核数据的目标。水平较高的工具，能够让数据新闻生产者根据自身的需求生成信息。但执行有时会有偏差，数据分析会因此出现不科学的情况。

因此，在开展数据新闻生产活动时，数据新闻生产者应该依照不同的新闻主题、策划和数据的收集情况，对算法的实际构成进行有效的调整，保证顺利地完成数据处理工作。

5. 从单一手段到多元可视化呈现

与传统新闻相比，数据新闻的优势在于其信息呈现方式的多样性和立体化，摆脱了扁平化的枯燥困境。通过多元的交互模式，数据新闻作品能够充分调动视听觉和触觉等感官，提升受众的参与感和体验感。然而，多元可视化的数据新闻产品在国内并不多见。在数字人文范式下，可视化呈现能够提升新闻产品的交互性。通过VR、AR等技术，能够增强数据新闻产品与受众之间的互动效果。此外，数据新闻还可以推出定制化的交互形式，从而提升数据新闻报道的可读性，并激发数据新闻生产者的创新活力。

6. 从流水线生产到协同式生产

在数据新闻生产中，与传统新闻相比，不同主体之间的合作方式及权力关系均发生了显著的变化。在传统新闻时期，新闻的生产流程是线性的，即按照一定的顺序开展新闻生产活动。而数据新闻生产是一种开放式的、协同式的模式，各生产主体密切沟通、同步作业，并不断地优化数据新闻产品。因而产品思维更受数据新闻生产中各主体的重视，他们不只对产品生产中的某个环节负责，还在把握整个产品生产流程的基础上开展生产活动。

数据新闻时期的产品思维影响了所有的新闻工作者，他们在诸多环节进行协作，以充分挖掘新闻报道的价值。由此可知，在重塑新闻生产流程的同时，数据新闻也创造了全新的生产方式。

7. 从生产内容到生产产品

数据新闻生产既注重内容，也注重形式，强调对新闻内容进行包装和完善，使新闻业跨过了内容生产阶段，来到了产品生产阶段。采用不同的手段来处理内容资源，会催生出不同的数据新闻产品。采用全新的手段来呈现新闻内容，能够让受众更好地理解新闻事件，因而内容与形式并重，应该成为数据新闻生产的重要理念。

除重视产品形式外，数据新闻生产还追求产品的长尾价值。在传统新闻时期，时效性是一个极为重要的考量因素。而数据新闻产品注重的是服务价值，时效性的影响相对较小。当与某个主题相关的事件再次发生时，受众会再次消费相关的新闻产品，并在消费中发现新的东西。因此，不少数据新闻产品能够成为循环新闻产品，产生长尾效应。不像传统的新闻产品极为看重短期的流量，数据新闻产品能够保持长久的流量效应。

五、数据新闻生产的机制和创意手段

（一）数据新闻生产的机制

不管通过什么样的平台来传播，无论利用什么样的形式来呈现，数据新闻都是通过特定的数据结构来传达信息的。在兴起初期，数据新闻就利用可视化手段，将信息隐藏于各类图表之中，让数据来讲述新闻故事。这也对新闻的生产机制产生了较大的影响。

1. 主题的设置议程紧跟热点

虽然数据新闻对时效性的要求不高，但其选题紧跟热点，即围绕热点来设置议程。以知名的数据新闻生产栏目网易“数读”为例，为了紧跟热点来报道新闻，网易“数读”设立了七个报道领域，即国际、经济、政治、民生、社会、环境和其他。虽然在栏目开办的初期，网易“数读”的数据新闻与社会热点的结合不是很紧密，但随着社会大众对热点事件关注度的提升，网易“数读”在近年来越来越重视紧跟热点来开展新闻报道。

【案例】

作品名称：《千年一遇的郑州暴雨，到底有多大?》

作品类型：数据新闻

制作机构：网易“数读”

作品简介：在2021年郑州遭遇“7·20”暴雨后，网易“数读”及时推出了此篇数据新闻，引发了极大的反响，网民的互动成为看点。生产者紧跟热点生产新闻，并通过可视化的方式将其呈现给受众（见图5-3），这种方式不仅让信息更加直观易懂，还激发了受众的参与热情，优化了媒体与受众的沟通效果。

《千年一遇的郑州暴雨，到底有多大?》

图5-3　数据新闻《千年一遇的郑州暴雨，到底有多大?》作品截图

2. 文本注重视听融合

传播文本是构成媒介环境的重要部分，数据新闻的传播符号包括文字、图片、音频、视频、动画及游戏等，类型可谓极为多样。为了能够更好地传播信息，网易"数读"开设了文章和视频专栏，并与中国移动合作，将发布在公众号上的新闻以视频的形式呈现出来，运用视觉隐喻来丰富叙事，使纯文本的不足得以弥补，让受众沉浸于其中，产生了情感共鸣的效果。然而，形式是为内容服务的，在数据新闻生产中，数据的可靠性始终是极为重要的。视听融合的文本，需要以客观、权威的数据为基础。

3. 着力增强社交性

有道是"无社交，不新闻"。在新媒体时代，新闻的社交性显得无比重要。为了增强数据新闻的社交性，许多大众传播媒体纷纷在官网上开设数据新闻专栏，并将数据新闻延伸到微博、微信公众号等新媒体空间中，编织全媒体传播网络。

众所周知，与之前的媒体相比，新兴媒体的传播手段会更加丰富，其信息传播的清晰度也会更高。同时，信息传播过程中的互动性也会提升。作为一种全新的新闻报道方式，数据新闻要加强自身的社交性，以此增加受众的黏性，获得更多的流量。

4. 意义传播致力于强化视觉修辞

传播是一个复杂的过程，涉及对符号的编码和解码，以传递符号的意义。传播的意义由三个方面构成：一是传播者想通过符号发送的意义，二是符号本身的文本意义，三是受众对符号意义的解释。受众通过解码获得的传播意义，不仅取决于传播者的主观编码和符号的本体意义，还受到受众主观解释的影响。

在数据新闻生产中，通过图像等可视化手段，可将符号的意义以动态的形式表现出来，催生新的文化意象，意义传播的视觉修辞倾向极为明显。

(二) 数据新闻生产的创意手段

1. 数据叠加分析

数据叠加分析是大数据时代的一项重要技术，它能够将多个数据集的总和重组在一起，使数据释放出更大的潜在价值。对数据进行综合性分析，可以发现隐藏在数据背后的规律和趋势，为相关的决策提供更准确、更全面的依据。

数据新闻具有大数据的基因，采用数据叠加分析技术对与新闻事件相关的数据展开分析，让各种相关关系交叉复现，能够发现令人意外的事实，使新闻更有动感，更具预测能力。

2. 多感官传递信息

数据新闻善于运用多种感官刺激，如视觉、听觉、触觉等来吸引受众的注意力和兴趣。多感官传递信息的优势在于能够更好地激发人们的兴趣和情感，使信息更加生动和易于理解。通过结合不同的媒体形式，信息可以被更全面地呈现给受众，从而提高信息的传递效果和影响力。然而，多感官传递信息也面临着一些挑战。首先，不同感官的刺激可能会产生干扰，使信息传递变得混乱和不清晰。其次，多感官传递信息需要更多的技术和资源支持，这增加了数据新闻生产和传播的成本。最后，不同受众对感官刺激的接受能力和喜好也存在差异，大众传播媒体需要针对不同受众进行个性化的信息传递。

3. 以报告形式呈现数据

通过数据报告的形式来报道新闻，受众可以更直观地了解新闻事件的现状，更好地理解相关的新闻故事，更容易与作品中的情感和故事产生共鸣。数据报告的形式在新闻中的应用越来越广泛。同时，数据报告也能够帮助受众更快地获取信息，大大节省了他们的时间和精力。

六、数据新闻生产的困境及规范

（一）数据新闻生产的困境

当前，国内并未形成成熟的数据新闻生产的实践框架，也尚未建立起一套相对完整和全面，且针对性较强的新闻生产规范。在新闻价值和数据张力的冲突日渐明显，以及技术掌握水平不高的情况下，数据新闻生产者很难找到突破口，这在一定程度上使数据新闻的生产和传播实践陷入了困境，相关的规范体系也无从谈起。客观地说，数据新闻起源于西方，与其特定的媒介和社会系统相适应。为了推动摆脱传统报道让受众流失的困境，中国的大众传播媒体引入了西方的数据新闻报道手段，但在实践框架上，中国必须紧密结合自身的社会背景和媒介的功能来搭建，以彻底摆脱中国数据新闻生产的困境。

1. 媒介传统与新闻创新脱节的人才困境

数据新闻生产涉及多个相关学科，需要运用调查性报道、数据统计学和分析、图形设计乃至编程等多种知识。然而，我国的新闻工作者大多是文科出身，他们主要依靠文字思维和沟通能力来完成新闻报道，即使做调查性报道也是如此，顶多会设计一些简单的图表，再厉害一点的，就是掌握一些社会科学研究方法。因此，大众传播媒体尤其是传统媒体中的新闻工作者，均对数据新闻的技术要求感到无所适从。实事求是地说，这种技术焦虑的现象在数据新闻生产中普遍存在。技术水平的偏低，让原本应该专注于内容创作的新闻工作者不得不同时考虑技术难题和技术门槛等问题，这大大延缓了数据新闻生产的速度。

由此可知，以人文社会学科为主的生产团队，与技术创新色彩尤为浓厚的数据新闻无法很好地适配和兼容。除澎湃新闻及财新网等少数媒体具备一定的技术能力外，大部分传统媒体的新闻工作者只是知道这一技巧，但在技术方面几乎无能为力。当然，人才匮乏不只是传统媒体面临的困境，很多互联网门户网站也是如此。这主要是因为门户网站的人才大多是在纸媒受到冲击时从纸媒转过来的。这些人依然被传统媒体的运营思维束缚，不愿意转型为数据新闻记者，故而很难在新兴的数据新闻领域崭露头角。

人才短板限制了技术对新闻报道的赋能，虽然大众传播媒体都在争相实践，但在技术水平上的差距越拉越大。大数据、人工智能等技术向新闻传播领域的拓展，不仅要求新闻工作者能够摆脱碎片化的内容生产方式，也冲击着媒体的组织架构和工作流程。对于这种变化，大众传播媒体也在积极思考应对策略。第一种应对策略是积极建立数据新闻生产团队，并致力于虚拟实验室建设。对初创的栏目或中小媒体来说，这种方式非常适合，因为它们可以轻装上阵，且所花的成本也比较低。第二种应对策略是加强与高校或企业之间的合作，共建数据新闻生产团队，或者购买新闻产品。虽然一时可能看不到进展，但随着时间的推移，这种合作方式将会带来更多的机会和发展。

2. 新闻价值判断逻辑突破与重构的阵痛

在数据新闻时代，数据已成为新闻的一种要素（新闻报道的直接对象是数据，新闻报道离不开数据的呈现和数据要素的支持）。不过与何时、何地、何事、何因、何人、结果、有意义、场景、个性化、交互性等要素相比，数据这种要素不易被感知。当然，我们不能过于强调数据的价值，否则就容易陷入"唯数据论"的怪圈，即既要看到数据的必要性和重要性，也要思考数据的合宜性，对数据这种要素要持理性的态度。从新闻价值方面来说，数据新闻除具备传统新闻的五要素以外，还具备关联性、场景性等价值要素。

由于数据新闻有着更多的要素，因而在开展报道活动时，不能完全拘泥于传统媒体时期的报道模式，而是要在传承传统新闻价值的基础上，大胆凸显数据新闻特有的价值。这就意味着，在数据新闻时代，"新闻"这一概念正在被分解和重构。陆定一对"新闻是新近发生的事实的报道"的概括深刻影响着新闻界对新闻选题的价值判断。其中，"新"和"近"从时间和空间两个维度对选题做了框定，"发生"对新闻事件的状态进行了限制，"事实"则对新闻报道对象的真实性提出了要求。数据新闻要求搜集到足够多的数据，最好是全时段、全样本的数据，传统新闻时期的时空概念被颠覆，新闻的深度和广度均得以拓展。数据新闻的关联性价值，也使新闻的动态化内涵得以不断丰富，新闻不只是对新近发生的事实的报道，还要有对相关关系的发现。在很长一段时间内，很多极具价值的选题，因为时效性不强而被抛弃。而在数据新闻时代，它们被纳入了新闻生产的流水线之中，并发挥了预测和启发思考的作用，使新闻业的社会价值得以延伸。在新闻事实方面，数据新闻坚持从"真实"和"实事"两个方面予以推进，让数据在对现实高度概括的基础上，打破了"事实"对新闻主体的限制。

比较尴尬的是，虽然数据新闻对之前的新闻价值进行了分解和重构，但在我国的数据新闻生产中，没有与之相适应的实践话语体系。理念与实践的脱节，使数据新闻的生产和传播面临着价值选择的巨大困境，数据新闻正经历着变革阵痛。在西方，开源文化的不断普及和各种技术的普遍应用，为数据新闻的创新尝试提供了较为扎实的基础。反观国内，很多媒体尚处于对数据技术的迷思之中，数据新闻实践整体效果不佳。在国内，数据新闻的创新涉及两个方面：一是新闻形式的创新，包括人性化及可视化的融入。二是内容创新。国内媒体对数据新闻的实践，主要体现在可视化方面，而在报道内容上，其很难从浩如烟海的数据中找到有价值的报道内容。这就需要强化数据挖掘和分析等工作，真正推出有价值的内容。

由于实践话语体系的缺失，我国的数据新闻正在经历一个转变——由喧闹转入沉寂。这个转变或许能为新闻界提供理性审视数据新闻的契机，并在更优的框架内进行实践。这可以被视为一个"螺旋式上升"的过程。从这个意义上来说，数据新闻"遇冷"后，会转入"深化期"。实事求是地说，早在 2016 年，数据新闻的概念就基本已经在我国普及，且进入了实际应用阶段。当前，新闻界和社会大众对数据新闻的了解正不断加深，其正朝着更专业、更务实的方向迈进。这意味着，我国并不是不需要数据新闻，相反，它是我国新闻业的标配。今天，我们已经迈过了思考数据新闻的内涵和发展前景的阶段，进入了实际操作阶段。同时，数据新闻团队的组建，更优秀的数据新闻作品的不断推出，社会大众对数据新闻的需求也越来越大，这为数据新闻的发展提供了更多的机会。

3. 数据生产与需求出现结构性错位的假象

提到数据新闻，就不得不对数据展开探讨。在数据新闻生产中，数据的采集、过滤和分析占据了绝大部分时间。而从新闻的真实性、客观性方面来说，数据的采集无疑是最重要的，也是特别困难的。可以说，目前新闻业的数据采集和生产尚无法满足社会大众的数据需求。这种错位现象使数据新闻生产面临着诸多挑战。而要解决这一问题，不能单独依靠大众传播媒体的力量，因为相关部门和单位的数据开放程度，直接影响着大众传播媒体的数据新闻生产状况。要想发挥数据的功效，就要满足数据可供利用和可被利用这两个条件。最理想的状态是政府机关、企事业单位、社会组织及团体，乃至个人所拥有的不涉密数据，都能够最大限度地按照统一的格式被公开。然而，在现实生活中，大众传播媒体却往往面临着可供选择和利用的数据较少、数据整体的可信度和权威性不高以及结构性较差等一系列难题，绝大部分媒体都主要依赖政府机构公开的数据来开展数据新闻生产活动。毋庸置疑，要跟上数据新闻发展的步伐，我国的数据开放程度还需要大幅度提高。由此可知，我国数据新闻的发展受到了本土化情境的限制——数据保护意识较强和数据垄断性较为明显，数据新闻突围面临着巨大的挑战。

此外，新闻工作者对数据的理解也存在局限性。第一，优秀的记者会最大限度地利用有效的信息源以及各种可行的工具，对数据进行采集、核实和分析，这本身就是新闻工作的基本要求，没有必要在数据新闻中特别强调。第二，数据新闻的生产过程极为复杂，要求来自多个学科、多个领域的人协同生产。而在整个生产流程中，数据都扮演着极其重要的角色，并不局限在数据采集环节。但很多生产者依然严重依赖本地数据库，被戏称为“超级本地新闻报道”。第三，很多人认为，传统媒体尤其是报纸，不适合做数据新闻，因为其纸质形态与对数字技术要求颇高的数据新闻格格不入。实际上，这种观念是站不住脚的，因为数据包含着两种类型，即结构化数据和非结构化数据。其中，结构化数据被存储在各类数据之中，具有特定的物理结构和逻辑结构。而除结构化数据以外的以文本形式存在的数据，都属于非结构化数据，其来源更为广泛且获取更为容易。毫无疑问，传统媒体在挖掘非结构化数据方面是有着较大的潜力的。第四，数据新闻并不是对已有的数据进行阐释，它也需要挖掘出更多有价值的数据。一篇数据新闻互动作品，在不断的传播和消费中，也能够如滚雪球般产生大规模的数据，生产者可以围绕其开展数据挖掘工作。因此，这类作品可被视为一个特定的数据生产基地，当然也是一个数据采集平台。也就是说，坚持对数据新闻进行开发和利用，其价值不是一条即时新闻所能比拟的。

当前，物联网的发展尤为迅速，传感器的普及程度也在不断提高，催生了传感器新闻这一更高形态的数据新闻。传感器新闻依靠各种传感器来采集数据，然后依靠现代化的数据处理技术来对数据进行处理和分析。传感器可以被看作人类感官的延伸，它们能够提供丰富的数据资源，为数据新闻的发展提供了更多的可能性。需要指出的是，采集到大量数据，并不等于能够充分利用好它们，还需要有科学的思维和相应的技术作为支撑。因此，在信息爆炸时代，数据并不稀缺，而是存在着数据生产与需求之间的结构性错位，一边是信息超载和泛滥，一边却是数据“不足”，这种悖论也在较大程度上制约着数据新闻的发展。

4. 价值理念转向中内容生产与市场需求的矛盾

目前，国外的传统媒体如《纽约时报》《卫报》等，都极为重视对数据的挖掘，力求在挖掘到足够多的数据的基础上推进新闻生产的创新。例如，《纽约时报》就采用 3D 建模的方式，对地铁中的病毒颗粒进行还原，并以动画的形式来模拟口罩阻挡病毒的情况。这无疑更能满足受众的需求。在国内，数据新闻生产极为重视形式，追求与受众的互动。虽然阅读量和转发量都创新高，但未必能够真正发挥新闻的社会功能。

数据新闻的核心在于挖掘存在于连续性数据之间的各种各样的关系，这意味着新闻的发布可能会有一定的延迟，难以实现以话题热度来吸引受众的目标。因而，深度分析数据进而找到更多的新闻价值，是极为重要的环节。只有抓住内容这个核心，再辅以可视化的形式，让内容生产符合市场需求，才能解决内容生产与市场需求不一致的问题。

5. 数据层面的开放与加密之间的矛盾突出

早在 2020 年年初，微软就提出了“开放数据运动”。其目的有二：一是缩小知识沟；二是让各类组织获得数据和技术支持。通过开放数据这一方式，不但能让各种主体分享数据，还能促进协同生产，不断提升数据的价值。

需要指出的是，在数据开放方面，如果缺乏相应的边界意识，则很可能会将不该公开的数据公开，导致个人隐私受到侵犯。在数字化生存、数字化生活已成为常态的今天，用户的信息生产、传播和消费行为能够被平台捕捉，平台利用相关的数据，从多个维度对用户进行画像。这充分说明，平台收集数据的触角已经延伸到私人领域。在数据开放中，必须对某些信息进行加密，否则就会造成较大的负面影响。但加密又会与开放发生冲突。

6. 可视化呈现中理性与感性的矛盾

数据新闻利用数据素材开展可视化创作活动，有效地减少了新闻生产中的主观性意见，使新闻的客观性得以增强。在数据新闻生产中，生产者会利用所掌握的数据，从多个层面、多个维度来为新闻事实建模，并开展交叉性叙事，让受众在消费新闻的过程中不断探索数据的相关性。同时，采取各种可视化的方式来呈现新闻，也能简化报道的篇幅。

数据新闻的生产过程，与新闻媒体的编码过程有着极大的相似之处，受众可根据个人的意义空间，对相关的信息进行解码。然而，在今天的数据新闻生产中，生产者尤为重视理性的数据分析，忽视了人文关怀这一感性层面的因素，也不重视协助受众理解新闻事件的“语境”，这极有可能会使意义传播发生偏移。从传播政治经济学的观点来看，新闻媒体掌握着数据和技术方的话语权，广大受众则处于劣势地位。这种情况极易造成传播隔阂，因为传受之间存在信息不对称的情况。

7. 内部高强度新闻常规挤压创新空间

对大众传播媒体来说，内部的创作压力远远大于外部的营收压力。尽管遭受着新兴传播技术的冲击，但数据新闻并不需要将创收作为一种职责来履行，它往往是作为媒体提升自身影响力、打造知名品牌的手段而存在的。数据新闻通过提供具有吸引力的产品来增强受众的黏性，可为媒体带来流量，从而间接创造经济利益。这说明，数据新闻的商业化逻辑尚未完全形成。数据新闻所关注的是提供服务性的新闻产品。因此，很多新闻工作者都把数据新闻视为对传统新闻的一种补充，许多媒体都不打算利用数据新闻来改变自身的新闻生产流程，替代传统新闻生产方式，而是将其视为一种有益的辅助手段。这说明，在诸多媒体内部，数据新闻生产团队尚属于一种常规化的生产力量，开展着常规性的新闻生产工作。

“补充非替代”的角色定位，要求数据新闻生产团队定期提供内容，补充媒体产品的空缺。事实上，作为一种全新的新闻报道方式，数据新闻应该得到足够的缓冲空间，让其有机会不断试水。但是，在很多媒体内部，数据新闻生产团队的工作强度较高，与传统新闻生产者的工作强度不相上下。高强度的压力，会让数据新闻生产趋于固化，进而引发诸多新闻失范问题。为了应对压力，数据新闻生产者往往倾向于依赖过去的经验来指导选题，加之没有足够的时间去挖掘和分析数据，因此新闻报道的质量不高。

（二）数据新闻生产的规范

从实现方式的角度来看，规范可以分为事实规范、法定规范以及自愿规范三种类型。数据新闻生产的规范化，并不是一个简单的问题，值得深入探讨。

1. 事实规范推动新闻实践自我优化

在市场竞争机制的作用下，事实规范应运而生。与法定规范及自愿规范相比，事实规范没有权力背书或协商一致这些说法，但被利益相关者普遍遵守。一般来说，事实规范可分为内部事实规范和外部事实规范两类：内部事实规范是指为了应对市场竞争而在内部制定的常规，媒介组织内部使用的采编规范手册是内部事实规范的制度化形式的重要依据。外部事实规范则是指基于新闻工作者的市场优势地位，通过广泛传播优秀的新闻作品而形成的示范效应。外部事实规范通过“赢者通吃”这一效应来发挥作用。

这给数据新闻生产带来的启示是：遵守内部和外部事实规范，巧妙打开市场局面，实现跨越式发展。

2. 法定规范提供技术基础和价值依循

政府或其授权机构所制定的规定，被称为法定规范，其具有强制性。法定规范包括法律法规、国家标准化管理委员会批准的新闻行业技术标准、中华全国新闻工作者协会颁布的《中国新闻工作者职业道德准则》，以及各级新闻主管部门对新闻机构和从业者提出的规范性要求等。这些法定规范能够在技术和价值两个层面解决国内数据新闻生产所面临的困难。

2019 年 12 月 15 日，中华全国新闻工作者协会发布了修订后的《中国新闻工作者职业道德准则》。这是自 1991 年 1 月公布以来的第四次修订，之前的修订分别发生在 1994 年 4 月、1997 年 1 月和 2009 年 11 月。此次修订特别增加了对新媒体工作者的要求：坚持网上网下“一个标准、一把尺子、一条底线”。新媒体工作者应该强化互联网思维，遵循媒体及行业发展规律，创新报道理念，采用多媒体传播手段，以适应个性化和分众化传播的需求。在新媒体技术的赋能下兴起的数据新闻，也必须遵循法定规范。

3. 自愿规范树立新闻创新模范标杆

利益相关者通过自愿协商程序所确认的规范，被称为自愿规范，其具有自发性的特征。这些规范对相关产业和产品有重要影响，但单个企业很难控制和实施。如新闻评奖制度，就是作为自愿规范的制度化形式而存在的，参与评奖的组织及个人都认可相关规范。社会对新闻奖项的认可，也说明组织或个人在有关的规范方面达成了共识。

作为一种新闻生产样式，数据新闻必须加强行业自律，形成自愿规范，推动新闻业的健康发展。

第二节　数据新闻的传播

今天，用户数据已成为网站的重要资源。通过挖掘用户行为数据，大众传播媒体可以揭示蕴含于个别行为中的共同规律。收集用户的兴趣爱好、使用习惯等信息，并对之进行分析，能够有效地对用户进行画像。在画像后科学设置标签，为大众传播媒体的品牌推广和信息的精准推送服务。这对数据新闻的精准传播产生了重要的启发。数据新闻应将微观叙事与宏观叙事融合在一起，让传播层次更为通畅。在新闻报道中，只有兼顾好宏观报道和微观叙事，才能使报道更加真实、更为客观。但在传统新闻报道中，宏观和微观能够在同一个作品中得以兼容是相当困难的。然而，在数据新闻领域，这一点非常容易做到。凭借其多样化的呈现手段，数据新闻能够有效地展示宏微观之间的联系和互动情况。

一、数据新闻传播中“受众-数据”的映射关系

数据新闻的传播对象极为广泛，涵盖了网络上的每一名用户。借助大数据技术，大众传播媒体可以实现定制服务，根据受众的需求进行个性化推送。这说明，通过对受众数据进行挖掘，大众传播媒体可以极为精准地对受众进行分类。例如，关注社会福利保障报道的人群主要是公务员及事业单位的员工；从性别上来说，关注数码科技类新闻的人群主要是男性，关注时尚八卦类新闻的人群主要是女性……此外，大众传播媒体还可以根据受众的受教育情况，采用特定的可视化呈现方式，将信息有效地推送到特定受众的面前。

由此可知，受众和数据这两个集合之间存在着特定的映射关系，这种映射关系对受众的信息接收有着较大的影响。尽管难以用一个特定的函数关系式将受众和数据之间的传播规律揭示出来，不过借助可视化技术，大众传播媒体可以找到一种看似简洁却较为精准的计算方法。今天，大众传播媒体可以通过全景式的监测手段，有针对性地为受众推送符合他们口味的信息。然而，长此以往，受众可能会停留在被动的信息接收层面，他们在信息接收过程中所实现的知识积累也是被动的。众所周知，受众参与互动并不是停留于物理层面，其互动的整个过程都被早已设定好的“数据大脑”控制着。因此，在虚拟空间的互动中，受众需要时刻警惕物理身份被剥离的情况，不要陷入大众传播媒体利用数据编织的“数据茧房”之中，因为很容易被持续“麻醉”，进而使自己所接收到的知识越来越偏颇，很难对世间的万事万物进行理性的思考。所以说，提升受众与受众之间的关联度，并不是要让数据起主

导作用，而是要让受众有效利用各种数据来更好地认识和改造世界。

二、数据新闻传播的路径

（一）双向低反馈传播

双向低反馈传播的优势在于其具备一种探索性质。大众传播媒体先建立相应的媒体网站，在吸引和积累了一定数量的受众后将数据新闻发布在网站上。通过这种方式，不仅可以引起原有受众的关注，还能够吸引更多的目标受众，为将来的互动和交流打下坚实的基础。在数据新闻板块的下方，通常会设置评论区，受众可以通过评论区发表自己的看法和观点。大众传播媒体可以认真采集、整理受众的观点和态度，并有针对性地制定方案，以更好地推进传受双方的互动。这种双向反馈的传播路径在拓展数据新闻的阅读价值的同时，还能提升网站的关注度，有助于大众传播媒体不断地优化自身的传播理念与模式。

当然，双向低反馈传播路径也存在一些漏洞。比如说，尽管受众可以在网站上获取相应的数据新闻，但要对新闻的客观性、真实性和可靠性进行判断，确实是一件很难的事情。此外，在受众发布的浩如烟海的观点中，很难找到真正有价值的内容，这无疑会影响双向反馈的价值。因此，在使用这种传播路径时，除了要清楚目标受众的兴趣爱好，还要掌握双向反馈的标准，同时还要让数据新闻具备可读性、可推广性，以满足广大受众的实际需求，从而提高双向低反馈传播这一传播路径的价值。

（二）多向交互式传播

与双向低反馈传播路径一样，多向交互式传播路径也与数据新闻传播中的互动有很大的关联。但从元数据的采集、整理方面来说，二者的差别比较明显：第一，在多向交互式传播路径中，数据新闻往往以应用的形式出现。与图表类数据新闻相比，这一路径下的数据新闻具有更强的互动性，传播效果也更好。同时，在多向交互式传播的支持下，大众传播媒体与受众之间能够以数据新闻的核心价值为基点来实现更有效的互动。第二，在受众的积极参与下，大众传播媒体能够搜集到由受众提供的海量基础数据，通过对这些数据的挖掘和分析，找到大量有价值的内容，从而减少由于数据信息与新闻的匹配度较低而引发的新闻失实问题。在多向交互式传播的加持下，受众对数据新闻的认可度会不断提升。同时，受众也能够提供高质量的信息来对新闻的真实性进行验证，从而为不断优化新闻内容提供有利条件。第三，多向交互式传播路径为受众的自由选择提供了特有的空间，受众可以根据自己的需求和判断随意选择平台上的某一种数据新闻，其主动性也因此得以体现出来。他们可以避开平台推送的新闻，有选择性地接收自己喜欢的新闻，并有针对性地发表自己的观点，使传受之间能够更好地对接。在这种情况下，大众传播媒体也能够依据受众所反馈的信息，及时改进传播手段，以不断提升数据新闻的传播效果。

（三）定向定制化传播

定向定制化传播路径的针对性特别强，是一种传受双方先协商、再落实具体的传播内容和形式的传播方式，以满足目标受众的个性化需求。为了提供更专业和更便捷的服务，某些媒体会推出收费和免费的传播机制。就收费这种情况来说，大众传播媒体会根据新闻的社会价值、经济价值的大小来收取不同的费用，受众选择不同的收费标准，所享受的服务也不相同。

定向定制化传播这一路径，与新闻业灵活运用各种商业模式有着极为密切的联系。因而大众传播媒体需要结合受众的社会属性、信息需求情况来制定营销策略，为受众提供更合理的消费选择，以最大限度地发挥数据新闻的功效。在此过程中，大众传播媒体所提供的数据新闻要具有真实性、权威性和实用性，受众则应该合理合法地消费信息，以促数据新闻的健康发展。

（四）多维链式传播

在对多维链式传播路径进行阐述之前，先要对链式传播有一个基本的了解。链式传播是一种小众化的传播路径，它立足于信源，向另一节点传播信息，然后由该节点顺势将信息传播下去。因此，链式传播的扩散范围较小，但传播路径比较长。与链式传播相比，多维链式传播综合了“多级点式”传播和“中心式”传播两种模式，其传播路径极为复杂，扩散的范围较大，因为影响较为广泛。在新媒体时代，信息的传播能力本来就强，如果某条信息在多次转发中能得到某些占据重要位置的节点的协助传播，其传播数量和范围就更加难以想象。多维链式传播所推送的信息往往是极为热门的话题，经过成千上万次的转发后，就会产生巨大的影响。

从传播过程来看，每个节点既是信息的传播者也是接收者。每个节点对信息的转发及评论，均会对信息的传播效果产生影响。从传播形式来看，存在多对多、一对多、一对一三种方式，由于在传播链中所处的位置不一样，受众转发信息所产生的影响也是有差别的。关键节点占据核心位置，普通节点则处于边缘位置。而在信息传播中，除大众传播媒体和一些意见领袖外，绝大多数人都属于普通节点，都处于传播路径的边缘位置。

三、数据新闻常用的传播手段

（一）创意设计

在找到富含新闻价值的“数据关系”之后，人们对数据新闻的“发现之旅”就告一段落了。接下来，就要解决如何有效地呈现数据新闻这一问题了。毫无疑问，创意设计是将内容与形式有效结合的重要手段。在数据新闻生产者中，记者、编辑等新闻工作者在选题方面发挥了支撑性作用，分析师在发现数据之间的关系方面起到了关键性作用。而到了新闻的表达环节，就需要发挥设计师的创意价值了。设计师通过采用各种可视化的手段来呈现数据新闻，让受众能够直观、生动地理解其中的故事，可谓打通了数据新闻传播的“最后一公里”。因而，创意设计是大众传播媒体展示数据新闻的窗口。数据新闻的创意设计，一般要达到以下几个要求。

1. 简洁化

数据新闻的呈现，需要将复杂的数据关系简化，让受众能够一目了然地知晓发生了什么。当新闻报道的对象是复杂的新闻事件或主题时，就有了许多可供挖掘及展示的数据关系。在报道中，应该抓住主要矛盾，找到焦点性问题，以回应报道思想，并满足受众的个性化需求。这就是所谓的“抓大放小”，它能够较好地提炼新闻主题，凸显报道思想，也能够让数据以“简洁化”的形式呈现出来。

2. 形象化

优秀的数据新闻作品，几乎都是以图像等可视化的方式呈现的，很少有纯文字的作品。众所周知，数据新闻需要对庞杂的数据进行分析，找到具有新闻价值的信息，对相关的新闻事件展开深度报道。因而，很多报道往往较为复杂，受众很难在短时间内了解发生了什么。所以说，如何以形象化的图表、图像等来呈现数据新闻，就成了数据新闻报道中必须考虑的问题。

3. 互动化

对受众来说，良好的互动体验是尤为重要的。通过互动，受众可以更深入地了解和体验所接触到的内容，从而激发他们的兴趣。事实上，互动已经成为新媒体时代新闻生产和传播的基本特征。纵观媒介的发展史，报纸、广播和电视的单向性传播特征都较为明显。而随着新媒体的崛起，人类才真正进入了双向式、互动化的传播时代。在这个时代，信息的传播更加平等和多样化。需要知晓的是，不同的报道内容和媒介平台，需要不同程度的互动化。因此，在进行数据新闻呈现时，大众传播媒体要根据具体情况来决定如何凸显互动性，以最大限度地满足受众的需求。

4. 跨屏化

在媒体融合不断推进的今天，数据新闻在多种接收设备之间的“跨屏”传播已较为常见。可以说，“跨屏化”已成为数据新闻传播中常用的策略。目前，数据新闻在电脑网站上出现得比较多，在手机等小屏设备中出现得相对较少。然而，在移动互联网的影响下，被称为“带着体温的媒介”的手机，正日益显示出其巨大的潜力和影响力。在这种情况下，大众传播媒体应该积极开发和利用手机等小屏设备，以全面推进数据新闻的“跨屏化”传播策略。当然，这需要在设计方面做出努力。

5. 游戏化

今天，人们越来越喜欢电子游戏，因为它们能够给人带来参与感及沉浸感。因此，在数据新闻设计中，也出现了“游戏化”的倾向，如与房产新政贷款相关的数据新闻作品“模拟计算器”，就采用了游戏化的设计方式。游戏化设计让数据新闻报道更具互动性和趣味性，受众能够扮演特定的角色，根据新闻的程序设定，沉浸式地参与其中，亲身感受新闻事件的变化。“游戏化”设计实际上是根据报道对象的特征来设计特定的互动程序，达到将内容传播与游戏体验有机融合的目标，从而取得更好的传播效果的。不过，并不是所有的数据新闻都适合用“游戏化”的方式来呈现。因为许多主题是比较严肃的，而游戏的娱乐性特征较为明显。

（二）内容呈现手段

今天，新闻业面临着一些共同的问题，比如标题模板化、内容同质化，甚至出现了标题党。这对新闻业的发展造成了巨大的影响。作为新闻工作者，应该始终坚守初心，并顺应时代的潮流进行科学创新。在新媒体时代，内容、形式和渠道相互交织，相互影响。数据新闻生产者不要被伴随而来的浮云遮住了眼睛，而要坚持客观、实事求是的理念，将优质的内容和有效的传播渠道结合起来，持续推进数据新闻的发展。当前，数据新闻的内容呈现手段主要包括以下几种。

1. 标题

新闻标题居文之首、勾文之要，是对全篇文章思想内容最鲜明、最精炼的概括。[①] 标题是新闻的灵魂。一个好的标题能够吸引受众的注意力，激发他们的阅读兴趣。当受众接触某则新闻时，最先看到的就是标题，只有将标题拟定好，受众才会有读下去的想法，新闻业才能获得较高的到达率。因此，抵制模板化、同质化和媚俗化的标题制作风气，结合类型、内容和语言等因素来综合拟定标题，已成为新闻业极为紧迫的任务。

(1) 类型多样且巧言善问。

标题是新闻的名片和亮点，也是新闻作品必不可少的组成部分。数据新闻同样需要有吸引人的标题。因此，在数据新闻生产中，选择适当的新闻标题类型就显得非常重要。传统媒体时期的新闻标题一般采用说明式叙事的手法，没有充分考量受众的需求，媒体因此流失了大量受众。为了保住现实受众，不断吸引潜在受众，许多数据新闻生产平台开始在标题上做文章，采用多种叙述方式相结合的手段来制作标题，做到有理有据，引发受众的消费需求。以《新京报》微信公众号平台上的数据新闻标题制作为例，在对数据新闻进行命名时，《新京报》主要采用了疑问句、陈述句两种句式，其中疑问句包括一般疑问句、设问句和反问句，陈述句包括普通陈述句、解释陈述句和悬念陈述句。[②] 其中，一般疑问句使用得最多，它能设置悬念，引发受众的好奇心。例如，“××年电视剧节目榜单出炉了，你最喜欢的电视剧上榜了吗?”“××年的网红城市，有你所在的城市吗?”等。通过类似这样的问题，吸引受众去查看他们最关心的事物是否在榜单上，可以提升新闻的点击量和阅读率。此外，自问自答的标题使用得也比较多。如“什么蔬菜对人体健康有益？这几样菜你不能错过”，通过自问自答的形式，告诉受众应该关注新闻中提到的几种蔬菜。

今天，信息超载现象极为突出，快餐式的消费也成为主流。数据新闻要想吸引受众，就要先突破标题制作的困境。而这需要改变单调的叙事手法，善于设置悬念，既巧妙地展示内容，又有效地提出问题并进行叙述，从而激发受众的消费欲望。

(2) 表意简洁明了。

碎片化阅读已成为主流阅读趋势，如果新闻标题的内容较为冗长，就背离了微时代的阅读潮流，间接地将很多受众挡在门外。在碎片化阅读时代，受众利用手机、平板等便携式和移动式阅读设备，在浩如烟海的新闻中进行跳跃式阅读。碎片化阅读较为灵活，能够突破时空的限制。这种快餐式阅读方式的出现有两个主要原因，即生产、生活环境的变迁和新兴传播科技的崛起。在现代社会，人们的工作压力越来越大，生活的节奏也越来越快，而阅读是一种需要在特定的环境、花费诸多时间才能完成的事情。但很多人被烦琐事务困扰，根本抽不出足够的时间来开展阅读活动，他们阅读新闻只能利用碎片化的时间，如乘坐交通工具、睡前、就餐甚至上厕所等时间。面对浩如烟海的新闻，他们不可能一一阅读，根据标题挑选自己喜欢的新闻，也就成为最现实的选择。此时，那些能够直接明了地传达事件的性质和

---

① 徐中玉．新编大学写作［M］．上海：复旦大学出版社，2004.

② 李升详．《新京报》微信平台数据新闻的传播策略研究［D］．锦州：渤海大学，2020：21.

人物关系等关键信息的标题，就会被受众认可并被点击。

（3）语言风趣幽默。

就语言来说，数据新闻的标题应该既注重纯净自然，又讲求风趣幽默。数据新闻作为一种全新的新闻报道手段，如果其标题语言过于平淡，则必然会让不少受众感到失望。当然，在标题制作中，新闻工作者不能为了所谓的“标新立异”，制作出低俗化的标题。

在数据新闻的受众中，年轻人所占的比重越来越大，因而巧借积极、健康的网络流行语来拟定标题，是一种较为可行的做法。网络流行语具有简洁幽默、朗朗上口的特征，因而广受网民欢迎。数据新闻要跟上时代的步伐，在标题制作上不断推陈出新，有效地把网络流行语运用于标题之中，满足受众独特的需求。如《新京报》微信公众号上的一篇数据新闻作品，标题为“在中国当个‘吃瓜’群众有多幸福?”此外，一些标题运用拟人手法，使语言更加生动有趣，例如“火山：我脾气很暴躁哦，你们要小心”，将火山比作一个有情感的人，以轻松幽默的方式告诉人们：火山可能随时会爆发，要当心。

【案例】

作品名称：《在中国当个“吃瓜”群众有多幸福?》

作品类型：数据新闻

制作机构：《新京报》

作品简介：“吃瓜”群众的网络隐喻是围观者，而在报道中，“吃瓜”群众回归本意，指吃西瓜的人，极为风趣幽默（见图5-4）。

《在中国当个“吃瓜”群众有多幸福?》

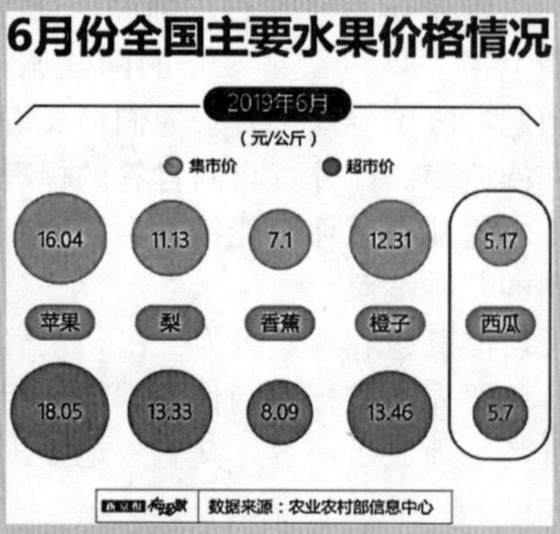

图5-4 数据新闻《在中国当个“吃瓜”群众有多幸福?》作品截图

总之，数据新闻标题的制作极为重要。在标题类型上，新闻工作者要积极运用悬念和伏笔等手法拟定标题，以激发受众的兴趣。在标题内容上，要注重简洁明了，能够直接切入主题，以满足受众碎片化阅读的需求。在标题语言上，要讲求纯净自然、幽默风趣，以增加阅读的趣味性。

2. 正文

正文是新闻的灵魂所在，其作用是承载重要的信息和观点。如果正文内容比较平淡，那么就算新闻标题特别吸引人，受众的兴趣也会迅速消失。要想让受众读完整篇新闻，正文内容就必须有亮点。

（1）通过多元渠道获取信息。

由于没有大数据的支持，传统新闻报道很难做到全方位地报道新闻事件。而借助各种数据库，数据新闻能够有效解决传统新闻报道中信息来源单一的问题。然而，数据的真实性、可靠性、全面性和权威性，直接关系着数据新闻报道的价值，如果数据在某一方面出了问题，基于数据所做的报道就失去了意义，数据新闻的公信力也会受到影响。当前，数据被相关部门和单位垄断的情况极为明显，而以调查的形式采集数据，耗时比较长且数据量有限，这些都阻碍了数据新闻的发展。相对而言，来自政府机构的数据更为权威和可靠。数据新闻生产者应该处理好自身与相关部门、机构的关系，以获得优质的数据。当然，通过单一渠道所获得的数据，其可信度远没有通过多元渠道获得的高。因此，除原创数据新闻外，数据新闻生产者要使用多种不同来源的数据，以生产出有深度、有代表性的数据新闻作品。

（2）根据热点设置议题。

议程设置理论旨在探讨大众传播媒体对人们认知、判断与报道相关事物的影响。该理论认为，普通人的活动范围和物理视野有限，他们对重大事件及其重要性的认知，往往来自大众传播媒体的报道，因而大众传播媒体不仅是信息源，也是影响源。议程设置理论主要针对认知层面的效果，是对“认知对象指向”的影响，即将人们的关注点和注意力引到某些特定问题上。① 由此可知，大众传播媒体的议程设置，深深地影响着受众对现实的认知和判断。因而选择合适的新闻议题并突出其价值，是数据新闻内容生产的重要指向。

前文说过，数据新闻的选题中，比重最大的是社会议题，其次是民生议题，紧接着是文化娱乐类议题，最后是健康和经济等议题。这是因为，与百姓的日常生活息息相关、贴近群众的选题，才会受到公众关注。目前，许多数据新闻在特定节点和事件上布局巧妙，提供了丰富多样的内容，深受社会大众欢迎。

（3）兼顾区域形象建构。

我们知道，我国的数据新闻报道存在着注重国内兼顾国际的特征。各类数据新闻报道涵盖了种种国内话题，而纯粹关于国外的选题非常少。关于国外的选题主要关注与人类共同命运相关的内容，着重凸显世界紧密相连、人类命运紧密相连、大家休戚与共的理念。在国内外的报道中，数据新闻通过大数据描绘，巧妙地构建了区域和群体的媒体形象。

（4）凸显责任意识。

近年来，城乡、城镇、乡镇、财政、卫生、院校、财产等词语在数据新闻中频繁出现，说明数据新闻对城乡发展、教育卫生的改善极为关注。同时，报道中出现了大量的比较性词语，如最高、最好、至少等，说明数据新闻具有问题意识和责任意识，重视对事件发展过程的分析，能够将受众的关注点引向现实问题。从某种意义上来讲，这是对一些媒体因盲目追逐热点、不注重寻根溯源而使报道没有深度的有力回应。

3. 图表

世界已经来到视觉文化时代，这意味着“图像”“景观”等成为文化发展中的核心因素。公众日常生活被大量视觉图像规训与围困，甚至建构了一个以视觉为核心的基本认知体系、社会关系结构和价值运行规范，以至于视觉符号在一定程度上

① 李升详．《新京报》微信平台数据新闻的传播策略研究［D］．锦州：渤海大学，2020：25.

成为现代日常生活本身，进而导致了视觉文化的“霸权”地位。[①] 纯文本新闻较为枯燥，难以阅读，因而各大众传播媒体顺应时代潮流，开发出了动态图表、虚拟现实等表达手段，以使新闻的传播更为生动和形象，更具感染力。

(1) 力求简洁完整叙事。

在传统媒体时期，文字占据着主导地位，图表的功能是对新闻内容做辅助性解释。如今，图表已跃升为新闻报道的主要手段。在数据新闻时代，通过各类图表，再加上少许文字，就能将新闻生动形象地传播出去。这种情况让大众传播媒体纷纷抛弃原有的思维，争相用图表来报道新闻。单一的图表无法完整表达数据信息，数据新闻生产者如果试图在单一的图表中融入更多的信息，就会使图表变得极为复杂，不仅不能清晰表达重要信息，还容易导致审美疲劳。但如果图表太多，也会让受众产生抵触心理。因此，合理利用图表，清晰明了地呈现数据新闻，成为可视化表达的关键。在当前的数据新闻中，最常用的图表是柱状图，紧随其后的是折线图。原因在于，它们是人们日常生活中见得最多的图表，且直观清晰，易于阅读。

有些时候，为了传达特定的含义，数据新闻生产者也会将数值形象图、柱状图和折线图结合起来使用。从图表的数量来看，一篇数据新闻基本上会使用两个或多个图表，使用五个的也不少见。但数据图表不宜过多，且应结合文字，以完整、简洁地将意义表达出来，使受众能够高效地获取信息。

(2) 注重打造“在场”阅读体验。

在媒介技术日新月异的今天，受众对交互性的需求迅速增加，导致传统新闻报道的影响力不断下降，而数据新闻则借助其轻巧便捷、交互性强等优势迅速崛起。图表是数据新闻的重要组成部分，其可视化表达的效果直接关系到数据新闻能否吸引受众的注意，能否赢得他们的青睐。

近年来，随着新兴传播科技的发展，新闻报道的形式日益多样，新闻不只是可视，而且是可以体验。H5 交互界面的应用，让受众与新闻之间的距离不再那么遥远，新闻就像发生在受众身边一样。受众能够自由地穿梭于信息传播技术所构建的虚拟场景之中，在场阅读、沉浸式体验成为现实。因此，数据新闻生产者要及时行动起来，利用社交媒体的交互性优势，将场景合理地融入交互性图表之中，开展全景式体验报道，将海量数据内容转化为动态图表、动画或游戏，以更直观、形象的方式展示数据，让新闻要素活起来。

(三) 表达手段

数据新闻尤为重视“眼球经济”法则，力图让受众在视觉盛宴中享受“悦读”体验，使新闻能够高效传播，以在激烈的竞争中脱颖而出。

1. 重视“眼球经济”理念

“眼球经济”是“注意力经济”的形象说法，最早由迈克尔·戈德海伯提出。[②] “眼球经济”通过博取社会大众的眼球来获得相应的经济收益。当下视觉文化尤为

---

① 林峰．移动短视频：视觉文化表征、意识形态图式与未来发展图景［J］．海南大学学报（人文社会科学版），2019（6）：144.

② 王彦霞，陈美若．商业价值与“眼球经济”的实现［J］．商业经济研究，2017（16）：191.

发达，成了一种重要的经济模式。以可视化技术为支撑的数据新闻，也应该在“眼球经济”时代大显身手。

(1) 动态视觉引导。

科学研究表明，人们每天接收的绝大部分信息来自视听感官，其中视觉信息占信息总量的85%左右，听觉信息占10%左右。① 这说明，在今天，人们所接收到的信息几乎完全依赖于自己的视觉感官。因此，有人将这个时代称为“阅屏”时代。在阅读过程中追求视觉审美体验，追求精神文化享受，已成为潮流。

在数据新闻生产中，很多媒体都采用动态和静态相结合的方式来呈现新闻，让新闻灵动飘逸、充满活力。色彩是视觉传达中的重要元素，直接影响着人们的审美体验。如果色彩和谐统一，就会给人清爽悦目的感觉，虽是人为却不失自然美，能够让受众更好地记住新闻的主要内容。不同色彩具有不同的象征意义，也会引发不同的情感。如红色代表着热情和活力，黑色则让人有凝重忧郁之感。在色彩搭配方面，很多数据新闻都注重冷暖色调的结合，呈现出醒目而端庄的效果。

(2) 好友在读标记。

好奇心是人在求知、求新方面的重要推动力，也是人际交往中的一种重要的心理特征。因而，好奇心主要有两种类型，即社会好奇心和人际好奇心。

在数据新闻生产和传播中，跨屏交流越来越流行，面对面的沟通反而逐渐减少。这使人与人之间的关系变得既陌生又熟悉，有人将其称为“带有陌生感的熟人状态”。例如，在微信上，我们经常只与少数几个好友保持联系。由于距离、环境以及时间等因素的影响，曾经的好友长时间都没有联系，当有人提起或想起他们时，我们会有种陌生感，同时也会有几分好奇心，有时还会产生了解他们近况的冲动。基于此，不少数据新闻，尤其是依托微信公众号发布的数据新闻，都添加了好友在读标记功能，以吸引受众去阅读其好友们曾经读过的内容。由于社交媒体的黏性较强，人们对好友阅读的好奇心也随之增加。当好友在读标记显示多个好友正在阅读某篇新闻时，人们的阅读欲望会大大增强。在这种情况下，人们会在不知不觉中形成一种围观景象，时间一长，人们会不自觉地进入相应的媒体平台中，成为媒体平台的现实受众。在“眼球经济”时代，这种设计符合数据新闻长远发展的要求，并为其迅速积累受众提供了巨大的空间。

2. 畅享信息“悦读”体验

在信息大爆炸时代，无数的信息如洪水般涌来。在获取信息方面，受众主要依赖于各种社交媒体平台。然而，由于信息过多，受众只能够浏览自己感兴趣的内容，且往往是碎片化阅读，除了与重大事件相关的信息，其他信息则被忽视或直接删除，成为个人“空间”的信息垃圾，新闻的到达率受到较大的影响。此外，受互联网思维的影响，传统的受众观念也发生了转变，逐渐形成了以用户为中心的理念。在这种情况下，为广大受众提供“悦读”体验，从而让他们阅读诸多平台上的数据新闻，就变得特别重要了。

---

① 王彦霞，陈美若．商业价值与“眼球经济”的实现 [J]．商业经济研究，2017 (16)：191.

(1) 差异化布局的内容浏览模式。

当前受众更多地选择在移动终端上阅览新闻。这意味着，视觉浏览具备视野上的广泛性，然而在视觉深度方面，人们常难以聚焦于一般内容，导致信息阅读的碎片化、视觉记忆的转瞬即逝，只有受众真正感兴趣的内容才会引起足够的关注。①因此，数据新闻需要考虑差异化布局，同时吸引传统媒体和新媒体的受众。

尽管中老年受众的数量在不断增加，但青少年群体仍然是数据新闻的主要目标受众，数据新闻要满足青少年群体碎片化阅读的需求，让他们从无意识的关注转变为有意识的关注。数据新闻报道要走简约、精美、时尚和严谨之路，以满足个性化阅读需求。很多数据新闻采用长图模式和图表解释模式，致力于提供更好的阅读体验，让人们能够轻松、愉快地获取信息。

(2) 媒体融合生态的跨平台对接。

媒体融合已经进入了一个全新的阶段，各种媒体之间泾渭分明的现象被打破，媒体壁垒逐渐消失。在这种背景下，跨平台对接已成为必然，应根据不同的媒体优势和风格，在新闻标题、内容和表达方式方面做合理的调整，使之能够在不同的平台之间传播。以《新京报》微信公众号的数据新闻生产为例，报网端的数据新闻排列比较中规中矩（按时间和页码编排），符合老年人的消费需求；微信端的新闻注重挖掘数据，并绘制图表。在平台内部，用户如果想要浏览和查找历史文章，只需在窗口页面发送数字“1”，然后点击出现的链接即可。虽然平台内部和外部的新闻内容在一定程度上有所差异，但这正是媒体间差异布局的必然要求。不同平台之间的链接，不仅满足了媒体融合生态下信息传播的实际需要，也为跨平台阅读打下了坚实的基础。

3. 突出“分享即传播”理念

在互动性阅读成为主流的今天，“分享即传播”具有巨大的价值，主要体现在分享催生了裂变式传播方面。

(1) 点对点分享。

QQ、微信等移动社交媒体催生了全新的社会互动模式，颠覆了传统的人际交往方式，创造了一个全新的网络人际传播生态系统。在这种情况下，人们日常交流的空间和方式正被各种社交媒体形塑。随着媒体融合的加深，各种社交媒体也在不断优化，以满足受众的需求。不同于面对面交流的形式，微信等社交媒体中的信息交流，主要是立足于好友而开展的点对点交流，因而信息分享也是点对点分享（群组的情况除外），虚拟与现实相互交融的传播环境由此诞生。而高黏度以及强连接的优势，使社交媒体中的点对点传播得以持续开展。

(2) 裂变式分享。

以微信朋友圈为例，它是一个微缩的现实社交圈子，以现实社交圈为参照，并不断向外扩展，实现了虚拟和真实世界的融合互动。数据新闻被推送给相关的受众后，一些优质的新闻可能会引起其他受众的兴趣，让新闻得以被多次转发和阅读，

---

① 李颖，刘华玉．屏幕阅读的视觉传播模式及效果研究［J］．出版科学，2019，27（4）：64.

进而使新闻的影响力不断扩大。受众分享新闻，说明他们对新闻持认可态度，他们分享得越多，说明新闻的价值越大。数据新闻生产者可以根据受众的分享情况，调整自己的新闻生产策略，为受众提供更有意义的新闻产品。

以微信公众号来发布数据新闻的媒体，为受众提供了一个全新的互动空间，使他们不仅可以享受“悦读”乐趣，还可以自由表达自己的观点和想法。通过这一平台，受众的媒介接近权、传播权和知晓权得到了有效的保障，这同时也能够反向推动数据新闻生产者根据受众的反馈来调整生产和传播策略。这一举措充分体现了“分享即传播”理念，且这种分享是裂变式分享。

（四）时间管理手段

对媒体来说，时间至关重要，特别是在对突发性事件进行报道时，更需要有时间观念。在碎片化阅读成为常态的当下，数据新闻的生产和推送时间值得好好研究。当受众准备阅读时，他们可能会担心新闻过长，不知道能否完整地浏览完。数据新闻生产者不仅要强化自身抢新闻的理念，还要让受众产生依赖感，不断提高受众的忠诚度。

1. 阅读时间提醒

时间管理主要探索如何尽可能减少时间浪费，以实现在最短的时间或预定时间内完成预期工作的目标。①

为了让受众合理安排阅读时间，一些数据新闻会在标题下方的导读部分增加简短的文字，提示受众大概需要多少时间才能阅读完。这种提示阅读所需时间的信息，能够让受众更好地掌控自己的时间，使阅读成为他们生活中的一部分，而不是被动地受时间的支配。这种时间管理观念的加强，将有助于人们更好地平衡工作与生活，提高生活质量。在面对新闻信息时，受众会产生一系列的心理和行为反应，来决定如何处理相关的信息。有些人可能会立即开始阅读，而有些人则可能会将其加入收藏夹，以备日后深度阅读之用。

2. 内容推送的时间法则

数据新闻生产者通常会选择在特定的时间段推送新闻，以提高其到达率和阅读率。根据黄金时间段法则，很多数据新闻平台会在早晨8：00—9：00发布内容，这是早高峰时期，许多人会在搭乘交通工具时阅读新闻。而在9：00—11：00这一时间段内，人们通常处于精神状态最佳的时刻，不少人会在这个时间段阅读新闻。此外，18点左右，大多数人都在吃晚饭，他们会边吃饭边阅读新闻，以消遣时光，因此在这个时间段推送新闻内容，不仅到达率和阅读率较高，且更容易被分享。数据新闻平台需要注意内容推送的时间频次，过高的频次可能会让受众产生反感，而过低的频次则可能导致重要信息的延迟传达。因此，每天平均推送3～4次较为合适。

---

① 李晓．利用四象限时间管理法提高青年科技编辑工作效率［J］．编辑学报，2018（A1）：179．

四、数据新闻传播存在的问题

（一）交互式图表和动态视频稀缺

目前来说，我国数据新闻中的交互式图表和动态视频数量相对较少，而静态图表数量比较多，对受众的吸引力不强。通常来讲，在传播效果上，交互式图表和动态视频会优于静态图表。交互式图表和动态视频较少的原因有二：首先是技术水平的制约。交互式图表和动态视频的制作和呈现需要更高的技术要求，而很多媒体都缺乏相关的技术人才。相比之下，传统的静态图表制作更简单、成本更低，因此更容易被采用。其次是时间成本较高。交互式图表和动态视频的制作也需要更多的时间和精力，这对数据新闻生产者来说可能是一个挑战。

（二）更新频率受限

在大数据时代，数据资源成为新闻报道不可或缺的元素。为了获取真实、有效的数据，大众传播媒体需要建立自身的数据库平台。然而，目前很多媒体都没有专属的数据库，除自己采集一些数据来进行原创外，绝大多数都依赖政府机关和企事业单位开放的数据，或者由第三方提供。除数据采集受限外，生产周期也较长，这些都会让数据新闻生产受到极大的限制，更新频率较慢。

（三）预测性报道整体乏力

所谓“预测”，就是指通过数据挖掘和分析，发现“新”的问题，用未来的思维来对当前的事件进行分析，预判其未来走势，以做好应对工作。当今世界变幻万端，因此充分发挥数据新闻的预测功能尤为重要。我国数据新闻流量爆款产品不多，虽然造成这种状况的原因是多方面的，但稳定的用户数量不多、爆点内容挖掘不足以及同质化现象突出，无疑是重要的影响因素。虽然一些数据新闻报道在全面性和形象化方面做得不错，但没有认真挖掘数据之间的联系，对数据中所隐含的信息的分析也不够深入，导致数据新闻的预测功能没有充分发挥出来。

（四）平台活力不足

在移动端不断发展和普及的今天，人们的感官系统得到了充分调动。因此，应社交媒体等技术而生的数据新闻，应该加强交互领域的设计，以留住现有受众并不断吸引潜在受众。客观地说，我国的数据新闻在交互式设计方面已取得了不小的成绩，但还有较大的改进空间。以《新京报》微信公众号的数据新闻生产和传播为例，其虽设计了自动回复功能，但没有智能信息搜索功能，且菜单的设计也较为简单和笼统，无法满足内容选题分类的要求。当受众无法通过平台获取自己想要的信息时，他们就会对平台失去依赖感，最终可能会远离平台。有鉴于此，数据新闻平台要改进其搜索功能，使受众能够更方便地找到所需的内容。同时，菜单设计也应该更加细致和有针对性，以便受众能够更快地找到他们感兴趣的主题。通过这些手段，能够在一定程度上解决平台活力不足的问题。

（五）数据聚合程度不足

优质内容是实现裂变式传播的基石。数据新闻应该充分利用数据资源来生产优质内容。然而，当前的数据新闻却存在数据聚合程度不足的问题。数据新闻生产者通过各种渠道搜集的数据，如果存在格式不统一甚至不规范的问题，数据之间的聚合就会受到较大的影响。正如韩嫕等所说，各部门往往建立了一套适合于自身业务的相对独立的平台，因此形成数据孤岛。① 数据孤岛让数据聚合更为困难，致使繁杂的数据库难以形成合力，数据新闻内容创新阻力重重。

五、数据新闻传播的优化策略

（一）培养复合型人才

目前，澎湃新闻、财新网等少数数据新闻平台汇聚了一批专业技术人才，有记者、编辑、程序员以及设计师等。这些人才密切合作，共同完成数据新闻的生产工作。但整体来看，我国数据新闻领域的人才尤为匮乏，高端复合型人才更是凤毛麟角。就算是澎湃新闻、财新网等平台，其数据新闻生产团队在业务技能、数据素养和视觉设计能力等方面也还存在不少需要改进的地方。有鉴于此，我国的数据新闻需要大力培养复合型人才，并组建跨学科的人才队伍。除自己培养和引进人才外，还可以实现媒体、科研机构、高校和互联网企业的联合培养。

（二）优化采编模式

我国数据新闻中所使用的数据来自多个部门和单位，涉及不同的应用领域。数据开放程度尚不算高、垄断明显、数据格式不统一致使数据聚合较难等，都对数据新闻的生产流程造成了困扰。面对这种情况，数据新闻平台需要优化自身的采编模式。其中最有效的办法是建立独立的数据库，在利用好自身的数据库资源的同时，与外部的数据库开展紧密合作，保证内部数据得以不断更新，以持续注入发展的源泉。当然，数据库建设要科学分类，搭建若干子数据库，便于随时获取数据，有效利用数据。

（三）以“爆点”科学预测事件走向

制造“爆点”是全面而深入地挖掘数据背后的故事、预测事件走向的重要手段。所谓的“爆点”新闻是指新闻播发后能够像炸弹爆炸一样在短时间内产生强烈的传播效果，形成大范围交流、热议，具有广泛影响力的新闻现象。② 制造“爆点”需要从数据中发现隐藏的新闻价值，数据新闻生产者可以通过创新的思维和独特的角度，挖掘出热点事件中的亮点，引发读者的兴趣和讨论。大量热门话题的集中可以形成聚合效应，在制造“爆点”的同时增强媒体的影响力和品牌声誉。因此，如何利用热点事件来取得成功，成为数据新闻需要特别重视的问题。

通过打造“爆款”新闻，引发“爆点”，搜集大量的数据，科学分析后，可以较好地预测未来。

（四）细化选题类别

要想制作出受欢迎的数据新闻，就要深入了解不同受众群体的需求，并根据这

① 韩嫕，展祎萌，李义彪．央视网的融媒体数据中台实践［J］．现代电视技术，2019（6）：90.

② 杜菡，田园园．做激荡正能量的“爆点”新闻［J］．采写编，2019（5）：61.

些需求进行个性化、定制化的生产。因为不同受众的需求间存在差异，所以数据新闻生产者要进行前期的市场调研，细分数据类型，细化选题范围，了解受众的真正需求后，采取个性化、定制化的方式推送信息。在界面设计方面，媒体也应该根据不同的选题进行科学分类，以便受众能够在第一时间找到他们感兴趣的内容。

（五）采用 VR＋数据的传播模式

1. VR＋数据新闻

采用三维建模制作 VR 可视化场景，是数据新闻传播中一个极为重要的创新手段。在 VR 可视化场景中，相关数据发生变化，模型也会跟着发生变化。

以“脱欧”事件的报道为例，受众戴上 VR 眼镜后可以清楚地发现，在“脱欧”问题的不断演化下，数据在不断变化，而相关的场景也随之变化。在报道美国股票泡沫时，《华尔街日报》也运用了 VR＋数据新闻要点的手段来进行报道。数据新闻生产者将折线图融入系统中，受众戴上 VR 眼镜，便可以如坐过山车一般体验过去 20 年的时间里美国股票的跌宕起伏，心情会随股票指数的变化而变化，股票下跌时，他们会感到不安。在波峰和波谷处，还有文字说明，使受众能够更好地理解数据背后的含义。受众可以在任意点停留，随时观察，随时交互。

为了提升交互性，从而给受众更好的体验，VR＋数据新闻的系统里应该设定数据变化的范围，让数据可以在特定的区间内变动，但这需要与其他数据进行联动。

2. VR＋数据新闻技术路径

VR＋数据新闻的制作过程可以分为两个主要部分：VR 场景构建，数据交互分析与可视化。在 VR 场景构建方面，有两种常见的方式：一是 360°全景拍摄，并利用 VR 软件来合成。这种方式虽然相对简单，却很难与数据有效地结合在一起。二是利用三维软件来构建模型场景，将场景导入 VR 系统，以产生强烈的交互感。这种方式能够有效地与数据结合，但是建模和实现交互的过程均比较复杂。不过，现在的数据新闻生产通常采用第二种方式。

VR＋数据新闻推动了数据新闻传播的创新，但它也面临着诸多的挑战：一是技术不成熟；二是 VR 设备普及需要时间；三是 VR＋新闻技术流程复杂；四是成本昂贵；五是过度使用可能影响身体健康。

（六）移动技术拓宽传播渠道

移动端已成为社会大众获取信息的重要渠道，数据新闻的生产与传播需要及时进军移动互联网市场。为此，数据新闻生产者应该加强移动传播的应用，不断拓宽传播渠道。为此，可以从四个方面来努力：

1. 利用社交媒体平台

在各类互联网平台中，社交媒体的影响力是最大的，且已经形成了一套完善的运营机制，并拥有数量庞大的受众。因此，以社交媒体平台来拓宽数据新闻的传播渠道，无疑是最为有效的。

2. 利用短视频媒体平台

作为近年来备受关注的网络媒体平台，短视频已成为新闻信息的重要集散地。与社交媒体相比，短视频在吸引用户方面更具优势，因而也是拓宽数据新闻传播渠道的有效手段。

3. 利用数据新闻小程序、AI 等工具

社交媒体和短视频非常热门，但其内容较为庞杂，对那些真正需要数据新闻的受众来说，其体验感反而会降低。因此，数据新闻平台可以结合自身的具体情况来开发小程序或自主 AI，致力于生产和传播数据新闻，不断提升平台的知名度。

4. 打造全媒体传播的矩阵

打造全媒体传播的矩阵，有效地发挥多元化传播渠道的作用，也是一条不错的路径。要想实现跨平台传播，进而构建全媒体传播体系，数据新闻生产者就需要在微博、微信、微视频和客户端上布局，实现资源共享，推动数据新闻的跨平台传播。

（七）优质服务满足受众需求

与传统新闻一样，数据新闻也承担着满足社会大众信息需求、进行正确的思维引导的义务，在优化新闻体验的同时维护社会和谐稳定。为了实现这一目标，数据新闻平台要重构其与社会大众之间的供需模式，不断强化其与社会大众的关系。在数字化时代，社会大众的信息需求日渐多样化，除提供多样化的新闻内容外，数据新闻还要不断革新其传播方式，不断拓宽数据来源渠道，深耕数据可视化领域，提升产品和服务质量，满足受众的个性化需求，提升他们对平台的忠诚度。

【思考题】

1. 数据新闻生产的场域是什么?
2. 数据新闻生产的核心、理念及意识分别是什么?
3. 数据新闻生产的流程、机制和创意手段分别是什么?
4. 数据新闻生产的困境及规范分别有哪些?
5. 数据新闻传播的路径和手段分别有哪些?
6. 数据新闻传播中存在的问题及其优化策略有哪些?

【推荐阅读】

[1] 刘英华．数据新闻实战［M］. 北京：电子工业出版社，2016.

[2] 吴小坤．数据新闻制作简明教程［M］. 上海：复旦大学出版社，2018.

[3] 刘义昆，董朝．数据新闻设计［M］. 姜军，吴宝强，译．桂林：广西师范大学出版社，2015.

[4] 詹新惠，陈晓晗，汪惠怡．数据新闻报道软件工具与应用［M］. 北京：中国传媒大学出版社，2021.

[5] 孟笛．媒介融合背景下的数据新闻生产研究［M］. 上海：上海大学出版社，2018.

[6] 郎劲松，杨海．数据新闻：大数据时代新闻可视化传播的创新路径［J］. 现代传播（中国传媒大学学报），2014（3）：32－36.

[7] 刘义昆．大数据时代的数据新闻生产：现状、影响与反思 [J]．现代传播（中国传媒大学学报），2014（11）：103－106.

[8] 徐锐，万宏蕾．数据新闻：大数据时代新闻生产的核心竞争力 [J]．编辑之友，2013（12）：71－74.

[9] 张超．数据分析在数据新闻生产中的应用、误区与提升路径 [J]．编辑之友，2019（6）：42－47.

[10] Segel E，Heer J. Narrative visualization：telling stories with data [J]. IEEE transactions on visualization and computer graphics，2010（6）：1139－1148.

第六章　数据新闻的叙事

【本章学习要点】

一、叙事在数据新闻中的价值

- 点面结合
- 理智与情感并重
- 简亦繁和繁亦简

二、数据新闻叙事的学术概念

- 数据新闻叙事的内涵
- 数据新闻叙事逻辑的变化
- 数据新闻叙事的类型
- 当前数据新闻叙事常用的手段

数据和叙事是一对矛盾的关系，它们之间存在着普遍性和个体性、客观性和主观性、复杂性与概括性的矛盾。然而，正是这些矛盾，让数据和叙事均成为数据新闻发展的强大力量。数据新闻的叙事类型和叙事手段都较为多样，掌握这些类型和手段，才能有效地讲述数据背后的新闻故事。

第一节　叙事是数据新闻发展的重要元素

与传统新闻一样，数据新闻最吸引人的地方，也是其具体的叙事技巧。把握数据与叙事的矛盾关系，让数据与叙事成为双重驱动力，无疑是推动数据新闻发展的重要选择。

一、数据与叙事之间的矛盾关系

数据新闻将数据视为客观的事实，由叙事过程来予以支撑。然而，数据和叙事之间存在着种种矛盾关系。

（一）普遍性和个体性

在数据挖掘中，信息具有普遍性的特征，而在叙事过程中，故事却呈现出个性化的特性，这是数据与叙事之间的第一对矛盾。数据新闻会对某一调查对象的群体进行数据获取和统计分析，形成整体概括，数据范围越广泛，数据越多样化，其可靠性、权威性和准确性就越高。

所谓叙事就是讲述故事，它是指按照一定的顺序组织事件，即让事件在话语中呈现为一个连贯的事件系列。在叙事中，事件系列或故事都是比较具体的，具有独立性和个体性特征。

（二）客观性和主观性

众所周知，新闻业的两大传统包括发掘真相和讲述故事。然而，数据的客观性与故事讲述的主观性之间存在着一定的矛盾。新闻一直追求客观性，政府公开的数据和数据新闻平台自己挖掘的数据，都以可视化的形式来呈现，相较于传统新闻，数据新闻的客观性已经达到了一个新的高度。尽管客观性备受认可，但数据新闻并不是完全客观的。因为故事是由新闻工作者讲述的，新闻工作者在讲述故事的过程中难免带有主观性，会对事件进行价值判断，且故事讲述离不开对叙事方式的选择。

（三）复杂性与概括性

数据新闻将数据以可视化的形式呈现出来，实现对社会现实的宏观性报道。然而，社会现象极为复杂多样，因此叙事也必然十分复杂。而无论数据新闻中的数据有多么庞杂，新闻工作者所挖掘的每个事件，均只是某一样本在某个方面的宏观情况，具有简单性和概括性等特征。因而数据的复杂性与叙事的概括性，又是一对矛盾。新闻工作者需要对巨量的数据进行挖掘和分析，从中发现有价值的新闻线索，并揭示其中的相关关系，很多时候还要找到因果关系，然后通过特定的叙事手段将它们组织起来，形成报道，让受众能够轻松理解新闻事件，这无疑是一个极为复杂的过程。因此，找到隐匿于数据背后的故事，让叙事更好地支撑数据，并不是一件容易的事情。

二、数据与叙事成为双驱动

在数据新闻领域，数据与叙事之间的矛盾关系与内容与技术之间的相互作用类似。究竟是“数据为王”还是“叙事为王”，其中的争论已经不再重要，因为两者都不可偏废，将之有效结合起来，才是数据新闻发展的必然选择。也就是说，数据与叙事已成为数据新闻发展的双重驱动力，数据提供客观的事实，而叙事则赋予事实意义和情感。

（一）点面结合

在大数据技术的加持下，数据新闻中所使用的数据已不再是随机样本数据，而是全样本数据。数据的全面性无疑能提供更为准确的信息，但受众并不希望了解所有的数据，他们希望在把握整体的情况下，重点了解关键部分。由此可知，点面结合，即突出重点和全面把握相结合这种方式，能够让叙事更加立体和生动。

（二）理智与情感并重

新闻界、学界都意识到了一个问题，即新闻工作者始终将受众的信息需求放在首位，因而经常会忽视受众对好故事的普遍需求。即便是政治新闻或经济新闻等较为严肃的新闻样式，也需要通过好故事来吸引受众。叙事在数据新闻中的重要性由此可见一斑。

（三）简亦繁和繁亦简

数据能够提供全面而准确的信息。然而，数据的庞大性常常让受众望而生畏，因为他们难以快速理解其中的意义。有鉴于此，数据新闻工作者需要将复杂的数据做简化处理，这意味着将数据融入生动形象的故事尤其重要。通过讲述有趣的新闻故事，不仅能够简化数据的复杂性，还能够提高受众对数据的接受度。

第二节　数据新闻时代新闻叙事逻辑的变化

叙事学理论一般将叙事分为“故事”“话语”“叙述”三个层面加以研究。[①] 据此，也可以将数据新闻报道的逻辑结构分为新闻故事、新闻话语和新闻叙事策略三个层面。这是三个较为宏观的层面，从微观层面来看，可以从以下几个方面进行阐述。

一、从“单一”到“多元”——叙事主体及主题的变化

（一）叙事主体的变化

数据新闻的生产主体正朝着多元化的方向发展。在传统新闻报道时期，一篇新闻作品通常由记者进行采访和撰写，再由编辑进行修改，然后发布出来，新闻的生产流程是线性的，方式也相对简单。随着新媒体时代的到来，计算机、数据处理软件已经深度参与到数据新闻叙事活动之中。同时，数据新闻叙事融科学研究方法、数据挖掘技术和数据可视化艺术于一体。[②] 生产主体的多元化也意味着生产方式的多样化。不仅大众传播媒体，政府机构、企业、各种社会组织以及社会大众，都可以进行数据新闻的生产和发布。在这种背景下，新闻内容的来源也呈现出多样化的特征。

（二）叙事主题的变化

数据新闻工作者要致力于提供丰富多样的叙事主题，以满足不同受众的个性化需求。数据新闻的报道主题也出现了多元化的趋势，涵盖社会、政治、经济、卫生、教育、科技、体育、文娱及环境等诸多领域。社会主题多关注职场等领域，政治主题多与国内外重大的政治事件相关，经济主题重点关注各种经济问题，尤其是国际贸易等，卫生主题关注人们的身体健康状况，教育和科技主题关注各类学校尤其是高校的教育情况，体育和文娱主题专注于影视文化方面，坏境主题则关注各种环境问题尤其是城市环境保护问题。除一些较为严肃的话题外，不同主题的数据新闻均可以幽默风趣、轻松活泼的语言来吸引受众，增强阅读的体验感。

二、从“公开”到“隐蔽”——叙事者的角色隐匿

所谓叙事者，就是讲述故事的人。新闻以真实性为基石，而在新闻叙事中，真实性受叙事者身份的影响较大，因为叙事难以完全排除叙事者主观判断的影响。因此，对叙事者的分析，往往是建立在新闻真实性的基础之上的。在传统新闻叙事中，叙事者的身份是明晰的、公开的，他们需要营造新闻的现场感。而在数据新闻

---

① 战迪．新闻可视化生产的叙事类型考察：基于对新浪网和新华网可视化报道的分析［J］．新闻大学，2018（1）：10.

② 张军辉．从“数字化”到“数据化”：数据新闻叙事模式解构与重构［J］．中国出版，2016（8）：40.

时代，数据驱动成为主要手段，这使数据成为显性的叙事要素，不少数据新闻生产者的身份却被隐蔽起来，被视为缺席叙事者、隐蔽叙事者。当然，在数据新闻时代，叙事者的身份并不都是隐蔽的，也有公开的情况，在新闻文本中明确揭示叙事者身份的情况也不少见。不过隐蔽、缺席的情况更为常见。需要指出的是，缺席叙事者并非真正“缺席”，而是一种比喻，因为叙事者在叙事作品中是永远在场的。[①]这只不过是说，在缺席叙事中，受众很难察觉到叙事者的存在，从而产生叙事者“缺席”的感觉。

除了公开和缺席的情况，隐蔽叙事者的情况也值得关注。隐蔽叙事者处于“公开”与“缺席”之间，他有一定的立场，但没有明确表达出来。实际上，在数据新闻的叙事中，隐蔽叙事者最为常见，因为数据是极为复杂的，但报道中又必须坚守新闻的客观性，所以叙事者需要引用多种数据，以佐证自己的报道。

三、从“微观”到“宏观”及“深度”——叙事视角的转变

在互联网与现实社会的连接持续向纵深方向拓展的今天，数据新闻在深度叙事及宏观叙事方面的优势尤为明显，传统新闻所固有的一事一报模式被大大突破，新闻与现实之间的互动更为深刻。在数据新闻报道中，深度叙事、宏大叙事利用统计分析、重新组织海量数据的手段，揭示了种种日常生活中受众很难察觉的问题，使新闻报道更为严谨和完善。

在数据新闻报道中，宏观叙事占据了主要比例，它从整体观的角度出发，利用相应的统计工具，以可视化的形式来呈现新闻报道中所使用的数据的变化、显著值以及发展走势等元素，通过以量变凸显质变的手段来提升新闻的传播效果。与宏观叙事相比，深度叙事的使用频率相对较低，但它也不失为一种较有价值的叙事模式。深度叙事注重以主题为导向，从社会群体或事物的某个方面出发，深入剖析事件背后的深层次原因，并做出相应的判断，有利于受众较好地把握事件的走向。

四、从“线性时空”到“多维时空”——叙事结构的变化

传统新闻的叙事是以二维平面为基础的，其语法与新闻事件的发展和演进存在着较为密切的关系，呈现方式主要为平面图或者地理图。不管是快讯还是深度报道，都局限于二维范围内，体现为“线性时间”与“当下现场”。需要注意的是，“新闻的时间性也并非一成不变，在新闻业的发展历程中，每一次技术变革都会带来新闻时间性的变化，并因此塑造和改变着新闻的实践形式和文化形态”[②]。

数据新闻的崛起，使新闻业在时间性方面有了更多的实践机会。在新闻生产、传播及消费的过程中，数字技术呈现出多种特性，比如生产过程的回溯性和现实性，传播过程的即时性及现场性，消费过程的多媒体性和共时性，等等。在数字技术的赋能下，信息的生产、传播和消费都更为及时、更加多样。

数据新闻在叙事结构上的创新，不仅体现在对时间和空间的拓展上，还表现在

---

① 方毅华，杨惠涵．论数据新闻的叙事范式［J］．现代传播（中国传媒大学学报），2018（12）：47.

② 王海燕，范吉琛．数字新闻的时间可供性：一个研究框架的提出［J］．国际新闻界，2021（9）：117.

丰富的体验感和可塑性上。第一，数据新闻中的多种媒体元素，不仅拓展了叙事的表达空间，还突破了传统新闻时期的线性时间序列，既能回溯过去，又能把握现在，还能预测未来，实现了多维延伸，拓宽了受众的信息层次和认知视野。第二，利用可视化方式，数据新闻实现了从图景到场景的转变，使受众的体验感更强。第三，在消费体验方面，数据新闻具有更高的可塑性。数据新闻生产者可以根据受众的需求和喜好进行个性化定制，使每名受众都能够根据自己的兴趣和需求来获取信息，这提升了信息的传播效果和受众的参与度。

五、从“文字中心”到“多媒融合”——表达手段的变迁

在数字传播时代，受众的需求是极为多样化的，信息的呈现需要采用多媒体的方式，以使其图像元素更具代表性。除大量使用图片外，有些报道还加入了语音播报。同时，背景音乐也是音频辅助报道的典型形式。此外，动画视频的形式经常被应用于数据新闻报道之中。因此，在媒体融合不断加深的今天，信息的传递和接收正在进入“再统合”的阶段，这使得人们通过数据新闻接触到的信息格外丰富。

六、从“事实”到“关系”——叙事话语的变化

传统新闻报道一直以来都注重新闻事实的真实性和客观性，力求展示事实发生、发展的过程及最终结果，最终目的是呈现事物之间的因果关系。然而，由于新闻生产过程中难以彻底消除主观因素的影响，因此新闻报道往往会带有一定的价值预设，即使在话语呈现上利用平衡报道的手段来予以制衡，也很难完全摆脱个人的主观印记。受众往往在看似无所不知的传播者的引导下，走向预设的结论。

在新媒体时代，传播主体呈现出多元化、流动性的特征，传播关系也具有了开放、平等等特点。同时，利用算法推荐手段，可以在挖掘数据与受众之间的联系的基础上，实现个性化的新闻推荐。这意味着每个人都可以根据自己的兴趣和需求，定制自己感兴趣的新闻内容。然而，我们也要意识到，算法推荐技术并非完美无缺，它可能会陷入“过滤泡沫”，只向受众推荐他们已经喜欢的内容，而忽视了其他观点和信息，使受众无法获得全面和客观的信息。因此，大众传播媒体需要保持对多样性和平衡性的追求，不仅要提供定制化的新闻推荐，还要主动寻找和接触不同的观点与信息源。这为叙事话语从“事实”到“关系”的转变奠定了基础。关系意味着数据、事实、受众和社会等各种因素之间的相互关系，对评估新闻传播的功能和效果至关重要，而关系正是数据新闻所关心的。在数据新闻生产中，大众传播媒体更加注重相关关系而非因果关系，因为这更符合人、社会和环境之间复杂多样的互动关系。正如胡翼青等人所说，数据新闻着眼于“人的全面发展和更深刻的社会关联性，趋向于发展为功能聚合的复合媒介，形成持久性、流动性的有序良性循环”①。

七、从“碎片化”到“全景化”——叙事策略的转变

就传统新闻的叙事来说，文本符号被视为一种经验性的符号，被用来帮助受众

① 胡翼青，马新瑶．作为媒介的可供性：基于媒介本体论的考察［J］．新闻记者，2022（1）：66.

获取知识、体验世界。因传播与社会之间具有相应的文化共通性，故文本符号能够将新闻的核心内容快速地传达给受众，并引发受众与新闻事实之间的情感共鸣。然而，传统新闻叙事往往采用“一事一议”的模式，记者从新闻事件中提取价值要素，按照信息的重要性来展开叙述。在这个过程中，记者会花很多功夫去捕捉事实和细节，力求讲述生动有趣的故事。过于追求细节，容易让报道流于表面，且较为碎片化。因为信息不全面，不具有整体性，所以不能客观地讲述新闻事件，容易让受众在接收信息的过程中对特定的人或事形成刻板印象，并由此引发社会偏见。此外，典型报道和人物报道往往会因为预设了报道框架和人物社会角色而过于追求“形象”，使新闻报道脱离现实。个体命运只能反映人际境遇的差异，而不足以代表或解释群体命运的总体或未来趋势。因为现实生活往往是有悲有欢，有离有合，所以个体性报道很难唤起更广泛的警惕性和同理心。

在数据新闻时代，利用超文本、可视化等手段，数据技术能够让新闻叙事从碎片化走向整体化，传统“一事一议”的叙事模式被打破，新闻事件中全景式、整体性的关系得以呈现出来。在数据新闻生产者预设的叙事框架中，多个不同的细节和故事情节得以揭示出来，共同构建了叙事时间序列以外的故事地图。如《被沉默的智障女性：沦落在性、婚姻与生育里》这一作品就采用了互动地图这一模式，其在2021 年第六届中国数据新闻大赛中荣获一等奖。受众点击地图即可进入相应的省份，查看各个省份强奸、贩运和家暴妇女的数据（见图 6 - 1）。通过这一互动手段，既可以实现新闻聚焦的点面转换，也能够增强受众的体验感。

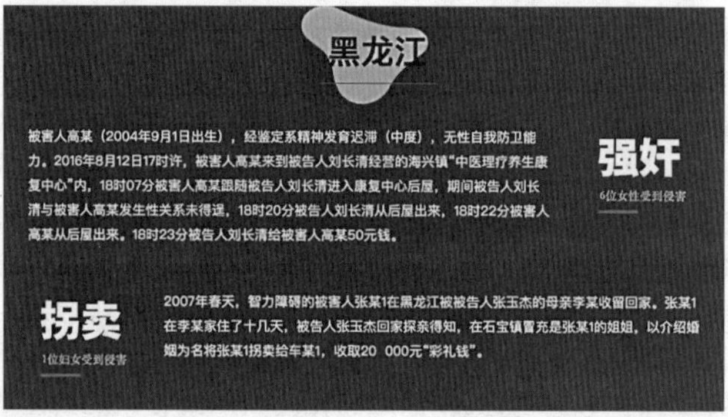

图 6 - 1　数据新闻《被沉默的智障女性：沦落在性、婚姻与生育里》作品截图

数据新闻叙事的独特之处在于，它能够深入挖掘故事背后的关系和意义，以此提升人们的认知水平。数据新闻致力于讲述数据关系的故事，以受众需求环境为背景，以新闻的核心价值为牵引，借助引人入胜的故事内容和具有视觉刺激的可视化手段来引发受众的深思。这种叙事策略不仅能够让受众更好地理解数据，还能够让他们更加全面和深入地理解故事背后的意义。

八、从“信息”到“知识”——新闻叙事情境的转变

在信息匮乏的年代，大众传播媒体肩负着“社会瞭望者”的责任，即成为社会大众了解各种事件发生和发展的重要窗口。大众传播媒体时刻保持着新闻敏感性和警惕性，通过自上而下的信息传播渠道，将最新的事件变化传达给社会大众。然而，在互联网时代，信息资源之间的壁垒逐渐被打破，信息资源不断下沉，大众传

播媒体对信息的垄断及单向度的阐释逐渐被消解。信息生产和传播环境的开放性，让每个人都拥有了发声平台，由点到面的信息传播方式逐渐被抛弃，取而代之的是多向互动性传播和垂直细分化传播等模式。不过，这也带来了信息过载和内容同质化的问题。在这种情况下，“内容为王”的观念再次引起了人们的关注。

在信息过载、内容同质化及谣言频发的当下，新闻受“污染”的情况较为突出，受众对真相的追求、对事实的理性研判也因此深受影响。为了改变这一状况，大众传播媒体需要转变自身的角色，从“社会瞭望者”转变为“社会洞察者”，并充分利用大数据技术，更为全面、宏观地挖掘新闻事件的相关数据，让受众能够直观地了解复杂问题背后的真相和新闻事件的发展趋势，跳出碎片化的报道困境，从单个真实走向整体真实。

九、从“文本”到“数据”——新闻叙事符号的转变

传统新闻报道一直以来都采用文字作为主要形式，这种叙事模式在社会传播领域达成了一致性。文字不仅是受众获取信息和感知世界的重要工具，还在一定程度上形成了文化共通性。传统新闻报道通常会保持以往的文字报道方式，即使配合图片、音频、视频和图表等形式，也只是为了提供更多的视听体验，而无法达到多种媒体共同完成报道的水平。这种单一性使新闻报道手段的多样性受到限制，叙事效果也趋于扁平化。

与文字符号不同，数据具有更丰富的内涵及外延。在牛津词典中，“数据”一词的定义涉及物理和哲学两个层面。在物理层面上，数据是指可以被计算机处理的数值、字符及符号，同时也可以通过电子信号传输并被记录在介质上。而在哲学层面上，任何可以用于推理和计算的事实材料都可以被看成是数据。因此，数据具有复杂性和多义性，这是文字所不具备的。数据能够融入新闻发生的实际情境之中，使叙事视角更为广阔和多元。在这种情况下，新闻报道的互动方式发生了极大的变化，即从文字符号的静态联系，转变为各种形式的数据符号的全方位互动，而这能够催生出更多的可视化表达手段。

十、从“记者”到“数据”——记者权力的让渡和数据作用的凸显

1. 记者权力的让渡

当记者的声音被书写成文本后，记者这一主体往往会消失于无形之中。数据新闻的叙事主体同样面临这种困境，虽然创作者还存在，但传统记者的角色发生了巨大的变化。

(1) 从宣传者向阐释者转变。

数据新闻的兴起，使记者不再是传统媒体时期的“宣传者”及“搬运工”，而是逐渐转变为“阐释者”和“解读者”。记者需要从海量的信息和数据中寻找新闻的线索、意义及故事，并以直观、易懂的方式呈现给受众。如在 2014 年财新网“数字说”栏目推出的《从“将军府”到“兵工厂”——濮阳的谷家产业》这篇反映谷俊山腐败的数据新闻作品中，记者就是以阐释者的身份来展开叙事的。记者充分挖掘与谷俊山产业相关的数据，采用“卫星图＋实拍照片”的手段来立体化地呈现谷俊山的家底，让社会大众知晓谷俊山的家族产业远远不止之前媒体所报道的那

么简单。同时，可视化图表中密密麻麻的红色定位点，也反映出谷俊山令人震惊的贪腐情况。点击每个定位点，都会弹出相应的现场实拍图，且标注了谷俊山家族产业的不当由来，以及具体的拍摄时间，使整个报道真实、准确和可信。

（2）从采访者向代言人转变。

在大数据时代，传统记者采访、报道的角色虽然没有完全消失，但仅仅局限于此显然不够。记者的使命是为民众发声，代表他们的利益，因而只有数据新闻才能更好地表达这一追求。这一点在《卫报》发布的《维基百科伊拉克战争日志：每一次死亡地图》这一大型数据新闻中得到了有效的呈现，成为记者为军人、民众和社会发声的经典案例。

2010 年，维基解密公布了关于伊拉克战争的数据集，这一事件迅速成为各大媒体的头条新闻。《卫报》抓住了这个机会，花费数周的时间，对 391 000 条伊拉克战争记录进行了详细的分析和分类。在报道中，记者利用谷歌融合图表（Google Fusion tables），对在伊拉克战争中伤亡的军人所处的位置进行了标注，生成了一幅可视化的“点图”（见图 6－2）。当放大地图时，军人伤亡的位置便一目了然地呈现了出来；当缩小地图时，死亡数量清晰可见。同时，记者还对细节进行了精心的处理。点击红点，地图上会自动弹出一个窗口，其中包含了伤亡类型、原因、地域和数量等详细信息。尽管地图没有使用煽情性文字，也没有表达任何倾向性观点，但遍布的红点充分展现了战争的残酷性。这篇数据新闻不仅令读者感受到了文字无法比拟的视觉和心理冲击，更令英国朝野震惊不已。究其原因，记者的数据收集和分析等努力是不可或缺的，但更重要的是记者所具备的同情心和人文情怀。正是这些激励着记者创作出优秀的新闻作品，不断增强新闻作品的传播力和引导力，使其具备“意义制造”的功能，从而推动社会发展，实现为公众代言的目标。

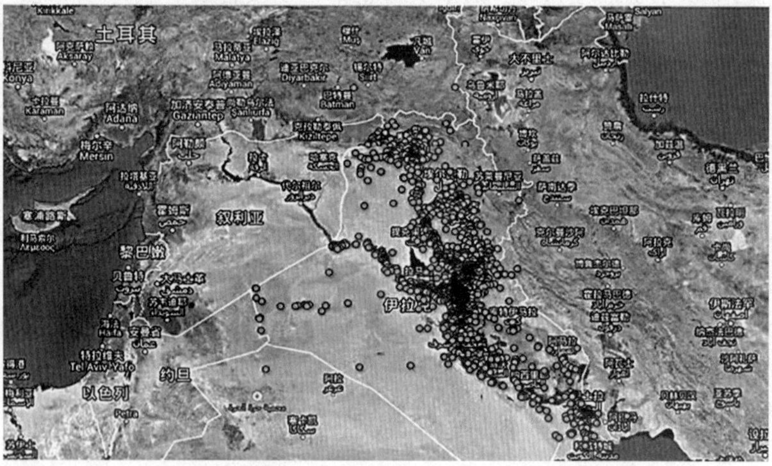

图 6－2　数据新闻《维基百科伊拉克战争日志：每一次死亡地图》作品截图

（3）从报道者向预测者转变。

传统新闻报道的主要任务是揭示真相和解读现实，其工作更多是让受众对过去有较好的了解，但对未来的预测相当有限。然而，在数据新闻时代，记者的角色发生了显著的变化，即从单纯的报道者变为未来的预测者，摆脱了新闻难以在预测上取得突破的尴尬局面。

以阿富汗社会团体制作的数据新闻作品《2001—2011 年记者在阿富汗遭受的

暴力袭扰》为例，该作品曾荣获全球“数据新闻奖”。它记录了记者在阿富汗遭受的暴力袭扰情况，时间跨度为2001年至2011年。值得一提的是，虽然从题目来看，该作品好像只展示了2001年至2011年间的数据，但实际上，其数据还在持续更新，一直向2011年以后延伸。众所周知，记者在阿富汗的工作境况一直都非常糟糕，经常会受到相关人员的威胁和恐吓，他们试图以此阻止记者开展工作。为了揭示这一现象，美国传媒企业互联新闻与阿富汗开放媒体合作，收集了数百份类似事件的报告。记者将收集到的数据以动态可视化地图和静态统计图两种方式呈现了出来。在动态可视化地图部分，红圈的大小代表不同地区发生恐怖事件的数量，而地图的底色则反映了记者的分布情况。当鼠标移动到红圈上时，会弹出一个窗口，显示事件发生的地区、人口数量、成人识字率等基本信息，让受众对事件发生地的人文面貌有更全面的了解。在静态统计图部分，记者进一步提炼了地图的信息，让受众在观察图表时，能够了解一些平时难以察觉的细节，知晓哪些地区、哪些时间的危险指数上升趋势较为明显。这打破了传统新闻报道的“现时”语态，可以对未来前往相关地区的记者和普通民众起到重要的警示作用。

2. 数据作用的凸显

数据新闻的叙事主体是由记者和文本叙事者组成的，他们在叙事中扮演着不同的角色。其中，记者是第一叙事者，而文本叙事者是第二叙事者。然而，随着记者职能的变化和权力的转移，这种情况发生了变化，企业、公众等新的主体不断涌现，对传统的新闻叙事主体进行了解构和重组。

(1)“数据源”成为叙事者。

尽管数据新闻与传统新闻在许多方面存在着差异，但总的来说，真正起到核心作用、引领方向的是“数据”这个关键词。正是“作者之死”为“数据之生”铺平了道路，使“数据源”成为新闻的叙事者，也成为叙事的语言。那么，“数据源”是如何成为叙事者的呢？还是以《维基百科伊拉克战争日志：每一次死亡地图》为例，在传统的采编环境下，如果要报道这场战争，就必须对当事人和知情人，特别是那些掌握关键信息的社会精英进行采访，然后在具体的报道中直接引用和转述他们的观点。然而，在数据新闻时代，记者可以轻易地避开传统的信息源，直接关注数据源。利用强大的数据技术对数据进行挖掘和分析，可以得到与众不同的结果，甚至能够揭示政府和军方故意隐瞒的信息。这种方法可以为报道带来新的视角，提升报道的深度，使读者更为全面地了解战争的真相。

(2)“机器人”成为叙事者。

在传统新闻报道中，“人”一直扮演着主导角色。然而，机器人新闻的兴起可能会颠覆这一规则。机器为大众传播媒体提供服务并不是什么新鲜事物，早在2006年3月，美国汤姆森金融公司就开始使用电脑来代替人脑，用机器人生成了金融类新闻报道。美联社也使用Wordsmith系统来写作新闻。

在机器人应用方面，《洛杉矶时报》更是取得了突破性进展。自2010年起，该报的网站便开始利用机器人来记录当地的每一起杀人事件。令人欣喜的是，这些机器人记者不仅报道了新事件，还追溯了之前几年被遗漏的事件。到2014年7月，该网站共发布了5 000多起有关杀人事件的报道，详细记录了受害者的种族、性别、死因、发现地点等信息。①

2014年3月18日，美国加利福尼亚州发生地震，《洛杉矶时报》再次展现了

① 徐曼．国外机器人新闻写手的发展与思考［J］．中国报业，2015（23）：33.

对机器人记者的熟练运用。Quakebot 系统迅速收集和整合了地质勘探局所发布的相关信息，在不到三分钟的时间内率先发布了新闻报道，该报道成功登上了网站的头条位置，超越了其他同类媒体的报道。机器人对新闻报道的驾轻就熟，预示着在数据新闻时代，机器人新闻的普及范围将会不断拓展。

(3)“数据新闻生产团队”成为叙事者。

在传统新闻报道时期，记者、编辑等可以一肩挑。但在数据新闻时代，新闻生产涉及诸多较为复杂的环节，且对相关技术的要求比较高，新闻工作者不仅需要具备新闻敏感性和深度思考能力，还需要熟练掌握数据软件和编程语言，以便将数据转化为视觉化的作品。然而，由于专业设置的限制，很难找到同时具备新闻采编、设计和编程能力的全才。因此，团队合作成为数据新闻生产的最佳选择。如早在 2014 年，新华网就成立了专门的数据新闻部门，由数据编辑、可视化设计师、交互工程师等多领域的专业人才组成，他们共同负责栏目的建设，形成了一个从数据抓取到分析、提炼，再到可视化呈现的流程。由此可知，当新闻生产需要同时具备新闻、数据和艺术等方面素养的人才时，传统新闻报道时期的单一型记者，甚至新媒体时代的“全能型记者”，都很难单独完成数据新闻的生产任务，团队合作生产将成为主流。在这种情况下，“数据新闻生产团队”就成了新闻作品的共同叙事者。

第三节　数据新闻叙事的类型

数据新闻叙事的类型较为多样，各种类型均在新闻叙事中发挥着独特的作用。就目前来说，数据新闻叙事的类型主要包括以下几种。

一、地理数据叙事

总的来说，地理数据可以分为两种类型，即人文地理数据和自然地理数据。在新闻报道中，比较常用的地理数据有地理坐标、结构化地图、关系网络，以及利用大数据技术挖掘呈现的运动轨迹、地点热度等，这些数据形成了各种类型的数据新闻。地理数据叙事包括以下几种方式：

（一）标识地理坐标的数据新闻

为了更好地呈现地理信息，或者为了方便按照某些非自然因素进行分类，数据新闻生产者经常将地理坐标（如经纬度数据）纳入数据集之中。通过可视化工具，将有关数据重新展现在地图上，以展示不同性质的地点之间的特定关系。使用了这些地理信息的数据新闻，可以利用地标在平面或三维空间中构建与新闻主题相关的场景，从而将受众带入新闻现场。这种方式通常被运用于重大突发新闻事件的报道之中。例如，针对 2013 年的青岛中石化输油管道爆炸事故，财新网就利用地理坐标的方式制作了交互式地图，成为此类新闻报道的典范。

（二）运用结构化地图的数据新闻

通过科学测绘完成的地图，或者通过卫星成像的地图，都是有价值的数据。这些地图常常构成数据新闻报道的基本框架。地理方面的特征量，如行政区划、自然条件以及人口分布等，经常作为因变量出现在各种数据新闻报道中。例如，在 2015 年 9 月习近平总书记访问美国期间，美国《华盛顿邮报》制作了《30 张图表解读今日中国》的报道，其中使用了中国的行政区划地图，并通过配色处理展示了中国不同省区市的食物种类、人均 GDP 等数据的变化情况。

(三) 展示地域关系网络的数据新闻

借助合适的可视化手段，可以以线条的形式，将两个或多个地点之间的关系展示在地图上，并能够直观地将这些关系的方向及强度呈现出来。这样的数据新闻，经常被用于有关各个地区在旅游、经贸和文化等领域的交流的报道之中。这种关系网络既可以通过静态地图来展示，也可以通过动态地图来呈现。例如，2015 年 10 月中央电视台推出的《数说命运共同体》系列报道，就运用了关系网络的形式来展示“一带一路”共建国家间密切的经贸和文化交往情况。

(四) 描绘运动轨迹与趋势的数据新闻

运动轨迹代表着一定时间内位置信息的变化情况，建立在大数据分析基础上的运动轨迹，可以从宏观角度勾勒和描述特定的变化趋势。如 2015 年春运期间，央视网推出的《“据”说过年》节目，利用百度迁徙及百度指数等多种数据产品，对春运这种大规模的人口迁移情况进行了生动、形象的呈现。通过报道中的出行轨迹，观众可以清楚地了解春节期间人们的迁移模式和具体的迁移状况。无独有偶，2015 年感恩节前夕，《纽约时报》推出的《感恩节飞行地图》报道刻画了感恩节期间美国人的度假航线地图，美国人对度假地点的偏好一目了然。

【案例】

作品名称：《“据”说过年》

作品类型：数据新闻

制作机构：央视网

《“据”说过年》

作品简介：2015 年春节期间，央视网《晚间新闻》栏目推出了《“据”说过年》节目，主持人担任数据观察员的角色，借助大数据对与春节相关的各项议题进行讲解报道。节目中常使用动画、图表等可视化数据形式来展现某一新闻事实的变化趋势，把新闻更生动、直观地呈现在观众眼前，并描绘出某一新闻事实的变化轨迹与运动趋势。如在报道与“禁放限放烟花爆竹”相关的新闻时，先列举人们对空气质量的关注度、环保的关注度以及环卫工人的关注度的上升，再通过柱状图展示 2015 年春节期间的烟花爆竹残屑的数量比 2014 年春节期间的烟花爆竹残屑的数量低，最终得出结论：人们对禁放限放烟花爆竹的态度发生了变化（见图 6-3）。

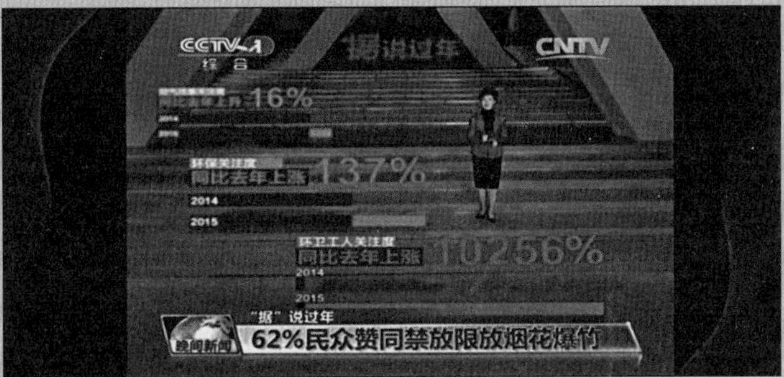

图 6-3　数据新闻《“据”说过年》作品截图

（五）透视热度区域的数据新闻

在地理数据处理中，大数据扮演着日益重要的角色。智能手机的普及使对个人位置信息的收集变得更加容易，每个人都在持续产生数据。新媒体平台可以通过定位来获取大量（基于位置的服务）的数据，特定区域的实时人群密度也可以被反映在地图上。如上文提及的《“据”说过年》，就运用了机场及车站热度的数据，使新闻报道更为生动。

需要指出的是，数据新闻的地理叙事应该坚持五条报道原则：一是在核心理念方面遵循严谨的科学原则；二是在采集环节中选择最新的数据；三是在分析环节中利用地图反映变化；四是在可视化环节中注意地理标记的准确性和清晰度；五是在发布环节中秉持开放理念并及时更新数据。

二、时间线叙事

在解读叙事性事件方面，数据新闻具备独特的技术优势，这种优势尤其体现在时间维度上。许多新闻报道的叙事结构都以时间序列为基础，注重探讨其中的因果关系，其时间跨度比较长。而且，在同一条时间线上，同一个新闻事件又包含着若干事实，新闻线索极为复杂，容易使人头晕眼花。为了展示众多的新闻事实及线索，数据新闻生产者会使用许多软件工具，通过拖动时间条等方式生产出交互性极强的动态新闻作品。

三、交互性图表叙事

在新闻报道中，对图表的应用已经变得非常普遍。相比于枯燥的数字阐述，图表能够更直观地呈现数据，但是单一的图表往往无法满足受众对于可视化的需求。因此，数据新闻需要运用适量的交互性图表来展示多变的新闻内容，以受众更加容易接受的方式创造性地呈现新闻数据。交互性图表能够展示更为丰富的数据信息，并且在网络和数字平台的支持下，凸显出逻辑思维、交互思维。例如，树形图和气泡图等图表适用于报道政府财政方面的新闻，数据新闻生产者能够根据政府财政数据，制作出动态交互性图表，受众点击图表，就可以看到不同政府部门的支出情况。同时，数据新闻生产者也可以制作一张静态图表，以不同大小的气泡或金字塔形式来表示各级政府的财政收入和支出情况。受众可以在点击图表相关部分的情况下查看特定时期的各项数据，并在进行比较和分析后做出自己的判断。

在数字媒体时代，交互叙事成为一种极其重要的方式。在数据新闻的呈现方面，大众传播媒体应根据自身的技术条件和受众的特定需求，以及具体的时事热点来开展交互设计工作，使受众能够从不同视角了解新闻事件。需要特别指出的是，在数据新闻中，受众也是新闻的“叙事者”，能够自主地探索和理解数据，甚至可以感受到成为“创造者”的乐趣。交互式叙事极为重视受众的参与，这改变了传统新闻叙事中新闻工作者主导话语的现象。

从实际情况来看，许多数据新闻也得到了受众的认可。例如，《南方都市报》推出的《延迟退休计算器》这一数据新闻，模拟了一个计算器的界面，受众可以通过养老金、工龄及年龄等按键，输入特定的数据，从而得出退休年份。这篇数据新闻一经发布，便立即引起了人们的兴趣，许多人积极通过各种平台转发，进一步扩大了传播效果。

【案例】

作品名称：《延迟退休计算器》

作品类型：数据新闻

制作机构：《南方都市报》

《延迟退休计算器》

作品简介：2015 年，《南方都市报》紧跟即将实施延迟退休政策的热点，推出了《延迟退休计算器》这一数据新闻（见图 6-4），其充分体现了数据新闻的交互性。进入模拟的“计算器”页面，第一栏是出生年份，第二栏是性别，第三栏是“开始计算”的图标。在这个页面，需要受众主动输入相关信息并点击“开始计算”，才会生成最终结果。这一计算过程的主动权始终掌握在受众手中，受众与新闻处在一种互动的状态中。这一案例充分说明，在数字媒体时代，受众能够自主参与并理解新闻，媒体在制作新闻作品时，应更加重视受众。

图 6-4 数据新闻《延迟退休计算器》作品截图

四、数据化叙事

数据化叙事不仅可以呈现事实，还可以通过数据分析及可视化呈现，揭示事实背后的规律和趋势。这种叙事方式不仅能够吸引受众的注意力，还能够帮助受众更好地理解复杂的问题和现象。但数据化叙事也给新闻业带来了新的挑战：首先，数据的大量涌现和快速更新，对新闻报道提出了更加及时和敏捷的要求。其次，数据的处理与分析需要专业的技术和知识，这对新闻工作者提出了更高的要求。

数据新闻的兴起，标志着新闻叙事方式的转变，它不仅可以提供更加准确和全面的信息，还可以通过数据的可视化和分析，使读者更加深入地理解问题。数据新闻的发展，不仅是新闻业的进步，也是信息传递方式的创新；它不仅减少了对文字的依赖，同时也削弱了社会精英的话语权。众所周知，少量数据很难展示两个变量之间的关系，只有对大量数据进行处理，才能发现其中的问题。由此可知，数据新闻能够填补传统新闻所无法涵盖的叙事领域。在实践中，大众传播媒体逐渐建立起了自己的数据库，它们经常利用各种主体的数据，并与其他媒体合作进行问卷调查，将收集到的所有数据都记录在数据库之中，通过点击图表，每一名受众均可进入相应的数据库查看源数据。这种做法表明了大众传播媒体对数据的重视，并积极生产开放性新闻。

可以肯定地说，伴随着传播科技的进步，数据新闻将继续改变新闻叙事的方式。它不仅能够提供更多的叙事维度和角度，还能够通过数据的分析和处理揭示更深层次的问题。这种创新的叙事方式将使新闻更加全面、客观，并为受众提供更多的参考和理解。随着大数据技术的不断成熟，在制作数据新闻时，大众传播媒体可以利用数据化处理器所提供的相关工具来分析各种数据。这种方法可以从更宏观的角度对新闻事件展开报道，避免了以往通过小数据来生产新闻的弊端。通过这种方式，大众传播媒体能够以更广阔的视野观察社会，使新闻事实更加直观和易懂。

五、可视化叙事

在数据新闻的叙事中，可视化占据着重要位置。设计精良的新闻可视化产品能够迅速地给受众留下深刻的印象。① 视觉元素不仅发挥着叙事的功能，还凸显了图像元素在呈现和应用方面的重要性。不少数据新闻都采用了再现和构图这两种视觉语法来进行叙事。

在再现语法中，大众传播媒体善于利用各种视觉元素来再现图表中的内容，例如高亮、箭头、动态折线和地图等。而在构图语法中，数据新闻生产者更加注重对图表的形状、色彩和大小的处理。总体来看，不管是哪种视觉语法，都强调了视觉因素在叙事中的关键作用，并暗含着隐藏的叙事逻辑。

可视化叙事的出现颠覆了人们以往通过媒介获取信息的方式，为信息传达带来了全新的认知体验。数据可视化的力量在于能够以清晰有效的方式传递和沟通信息，然而，有时候为了追求“可视化”的效果，一些数据可能会偏离本来的传播目的。尽管可视化叙事是数据新闻叙事的基本方式，但对于如何利用这种方式更好地展示新闻内容仍需要不断实践和努力。

六、互文性叙事

互文性是指每个文本都与其他文本存在着联系。数据新闻的互文性叙事包括宏观和微观两个层面。

（一）宏观层面

每则新闻都有其独特的语境，即产生的社会历史环境，数据新闻所传达的事实，受众对新闻主题的理解，都受到这个语境的影响。数据新闻生产的关键点是深入挖掘数据，并对数据进行结构化解读，以揭示新闻事件背后的事实。然而，数据不具备共通的符号意义，受众很难对数据产生一致的认知，对数据的理解存在着这样那样的差别。因此，数据新闻的叙事方式应更加注重受众的理解和参与。

通过交叉引用数据源，数据新闻能够揭示新闻事件中被隐藏的细节并验证新闻事实，从而为新闻报道提供全新的表达形式。此外，通过对数据进行深入的挖掘和分析，数据新闻能够发现数据背后的价值，并将新的内容和标准融入原有的新闻价值之中。受众参与数据新闻报道，不仅能够直观地感知新闻事实的变化，还能够从更多方面了解新闻的价值。这表明，新闻道德在某种程度上也得到了改善和转变。数据新闻更倾向于选择有温度的主题和视角来展开报道，以视觉化的方式来呈现新

---

① 许向东．转向、解构与重构：数据新闻可视化叙事研究［J］．国际新闻界，2019（11）：145.

闻，从而引发受众的情感共鸣，更好地满足他们的阅读期待和需求。此外，使用客观、多元、透明的数据来源，并进行科学的数据处理，在增强大众传播媒体的自律性的同时，也提高了数据的可信度。

（二）微观层面

按照互文性理论，文本之间的相互关联是基于特定的时空条件而存在的。这种互文性包括文本在时间和空间上的组合与聚合，从而使文本在时空上具有一致性。数据新闻的独特之处在于能够将发生在不同时间和地点的数据联系起来，通过逻辑分析和处理，揭示事物的发展趋势，并预测其未来的动向。这样，数据新闻实现了时间和空间的动静合一。如《“亿元贪官”已 29 人，西安市委原书记魏民洲受贿亿元被判无期》这一数据新闻作品，列出了过去十年间被抓捕的 29 名“亿元贪官”，并以时间轴来描述他们的整体情况。受众点击特定的人物，可以查看与该人物有关的报道，了解相关人员或事件的详细信息。

数据新闻采用互文性叙事的原因在于，传统的新闻叙事无法满足当前社会语境和技术环境下，受众对长时间跨度、海量数据的需求。数据新闻通过时间轴的方式展示新闻事实，能够达到两种效果：第一，按照事件发生的先后顺序，从整体上呈现新闻事件。第二，将关键节点标记在时间轴上，且配上相应的文字说明。当受众点击某个节点时，会跳转到相应的链接，在实现信息的精准传播的同时，也让受众较好地参与到新闻事件之中，使他们能够更好地理解新闻事件。

七、“数据链”叙事

“数据链”叙事能够更好地发挥数据新闻的判断、预测和描述功能。数据链是由数据终端之间的互通链接与驱动所构成的。在信息技术领域，当一个数据终端与其他数据终端相互链接时，数据链就诞生了。通过这个数据链，我们可以根据已有的数据获取到其他相关数据。因此，数据链不仅仅是一张数据网，更是信息的“黏合剂”。在数据新闻报道中，多篇新闻数据间的互通链接与驱动，也会形成一张数据网，成为新闻要素的“黏合剂”。要想更好地发挥数据链的作用，需要从以下方面进行努力。

（一）数据来源于新闻事件

即使是对旧闻的再解读，也要和新闻事件密切相关，甚至融为一体。换句话说，所有数据都必须与新闻事件密切相关，具有新闻价值，这是前提条件。同时，还必须对与新闻事件相关的数据进行合理的处理，以确保其准确性和可靠性。此外，数据之间要能够进行有效的链接和驱动，以便更好地呈现给受众。通过这些处理方式，就可以形成数据链，并将其应用于新闻报道之中。这将为新闻业带来更多的可能性和机会，使新闻报道更加全面、准确，更有深度。同时，受众也能够通过这些数据链更好地理解和解读新闻事件，从而提升他们获取和理解信息的能力。需要指出的是，并非所有与新闻事件相关的数据都能够被用来建构及传达新闻，只有那些具备判断、预测和描述等新闻叙事功能的数据才能被应用于新闻报道之中。

（二）厘清数据的不同属性

数据新闻中的数据，主要具有主题性、统计性和分析性等属性。主题性新闻数据是指通过筛选、分析整合后，能够直接反映主题的数据；统计性新闻数据是指基于统计学原理收集的定类、定序、定距和定量等基础数据；分析性新闻数据是指在基础数据的基础上，进行分析后得出的关联性数据。不同属性的数据具有不同的功能，因而在使用数据时，新闻工作者必须厘清它们的属性。

1. 有效提出主题性新闻数据

精准地提供主题性新闻数据，并将其体现在标题之中，是数据新闻的一个重要突破点。例如，《2014 年天猫双十一成交总额 571 亿 点亮 217 个国家地区》《淘宝“双十一”交易额突破 350 亿元创新纪录》等标题中的数据，就是主题性数据，它们并非来自对各类新闻数据的整合分析，而是在对统计性新闻数据进行筛选后确定的，分别是 571 亿和 350 亿。主题性新闻数据对淘宝及其他电商，甚至对互联网和成千上万的网民来说，都具有极其重要的意义。利用数据的“判断”功能，实现了具有引导力的传播效果，让受众通过一个数据就能了解胜负和形势的变化。随着互联网和电商模式的兴起，人们不仅会在渠道和工具层面上受益，更会在受众心理期望、商业梦想和低碳生活等价值层面上获得提升。

2. 合理运用分析性新闻数据

合理运用分析性新闻数据，并在新闻报道中逐步展开和推进，是数据新闻的另一个突破点。《开年红包，引爆社交支付（大数据观察）》这篇由《人民日报》在 2016 年推出的、标题看起来较为传统的新闻，经新华网转载后，改成了极具数据新闻特色的标题——《春节红包大数据：4.2 亿人参与 收发 80.8 亿个》。数据显示，广东是最喜欢发红包的省份，其次是江苏和浙江。而北京、深圳和广州则是最喜欢发红包的前三个城市。在发红包排名前 20 的城市中，近一半是三四线城市。此外，支付宝红包数据也显示了这一变化：除夕当晚，支付宝活跃用户在三四线城市的比例从节前的 48%上升到 64%，增长了 16 个百分点。① 该报道展示了对未来趋势的预测能力，证明了红包文化的普及程度正在不断扩大。需要指出的是，数据新闻的可信度，并非依赖于某个权威渠道，而是通过科学的统计和分析得出的。

3. 科学处理统计性新闻数据

科学处理统计性新闻数据，使之与主题性新闻数据、分析性新闻数据“环环相扣”，达成让统计性新闻数据为主题性新闻数据做延展、为分析性新闻数据做铺垫的目标，是数据新闻的又一个突破点。如新华社在 2016 年发布的题为《3 245 亿次“咻一咻”互动、80.8 亿个微信红包——除夕夜，你抢红包了吗?》的数据新闻，提到在 2016 年的除夕夜，支付宝的“咻一咻”互动次数达到了 3 245 亿次，是 2015 年春晚互动次数的 29.5 倍。此外，微信也公布了数据，显示除夕当天参与微信红包活动的人数达到了 4.2 亿人次，收发总量是 2015 年除夕的 8 倍，达到 80.8 亿个。② 可以看出，相关的数据不仅是对主题性新闻数据的延伸扩展，也为分析性新闻数据提供了铺垫，引起了网民的关注和讨论，增强了大众传播媒体的公信力。

---

① 欧阳洁．开年红包，引爆社交支付（大数据观察）[N]．人民日报，2016-02-16 (6).

② 张遥，张璇．3 245 亿次“咻一咻”互动、80.8 亿个微信红包：除夕夜，你抢红包了吗？[EB/OL]．(2016-02-08) [2023-11-01]．http://www.xinhuanet.com/politics/2016-02/08/c_1118014878.htm.

八、全媒体叙事

数据新闻叙事融合了多种媒体形式，因而数据新闻生产需要高质量的人才，且周期较长，成本也高。因此，数据新闻生产团队需要简化内容生产流程，统筹规划承载内容的最佳媒体形式，致力于运用多种媒体和对数据进行深入挖掘等方式来丰富数据新闻的内容。

数据新闻的生产环节与传播环节密切相关，数据新闻生产团队不能孤立地操作，而是应该采用全面和创新的叙事手段。很明显，纯文字叙事已不再是新闻叙事的主流，除了统计图片、图表和视频，还有动画、游戏。大众传播媒体应该积极探索更多新的叙事方式，以适应时代的发展和受众的需求。

第四节　当前数据新闻叙事常用的手段

数据新闻叙事的手段是多样化的，不同的叙事手段能够产生不同的传播效果。当前，数据新闻常用的叙事手段主要包括以下几种。

一、可视化手段

可视化是一种计算和处理的方法。它将抽象的符号（数据）表示成具体的几何关系，使研究者能亲眼看到他们所模拟和计算的结果，使用户看见原本不能看见的东西。[①] 数据可视化综合采用计算机图形学和图像处理技术等相关知识，把数据转化为图表或图像，并在各类载体上呈现出来。

在数据新闻中，可视化能够直观、形象地展示出新闻的重点。尽管报道的内容是相同的，但数据新闻在呈现上有着独特的优势。借助可视化技术，新闻事实能够以更容易理解、更形象的方式呈现出来，对受众更有吸引力，且更容易引发他们的思考。因而，对拓展和延伸新闻的关联性及影响力来说，可视化手段是极为有效的。数据新闻的可视化方式较多，包括静态信息图表、互动信息图表和视频动画等，数据新闻生产者可以按照它们的特点，将其运用到不同的数据新闻产品之中，以更好地传达新闻内容。

二、描述手段

通过描述手段，将复杂信息进行“具象化”处理，可以成功地解决重大事件新闻报道的范围广、信息更新快、时效性强及权威性高等综合性要求方面的难题。具象化处理主要包括两个方面：

第一，有些数据新闻作品主要采用时事报道、流程汇报及政策解读等方式来进行传播，报道形式相对简单，往往是通过图表的形式，将有关信息直观地展示出来。为了满足可视化的需求，数据新闻生产者会有计划地对相关的信息进行归纳和总结，并对之展开价值判断，从而提炼出大致的叙述逻辑。这种情况在时政报道中

---

① 林慧君．思维可视化及其技术特征［C］//张际平．计算机与教育：实践、创新、未来．北京：新华出版社，2014：708.

较为常见。例如，人民网制作的《马上开幕啦！一图了解这场长达 162 天的园艺博览会》这篇数据新闻，就很好地体现了“具象化”的传播方式。

【案例】

作品名称：《马上开幕啦！一图了解这场长达 162 天的园艺博览会》

作品类型：数据新闻

制作机构：人民网

作品简介：这篇报道通过一张图表，清晰地展示了即将开幕的园艺博览会的重要信息，包括时间、地点、参展国家、园区格局等（见图 6－5），并对其中所提及的数据进行了加粗处理。这种直观的呈现方式使读者能够快速抓取关键信息、了解相关信息，提高了信息的传达效果。例如，在图解的最后，该作品发布了博览会的“五大亮点”，其中包括提供了 2 万余个停车位及园区保留了近 5 万棵原生树等数据。这种处理方式不仅让博览会的筹备活动变得生动真实，同时也丰富了信息内涵，使报道中的数据呈现更加具体化。

《马上开幕啦！一图了解这场长达 162 天的园艺博览会》

图 6－5　数据新闻《马上开幕啦！一图了解这场长达 162 天的园艺博览会》作品截图

第二，描述性叙事的特点，让数据新闻在表达主题时具有更为充足的空间。传统新闻报道通常围绕现在来进行，而数据的运用可以打破时间和事件叙述线的限制，在纵横贯通中展开叙事。描述性叙事能够让新闻工作者以统揽全局的视角对新闻事件的时间线进行回顾，受众可以更加直观地了解相关事件的发展和变化过程。由此可知，数据新闻的魅力在于它能够以全新的方式呈现信息，让读者在短时间内全面了解事件在一个时间段内的发展轨迹。

三、串联手段

串联手段可以有效地开发和汇集相关的知识。数据新闻叙事突破了“典型化”的事实知识模型，创造了一种新的代表性或整体性的事实知识模型。换句话说，数据新闻不会局限在对时间的线性追求之中，而是会自如地提供满足所处时代的受众需求的事实知识。传统新闻报道极为重视“事实”，往往忽视了“知识”，受众只能了解事实，却无法获知更多事实背后的故事。而数据新闻串联式表达方式，可以将“知识”串联起来，在不影响报道整体宏观逻辑的前提下，将宏观叙事与微观表达有效地结合起来。

【案例】

作品名称：《他来了，“中国正步”来了!》

作品类型：数据新闻

制作机构：搜狐“四象工作室”微信公众号

《他来了，“中国正步”来了!》

作品简介：2019 年 10 月 1 日，国庆 70 周年阅兵仪式大放光彩、引发关注。搜狐新媒体平台“四象工作室”微信公众号以国庆阅兵为立足点，对各国军队“正步”的起源、姿态和相关要求进行了报道，列举了“正步”的三种流派（见图 6-6），并分别对它们的历史和轶事进行了说明。文章不长，但借助列举有价值的数据和搭配生动的言论等手段，对“正步”的重要性、象征性和代表性进行了阐述，向读者呈现了“常见新闻元素中的罕见知识”。可以说，与之前的新闻报道相比，这篇数据新闻作品既传播了知识，又提供了表达政治话语的新方式。

图 6-6　数据新闻《他来了，“中国正步”来了!》作品截图

通过数据新闻挖掘知识，具有深刻的话语意义。2017 年，欧洲一些国家总统选举期间，财新网推出了数据新闻作品《欧洲还有几个特朗普?》，利用互动方式对欧洲国家总统候选人进行画像，让受众更好地了解相关的总统候选人。打开该作品，受众会发现各国候选人的画像以扑克牌的形式一一展开，下面则是对候选人的政治观点的介绍。将鼠标移动到任何一幅画像上，会显示相关候选人的视频。点击其中任何一幅画像，会跳转至相关候选人的详情界面。根据弹出的内容，受众能快速地了解每位候选人的大体情况，并将他们的观点与特朗普的观点进行对比。需要指出的是，这篇数据新闻不仅科普了知识，还传达了相应的观点。

四、深度讲述手段

深度讲述是对幕后事实进行挖掘与判读的重要法宝。上述第三点提到的《欧洲还有几个特朗普?》，仅仅是对候选人的情况进行了简单的展示。但不少数据新闻还会揭示较为复杂、深层的社会关系网络，让受众了解新闻背后的图谱。如《“红色通缉令”众生相》就展示了这种叙事方式。该作品围绕犯罪外逃人员选题，对他们的出逃路线进行了分析，并绘制了出逃路线图，受众只要点击相应的点，就可以了解详细的信息，如罪犯姓名、涉嫌罪名、案发地点、逃往国家等，紧接着是对罪犯的人物报道。这篇新闻作品充分发挥了数据新闻的优势，通过可视化的方式，将多种元素有效结合起来，较为深刻地传达了相关的主题。如果仅用文字来列举逃亡路线，那将会显得索然无味。而通过可视化处理，可以直观地展示出犯罪外逃人员的经历，让受众能够更加主动和深入地解读新闻事件。但这并不排除记者对新闻事件的判断，只不过这种判断是不显山不露水的。

《“红色通缉令”众生相》很好地实现了新闻传播的目标，通过整理新闻事实，利用可视化开展深入报道。在受众参与互动的情境下，表面上看起来是在为受众解读新闻作品赋权，实际上是在引导读者对新闻事件进行思考。

第五节 数据新闻叙事的改进策略

数据新闻叙事类型多元、手段多样，为新闻叙事的推进提供了多种选择。但总的来说，数据新闻叙事尚存在不少需要改进的地方，我们可以从以下五个方面着手，来探讨数据新闻叙事的改进策略。

一、从相关关系回归因果关系

知晓“是什么”就足够了，不必知晓“为什么”，这是大数据时代的经典话语。它给人的感觉是，在大数据时代，人们没有必要非要知晓各种社会现象背后的因果关系，要让数据自己来说话。事实上，这不太现实，因为不是所有人都有能力解读数据背后的因果逻辑关系。因而，适度的分析能够帮助受众更好地理解新闻。记者有责任“唤醒”那些“沉睡”的数字，让它们变得生动起来，并通过因果分析和意义解读来揭示隐藏于数据背后的事实。例如，在《大数据告诉你“春运”正在变化》这篇数据新闻中，新闻工作者不仅呈现了春节期间大城市人口涌出和涌入的数据，还特别呈现了专家对这一现象的解释：年轻人选择让父母来大城市过年可能是其中的重要原因之一，这就是所谓的“逆向迁徙”现象。运用大数据技术，对新闻事件进行因果分析，并解读其中的意义，比仅仅采访专家或依靠记者个人判断更为可信。数据的客观性让记者的工作有了坚实的证据基础，为受众提供了更科学的实证依据，同时也能让受众更好地了解各种事物在复杂形势中的演变趋势，为他们进行科学的决策提供预见性指导。

由此可知，数据新闻要转变数据新闻叙事的逻辑，不仅关注事件的相关关系，更关注事件的因果关系。从数据的本质属性来看，数据世界等同于客观的物质世界，数据符号的宣扬带来的是对万物“数据化”的终极追求。大数据试图“量化一切”，把万物变成数据，并通过数据来认识和把握万物。① 在数据新闻报道中，数据被进行可视化、物化处理，成为一种元语言般的存在，具有自身的独立性。在这种情况下，新闻叙事的因果关系就被消解甚至被摒弃，而相关关系则受到高度重视，新闻工作者对不同变量之间的数据关系进行分析，致力于消除客观世界中的不确定性。因此，不少人认为，只需挖掘数据之间的逻辑关系，就能够保证新闻价值，且能够揭示事件真相，这种看法无疑是片面的。

需要特别指出的是，对数据新闻来说，相关关系与因果关系并不是割裂的。从某种意义上来讲，不少相关关系是由因果关系派生出来的，而数据化就是将因果关系转化为数据形式。从叙事策略来看，由于过于看重相关关系，我国的很多数据新

① 黄欣荣．大数据的本体假设及其客观本质［J］．科学技术哲学研究，2016（2）：91.

闻都陷入了浅薄化、同质化的陷阱之中，不但忽视了数据与事实的关联性，更忽略了对数据之间的因果关系进行深入剖析的意义所在，所谓的预测功能也大受影响。这样的新闻报道，往往只提升了社会大众对已知新闻事件的理解，加深了受众的印象，却大大降低了数据在提供深度化叙事方面的功能。因此，这种数据新闻的科学性和人文价值属性均比较缺乏。因此，数据新闻叙事应该关注社会大众对数据之间因果关系的现实需求，在不断剖析因果关系的过程中提升新闻的价值。

二、在宏观中切入微观

数据新闻要适应数据新闻的叙事语境，将宏观叙事与微观叙事有效地结合起来。数据新闻叙事的核心原则是“用数据说话”，其突破了传统新闻所遵循的叙事标准，但过于看重数据的重要性，使基于文字符号的故事元素无法在叙事中得到有效的体现。同时，数据之间的强关联性也使叙事语境发生了改变。从叙事视角来说，传统新闻更强调通过个体故事来建构叙事背景；而数据新闻的叙事语境则较为宏观，新闻的质量和方向因此受到数据的规模及特性的影响。数据作为“总体样本”的属性也决定了新闻的时势和情景。这改变了数据新闻的聚焦方式，它更关注体现社会整体利益的事实，不借助相关的数据技术，这些事实一般很难被发现。据此可以说，数据新闻为我们提供了一种全新的叙事方式，社会大众虽然可以从一个较远的角度来把握事件的发展和影响，却很难真正感受和理解数据对人类生产、生活的影响。

为了解决这个问题，数据新闻生产团队通常会尝试使用各种炫酷的可视化方式来降低数据的理解难度，并期望能够重新吸引社会大众的注意。然而，我们都知道，数据一旦脱离了人文的内核，就显得十分枯燥，就算通过可视化的方式来呈现，也很难引起社会大众的注意，且就算社会大众予以关注，也只是瞬间性的。因此，数据新闻叙事需要在宏观的新闻语境中切入微观的阐释途径，让社会大众立足于自身的社会情境，进一步了解数据背后的事实。例如，财新网的数据新闻生产团队为了纪念新冠疫情中逝去的同胞，就使用可视化的数据窗口程序，将众多冰冷的死亡数据构建成一个温暖的数字纪念馆。为了让社会大众更好地把握数据，团队还采用第一人称视角，以花瓣的形式来展示每位逝者的生平。社会大众既能在纷飞的花雨中感受到疫情的残酷和悲伤，也能够通过互动的方式搜索和点击每片花瓣，以微观的视角来了解花瓣背后的故事和情感。这样的报道不再让数据成为一次性的信息消费，而是将其转化为有温度、有情怀的故事，彰显了数据的人文属性。

三、用数据做背景

新闻的核心在于关注人、关注与人相关的故事。尽管数据在新闻中扮演着极为重要的角色，但最终的目的还是掌握相关的数据对人的影响。因此，用数据做背景，挖掘数据背后与人相关的故事，并表达对人的关怀，才能彰显数据新闻的价值。

【案例】

作品名称：《数据说春运》

作品类型：数据新闻

制作机构：央视网

《数据说春运》

作品简介：这则数据新闻利用来自互联网的大数据，分析了春运的新趋势，分享了团圆年里的温暖亲情，在对全国两亿多部智能手机移动迁徙的大数据进行分析后画出了实时春运迁徙图，从中可以看出近年来越来越突出的“逆向迁徙”特征（见图6-7）。这则数据新闻还讲述了两个故事：第一个故事与一个名叫邓柳柳的姑娘相关，她带着120余斤的行李回家过年，却不担心超重的问题，因为这些行李是她的男朋友准备的，他会妥善处理，并接受邓柳柳的亲戚们的打分。第二个故事与一名无法回家过年的网友相关，他拍摄了一张照片，表达其在过年期间对家人的思念之情。照片中，这名网友的头伏在其怀孕妻子的肚子上，背景则是全家的合影。看完这则数据新闻，或许我们没有记住回乡的人数和未能回乡的人数，却能通过这两个故事感受到我国浓浓的年味和对家的思念之情。

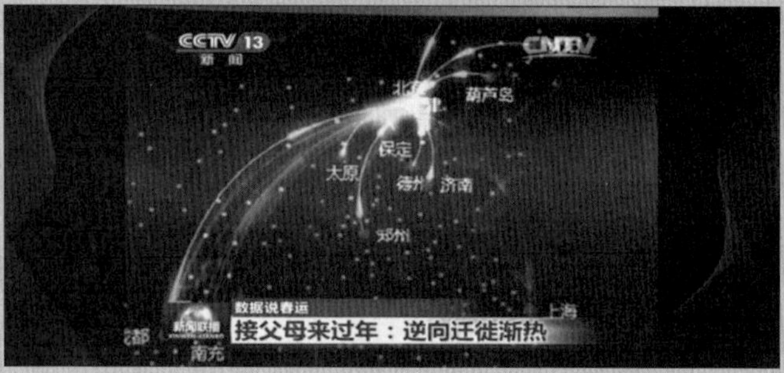

图6-7 数据新闻《数据说春运》作品截图

四、选题立意重人文性

数据新闻的魅力在于它能够以一种独特的方式来讲述故事，因而在选题立意这一初始界定上就要融入人文意识。在数据新闻生产中，不少新闻工作者会采用简单地罗列图表的手段来呈现数据。毫无疑问，这种初级的可视化手段是达不到要求的，必须考虑与受众的互动问题，因为互动是促进数据新闻发展的重要方式之一。以数据来支撑和以故事来驱动，并注重交互式设计，数据新闻将会展现出强大的生命力。

【思考题】

1. “数据”与“叙事”之间的矛盾关系体现在哪些方面?
2. 数据新闻时代的新闻叙事逻辑发生了哪些变化?
3. 数据新闻叙事的类型有哪些?
4. 当前数据新闻叙事常用的手段有哪些?
5. 数据新闻叙事的改进策略有哪些?

【推荐阅读】

[1] 许秋里．数据有度：场景时代的内容玩法 [M]．北京：电子工业出版社，2016.

[2] 许向东．数据新闻：新闻报道新模式 [M]．北京：中国人民大学出版社，2017.

[3] 厄舍．互动新闻：黑客、数据与代码 [M]．郭恩强，译．北京：中国人民大学出版社，2020.

[4] 刘涛，杨烁燏．融合新闻叙事：语言、结构与互动 [J]．新闻与写作，2019 (9)：67-73.

[5] 范红霞，孙金波，赵玥．宽视善知：数据新闻的叙事逻辑与价值耦合 [J]．新闻爱好者，2023 (4)：9-13.

[6] 陆朦朦．数据新闻互动叙事策略研究：基于 2014—2018 年全球数据新闻奖获奖作品的分析 [J]．出版科学，2019 (1)：92-98.

[7] Hullman J，Diakopoulos N. Visualization rhetoric：framing effects in narrative visualization [J]. IEEE transactions on visualization and computer graphics，2011 (12)：2231-2240.

[8] Segel E，Heer J. Narrative visualization：telling stories with data [J]. IEEE transactions on visualization and computer graphics，2010 (6)：1139-1148.

第七章　数据新闻的盈利模式

【本章学习要点】

一、数据新闻的盈利困境

- 盈利模式依然较为传统
- 盈利方式仍然较为单一
- 经济体量较小且不稳定

二、数据新闻的盈利策略

- 构建科学的盈利模式
- 提供数据收集和分析服务
- 开发数据应用

数据新闻的商业模式尚不成熟，还存在一系列亟须解决的问题。大众传播媒体需要及时找到合理的数据新闻盈利模式，从而推动数据新闻的持续发展。

第一节　当前数据新闻盈利模式面临的问题

当前，数据新闻盈利模式未体现出数据新闻的发展优势，主要体现在盈利模式依然较为传统、盈利方式仍然较为单一和经济体量较小且不稳定等方面。这种状况必须得到转变。

一、数据新闻商业模式的概念界定

拉帕认为，商业模式是一种能为企业带来收益的模式，它代表了企业在价值链中的位置，并指导其如何盈利。[①] 谢弗等则将商业模式界定为一种反映企业价值创造的逻辑方法，由战略选择、价值网络、获取价值、创造价值四部分组成。[②] 我国学者于疆认为，商业模式是企业为实现客户价值最大化，将内外部各要素整合起来所形成的一个完整高效的具有独特核心竞争力的运行系统。[③] 由此可知，学者们对商业模式的界定主要集中在“价值”这一核心要素上。因此，我们认为，数据新闻商业模式是指数据新闻平台通过提供有价值的数据新闻产品或服务来满足受众需求

---

① Rappa M. Managing the digital enterprise［EB/OL］.［2017 - 11 - 01］. http：//digitalenterprise. org/mrappa. html.

② Shafer S M，Smith H J，Linder J C. The power of business models［J］. Business horizons，2005 (3)：199.

③ 于疆. 关于企业商业模式的探讨［J］. 企业家天地下半月刊（理论版），2008 (11)：61.

的模式，它是由不同要素及其相互关系所构成的运营系统。

二、数据新闻盈利面临的问题

2012 年，四大门户网站陆续开展数据新闻实践，例如新浪的“图解新闻”、网易的“数读”、腾讯的“数据控”以及搜狐的“数字之道”。到了 2013 年，一些传统媒体也开始跟进。2014 年以后，数据新闻实践受到了越来越多的媒体的重视，它们增设相关的岗位，并积极推进数据新闻报道实践。例如，针对 2015 年 8 月发生的天津滨海新区爆炸事件，不少媒体都采用了数据新闻的方式予以报道。为进一步实现数据价值，持续释放数据红利，我国政府在 2015 年 8 月颁布了《促进大数据发展行动纲要》。在国内数据新闻蓬勃发展的今天，我们仍需思考一个重要的问题，即数据新闻应该打造什么样的盈利模式，以促进自身的可持续发展。

（一）数据新闻盈利模式依然较为传统

互联网的兴起，使传统媒体的盈利模式遭受重创，致使传统媒体的受众和广告商大量流失，尤其是报业，更是遭遇了“寒冬”。不过，数据新闻的出现确实成功地吸引了一部分受众，并让他们花更多的时间来阅读新闻。因此，一些媒体机构，如英国的《卫报》等便积极推进数据新闻生产，将原本流失的不少受众又拉了回来，让他们长时间停留在自己的数据新闻报道上面。在这种情况下，广告商也愿意投放广告。今天，国内致力于数据新闻生产的媒体，也成功吸引了部分受众并获得了不少的流量，从而开辟了新的增收道路。然而，我们也要看到，数据新闻的盈利模式依然较为传统——主要靠广告来增收，这种传统的盈利模式已经让众多国外数据新闻实践陷入困境。有鉴于此，我们的数据新闻应该以数据为驱动，寻找新的盈利途径。

（二）数据新闻盈利方式仍然较为单一

与传统的新闻报道相比，数据新闻报道更为注重团队合作，需要投入更多的人力、物力和时间成本，也需要有新技术的支持。从数据采集、处理、挖掘、分析到可视化制作，都需要消耗大量的资源。在传统的盈利模式日薄西山的状况下，数据新闻还没有找到很好的盈利模式，处境可谓极为危险。倘若出现大众传播媒体的收入没有起色，而不得不减少对数据新闻的投入的情况，那么数据新闻的处境将更加困难。实际上，这种情况已经出现，国外诸多媒体关闭数据新闻实践，原因多在于此。

由此可知，营收和技术问题已经成为决定数据新闻是否能够持续发展的重要因素。从数据新闻的生产实践来看，相关机构通常采用小型化团队生产的方式，例如财新网的数据可视化实验室，它使得我国数据新闻的盈利局面难以打开，局限于依靠广告收入、提供定制化商业信息服务等方面。就算是这样，能够提供定制化商业信息服务并以此盈利的媒体也不多。这足以说明我国数据新闻的盈利方式较为单一。

（三）数据新闻的经济体量较小且不稳定

数据新闻盈利模式较为传统、方式较为单一，而生产周期又较长，因而很难在时效性和内容规模化方面有所突破，致使其投入产出比难以提升。同时，我国的数据新闻还存在一个问题，那就是不少数据新闻的选题都集中于环境、财经等方面，过于专业，让受众难以理解，需要花费更多的资金和时间进行可视化设计，加之数据垄断致使数据获取困难，更加大了数据新闻的开支负担。此外，从市场价值的角度来说，我国的数据新闻受到传媒公共属性的影响，难以获得更高的收入。这些因素导致我国的数据新闻长期处于小经济体量的状态，营收一直不稳定。

第二节　数据新闻盈利的突围路径

在大数据技术不断普及和传媒生态不断革新的当下，数据新闻的经济价值不仅仅体现在广告和流量变现等方面，还体现在与数据收集、处理和分析等各个方面相关联的盈利方面。因此，以传统的盈利思维和模式来对待数据新闻，既不得其理又浪费资源。在新的盈利渠道方面，彭博社的做法比较值得借鉴。其打造了 30 万个客户端，并持续向用户提供财务数据，用户可以在查询、比较以及分析之后进行决策。通过这种方式，彭博社每年获得巨额经济收益。彭博社开展的这项业务，以前只有专门的数据分析商才能做，但现在几乎所有的数据新闻平台都可以做，这是数据新闻增收的新渠道。数据新闻尚未形成成熟有效的盈利模式，众多的数据新闻平台仍在探索之中。不过，结合数据新闻的实际来看，其可以通过以下几种方式来盈利。

一、免费模式

免费也是一种典型的商业模式。在这种模式下，大众传播媒体向社会大众免费传递数据新闻内容和提供数据新闻工具，使他们享受应有的公共信息服务。虽然内容是免费的，但是在社会大众的点击下，也会产生流量，并能获得广告费用。这属于传统的盈利方式。这种方式能够让受众随意消费并提供反馈意见，有助于改进数据新闻的生产策略。数据新闻的免费模式有两种类型：一是内容免费模式；二是数据工具免费模式。

（一）内容免费模式

该模式指媒体免费向社会大众提供数据新闻内容，社会大众可以随意浏览和使用数据新闻产品（不过在使用过程中要避免侵权问题）。以财新网的数据可视化实验室为例，其免费开放所有的数据新闻报道，尽管内容是免费的，但由于财新网在财经报道方面的专业性，因此吸引了数量庞大的专业性受众，在塑造品牌的同时获得了大量的广告费。此外，大量受众的关注，也让财新网获得了巨大的流量，在流量变现成为常态的今天，这让财新网有了流量收入。

（二）数据工具免费模式

该模式是指数据新闻平台向社会大众提供免费的数据新闻工具使用服务。以《得克萨斯论坛报》为例，该报免费为社会大众提供了十几种数据采集工具和数据可视化工具，如“大学教育排名搜索”“公众教育搜索”“当地医院查询”以及“当地政府雇员工资查询”等。利用这些免费的数据工具，社会大众能够掌握得克萨斯州公立学校的教学情况、医院的医生收入状况、交通状况等，这使他们的生活变得极为便捷。需要特别指出的是，《得克萨斯论坛报》免费提供的“当地政府雇员工资查询”工具，可以帮助居民搜索到当地66万名政府雇员的工资明细。这些数据工具的免费使用，驱动了《得克萨斯论坛报》网络流量激增，甚至占据了网站每年访问量的62%。[①] 毫无疑问，巨大的流量也带来了可观的经济收入。

二、付费模式

ProPublica及上文提及的《得克萨斯论坛报》，曾通过风投或众筹等手段，为一些非营利性新闻项目筹资，这让风投和众筹在新闻业刮起阵风。尤其是众筹，更是受到大众传播媒体的青睐。国外不少的独立调查类数据新闻项目，都是通过网络众筹平台来筹集相关经费，并顺利完成报道的。虽然大部分众筹新闻项目筹得的资金只有几千元或几万元，但对数据新闻生产者来说，这已能够解决燃眉之急。对数据新闻生产平台来说，众筹新闻项目不仅仅是为了筹集资金，更多的是与支持者保持多元和持续的互动，以确保顺利完成项目。这可以被视为一种付费模式。此后，数据新闻的付费报道模式不断得以推广，越来越多的数据新闻平台在向社会大众提供数据新闻服务时，都会对特定的内容收取一定的费用。在国外，加拿大的汤姆森路透媒体集团、美国的彭博社和《纽约时报》等众多的媒体都在推行付费模式。而在国内，《南方周末》等媒体也在试水付费阅读模式。按照产品和服务类型的不同，可以将付费模式分为内容报道付费、数据信息付费和广告服务付费三种模式。

（一）内容报道付费模式

该模式是指数据新闻平台向用户提供优质内容，并收取特定费用，根据收费方式又可分为销售模式、众筹模式、衍生模式。销售模式是指将付费报道作为一种产品，以特定价格出售给商业机构或者个人用户的模式。众筹模式是指数据新闻平台针对特定的新闻项目，通过其网站筹集资金，并以此完成新闻报道的模式。衍生模式是指数据新闻平台将高质量的数据新闻作品转化为纸质书以及电子书等衍生产品，将之出售给公众，进而获得经济收入的模式。

（二）数据信息付费模式

该模式是指数据新闻平台向商业机构或者个人用户提供数据新闻内容，以及在数据咨询、采集、处理、分析和可视化方面提供技术支持，并收取特定费用。当然，这种服务模式还包括提供证券交易等相关新闻，如Capitales（中美洲数据新闻网站）就为社会大众提供多米尼加共和国、尼加拉瓜、哥斯达黎加、萨尔瓦多以及巴拿马等国的证券交易相关新闻报道。汤姆森路透媒体集团也专注于为社会大众提供行业关键信息以及对数据和信息进行深度分析等领域的服务。该集团推出的汤姆森路透画像服务，为多家公司提供可视化的信息和投资意愿等领域的分析服务，备受用户青睐。我国的镝次元数据传媒实验室建立于2015年，目前已成为集数据生产、数据分析与可视化、数据叙事等业务为一体的公司，其服务水平受到了人们的

---

① Fernandez M数据驱使新闻革新［EB/OL］.（2018－10－30）［2023－09－11］. https：//ijnet.org/zh－hans/news.

认可。目前，镝次元数据传媒实验室也通过收费的方式为用户提供服务。

（三）广告服务付费模式

这是数据新闻平台通过收费的手段向用户提供广告服务的一种商业模式。该模式提供的广告服务分为线上、线下两种类型，这里主要介绍线上广告服务模式。线上广告服务模式主要采用点击广告和展示广告等方式进行，其收费较低，但传播效果不佳。为提高广告传播效果，数据新闻平台目前多采用定制广告的方式来获得收入，通过为客户制作原生广告和制定营销内容等手段，提供更具个性化的服务。广告服务付费模式已成为数据新闻平台的主要获利手段。

三、混合模式

该模式是一种具有创新性的盈利模式，它结合了免费模式和付费模式的特点。因此，混合模式具有独特的优势，主要体现在它能够以“免费加收费”的方式，为广大用户提供相应的服务。免费服务与社会大众向来的消费习惯相符合，在利用免费服务聚集一定规模的受众后，就可以采用增值服务的方式向受众收取服务费。目前，许多知名媒体如《华尔街日报》等，都在数据新闻实践中采用了混合模式。

ProPublica是“免费的数据库+付费数据库”混合模式的代表。ProPublica是一家非营利性新闻机构，其数据库服务模式被视为全世界目前最成熟和完善的，向个人用户提供原生数据库的免费使用服务，同时还提供经过处理后的部分数据集，让个人用户免费下载。通过这种服务方式，ProPublica获得了大量的流量，并且吸引了超过100个特定客户购买数据集的使用权。对于某些企业与组织，如非营利性医学组织、律师事务所和医药公司等，ProPublica则提供更为专业的服务。数据集的定价根据处理数据所需的时间和客户所属公司类型的不同而有所差异，价格从200美元到10 000美元不等。非营利性机构的付费相对较低，而新闻机构、学术机构或大型公司的付费相对较高。

混合模式为ProPublica带来了持续稳定的经营收入，为其迅速发展奠定了基础。

四、售卖数据集和提供数据库服务

（一）售卖数据集

售卖数据集是指专门售卖数据而获得收入的商业模式。如2014年，ProPublica开放了它的数据商店，为记者、企业以及研究者等提供付费数据集服务。令人称奇的是，在短短四个月内，ProPublica的数据商店已经被成功下载了500多个数据集。尽管大部分为免费版本，但付费数据带来了3万多美元的收入。[①] ProPublica的数据获取，主要包括“政府信息公开”请求和从网页中提取数据两种类型。

对数据新闻来说，每个数据新闻产品的背后，都有若干个数据集，每次推出报

---

① Bartlett R. ProPublica opens data store with free and “premium” data [EB/OL]. (2014 - 02 - 27) [2023 - 11 - 01]. https://www.journalism.co.uk/ news/propubli - ca - opens - data - store - with - free - and - pre- mium - data/s2/a555970/.

道，数据团队都会花时间处理数据，以更好地开展新闻报道活动。但报道结束后，很多媒体就不会认真地思考怎么处理附着于数据新闻中的数据集了。ProPublica 的成功告诉我们，数据集背后存在着巨大的收益。数据新闻媒体的任务是有组织地处理相关的数据，为其建立数据库并定期更新。

（二）提供数据库服务

《卫报》自 2010 年 5 月起，就免费向第三方开发者开放了大量内容。《卫报》和《纽约时报》一样，提供 API 开放。API 实为一组例程，可以向开发人员和应用程序提供访问，不受源代码等因素的限制，被授权的第三方可以修改原来的内容。此外，《卫报》还开辟了另外一种盈利模式，即允许被授权的第三方将获取的内容转到第三方的平台上，但所转载的内容要链接《卫报》的广告。这样一来，《卫报》就能够开辟一个广告垂直市场，在吸引广告商和增加流量的同时，将相关的数据用于市场预测之中。

从 2014 年开始，各种数据库被纷纷创建出来，或由第三方创建，或由媒体自建，或通过记者的合作而建。这些数据库，除为数据新闻审查提供数据网外，还用于市场盈利，均让数据新闻平台获得了诸多效益。

五、提供数据分析服务

在如今的大数据时代，每天都会产生规模极为庞大的数据。然而，对普通大众和许多企业来说，从中获取有用的信息并非易事。在各种消费场景中，人们并不满足于简单的数据呈现，而是渴望获知对数据进行分析后所体现的意义，并希望有专业人员予以阐释，以帮助他们更好地开展生产和生活活动。要实现这一目标，就需要充分利用统计学、数据科学和设计学等学科的知识来进行分析。于是，一种专门提供数据分析的服务就出现了。

以"经济学人智库"单元为例，该单元是《经济学人》杂志所开设的，类似于一个咨询部门，提供有关几乎所有国家各个领域的发展趋势的预测。"经济学人智库"单元拥有数百名特别专业的记者，为 150 万分散于世界各地的客户提供专业的服务。另一个例子是汤姆森路透媒体集团，该集团最初是一家报纸，二十几年前决定退出报业，转向信息服务业，其致力于为用户提供与多个行业相关的关键消息分析，并取得了不错的成绩。

当前，人们很少有时间去看那些庞杂的原始数据，即使他们看了，也未必能理解数据所传达的信息。数据新闻平台的价值就凸显出来了，它们帮助人们快速地从规模庞大的原始数据中获取有用的信息，使人们的生产和生活变得更加轻松。大数据处理和分析技术近年来才刚刚发展起来，数据人才非常稀缺，大型媒体可以通过高薪聘请优秀的数据人才，但对小型媒体来说，往往只能利用各种免费的分析工具或平台来完成相应的工作。需要指出的是，无论是通过人才还是采取技术手段，数据新闻生产者都有能力实现这一价值，并从中获利。在数据资源尤为丰富的今天，越来越多的媒体将会进入数据分析服务行业，并获得相应的经济利益。

六、开发数据应用

在国外，数据新闻平台的数据开发应用几乎是免费的。然而，有不少应用不乏实用价值，具有创收的潜力。例如，《纽约时报》在《租房还是买房?》这一数据新闻报道中进行大胆创新，为广大受众提供了一个计算器互动工具，帮助受众计算出租房或买房的费用。而ProPublica的Dollars for Docs项目，能够让受众在自主搜索中知晓医生从医药公司那里收了多少钱，受众还可以生成一个“问题清单”，并与医生交涉清单中的问题。这个项目被多家数据新闻平台用于多种新闻报道中，创收效果已经凸显。

综上所述，数据新闻生产的流程中，每个环节都蕴含着盈利的机会。对数据新闻平台来说，充分发挥数据的价值，不仅能生产数据新闻产品，还能为平台提供多元化的盈利模式。

【案例】

作品名称：《租房还是买房?》

作品类型：数据新闻

制作机构：《纽约时报》

作品简介：《纽约时报》在数据新闻栏目“The Upshort”中推出的《租房还是买房?》这一数据新闻作品，为受众提供了可以用来计算租房与买房花销的计算器。该作品借助可视化、互动式图表向人们生动清晰地展示了租金、押金、佣金、保险费用等各项数据，帮助人们快速地从复杂的数据中获取有用的信息，用数据来指引人们做出最终选择（见图7-1）。这是数据应用的生动案例，体现出数据在社会生活中价值作用的日益显著。而利用好数据，也是媒体在大数据技术不断发展背景下的重要转型途径。

《租房还是买房?》

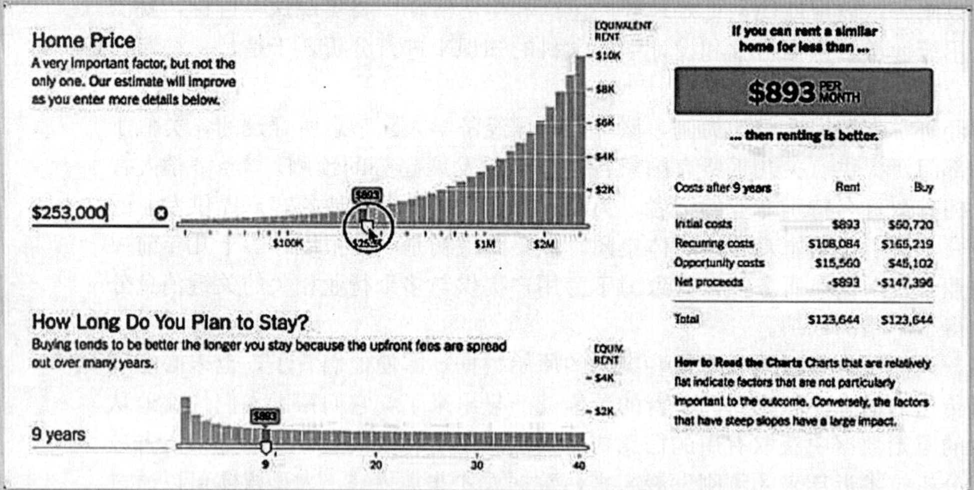

图7-1 数据新闻《租房还是买房?》作品截图

【思考题】

1. 数据新闻盈利面临的问题有哪些?
2. 数据新闻盈利的突围路径有哪些?

【推荐阅读】

[1] 张超. 释放数据的力量：数据新闻生产与伦理研究 [M]. 北京：中国人民大学出版社，2020.

[2] 郭嘉良. 数据新闻产业化发展的现实困境与未来危机：基于国内三家数据新闻媒体栏目的分析 [J]. 现代传播（中国传媒大学学报），2020（7）：61-67.

[3] 吴小坤，纪晓玉，全凌辉. 数据新闻市场价值与商业模式侧描：基于国内7家数据新闻媒体负责人的访谈 [J]. 当代传播，2019（5）：14-19.

[4] 喻国明，李慧娟. 从“付费门”到“付费墙2.0”：数字报纸盈利模式的景气度研究 [J]. 当代传播，2014（4）：11-15.

[5] 强月新，陈志鹏. 财经新闻数据可视化研究 [J]. 中国出版，2017（21）：31-34.

[6] Karmasin M，Diehl S，Koinig L. Media and change management：creating a path for new content formats，business models，consumer roles，and business responsibility [M]. Berlin：Springer Cham. 2022.

[7] Oh S J，Kim Y J，Doo I C. Study of profit model of web-dramas on portal sites using big data；focused on the web-dramas with the K-pop singers as the lead casts：“EXO，Next Door” and “I Order You” [J]. Multimedia tools and applications，2017（4）：6097-6110.

[8] Bartlett R. ProPublica opens data store with free and “premium” data [EB/OL].（2014-02-27）[2023-11-01]. https：//www.journalism.co.uk/news/propubli-ca-opens-data-store-with-free-and-pre-mium-data/s2/a555970/.

第八章　数据新闻中的数据隐忧及治理

【本章学习要点】

一、数据新闻蕴藏的风险

- 隐私泄露与版权侵犯
- 人文关怀的缺失及可视化信息误导陷阱
- 机器垄断新闻及唯数据论脱离新闻的本质
- “连接一切”却无法推论因果
- 算法优先而舍弃自我
- 新闻专业性的消解及原始数据的客观真实性不易考证
- 数据权利及质量背后的危机

二、数据新闻的风险规避

- 避免数据可视化的信息误导陷阱
- 把握多个创作者中的著作权归属问题
- 健全行业规范
- 制定数据利用原则
- 坚守法律底线

数据新闻实践中，不可避免地存在着各种各样的数据隐患，相关主体需要及时采取有效的手段来进行治理，以推动数据新闻的健康发展。

第一节　数据新闻中的数据隐忧

在数据新闻蓬勃发展的今天，有人会问，伦理准则是否已不适用于现在的新闻业发展。这种担心其实是没有必要的，因为无论新闻业怎么发展，伦理准则始终在发挥着作用，只不过面对复杂的新闻生态，其需要进行一定的调适罢了。曾记得，在波士顿爆炸案发生以后，人们开始根据网上发布的照片在网上发帖，推测罪犯是谁。一个女孩发帖说，有一名嫌疑人是其高中同学。对此，有家电视台还专门进行了报道。然而，她的指认是错误的。事实证明，爆炸案嫌疑人是两兄弟，而她指认的那个男孩只是一名普通的学生，并没有参与爆炸案。被错误指认的男孩失去了踪影，三天后有人发现他自杀了。因此，在数据新闻时代，对数据进行调查和核实是极为必要的，因为它们可能会引发诸多的伦理问题。

一、数据隐私泄露带来数据伦理侵犯

（一）对用户隐私权的侵犯

在数字化时代，用户的隐私权正面临着前所未有的挑战。掌握用户行为和个人喜好等数据，大众传播媒体便可以对用户进行个性化推送。然而，这种便利的背后隐藏着用户隐私被侵犯和被滥用的风险。用户的个人信息被大数据公司收集、存储和分析，而用户对此毫无察觉，甚至没有隐私遭受侵犯的担忧。他们并未意识到，自己的个人信息正在被无节制地收集和使用。这告诉我们，数据新闻的发展虽然为用户提供了客观、清晰的信息，但用户并不知道他们的隐私何时会成为数据新闻分析的样本，这对用户来说是极其危险的。

众所周知，隐私权是每个公民的基本权利。然而在今天，社会大众的个人信息不再具有保密性，也很少受到保护。这可能与这些隐私是伴随着社会大众的信息搜索和浏览才被收集相关，一边是数据获取，一边是隐私信息被收集，大众传播媒体为了获取更多的数据，无视公众的隐私权，未经许可就对其隐私信息进行处理和分析，有的甚至还将社会大众的信息公之于众，对他们造成了诸多困扰。

（二）数据窃取

数据具有流动性特征，能够被多次利用。利用各种新兴传播技术，可以直接获取网络平台上的数据信息。然而，从浩如烟海的数据中所抓取的数据，其真实性很难得到保障，因而很容易出现虚假报道。曾有报道称今日头条窃取了其他机构的数据，侵犯了其他机构的版权，但是并没有相关部门介入调查。这说明，在大数据时代，窃取个人、企业和各种组织的数据是非常轻而易举的事情，事实上，很多媒体平台也经常干这样的事情，可就是很难对之立案调查。

数据新闻生产离不开对大量数据的提取和分析，而这些数据的来源与每个人都息息相关。建立数据地图需要用户共享位置信息，分析统计消费数据需要获取用户的购物账单信息……如此等等，这些数据一方面被用于宏观信息分析和社会现象研究，另一方面也将社会大众的隐私扒了个精光。然而，在数据新闻生产中，社会大众的知情权没有得到保障，这意味着用于数据新闻生产的很多隐私数据，可能是个体不愿意被获取或公开的。然而数据新闻生产者却管不了那么多，他们通过购买、交换以及挖掘等方式，将这些数据纳入自身的新闻生产体系，在生产出数据新闻作品后，又通过精准推荐的方式，将这些数据推入信息传播的轨道之中。这种做法违背了社会大众的个人意愿，经常侵犯个人隐私权。

直到目前，我国的数据新闻生产中仍存在一个让人觉得不可思议的问题，那就是缺乏统一的数据获取和使用规定。不管是新华网和人民网等主流媒体，还是网易和腾讯等市场化媒体，其数据获取标准都是不统一的，各媒体自己制定的数据获取和使用标准，导致数据新闻生产处于相对混乱的状态，而这也让媒体侵犯隐私权有了更多的空间。虽然数据新闻可以通过数据采集、过滤和分析等手段更客观地呈现事件的真相，然而，由于媒体在数据处理和分析过程中缺乏专业的新闻素养和道德判断，因此其所提取的数据容易触碰新闻的伦理边界。尤其是在灾难性报道中，这种情况更为明显。因为媒体想借助足够多的数据来探索真相，却不顾社会大众的隐私权。这种矛盾让新闻伦理显得更加游离。毋庸置疑，数据新闻的初衷是揭示事件的真相，以此加强舆论监督。然而，由于获取数据时存在不规范做法，一些人为了获得更有爆炸性的新闻作品，不惜出卖社会大众的隐私。从新闻伦理的角度来说，这种试图以出发点的道义来掩盖流程的不规范的行为是不可取的。

二、版权侵犯

（一）版权侵犯的常见类型

5G技术对新闻产生了颠覆性的影响。但我们也发现，在5G技术的作用下，4G时代被遮蔽的问题变得越发突出，如数据新闻产品的质量不佳、版权侵犯事件频发等，对数据新闻的发展造成了较大的困扰。而与此同时，短视频的兴起更让新闻的伦理问题雪上加霜。短视频的制作门槛较低，所有人都能够生产并将其上传至网络空间中，使网络空间中的信息量更为巨大，对其进行审核难上加难。比如，有许多低俗短视频内容在手机媒体上大肆传播，这些低俗内容不仅损害了网民的身心健康，也冲击着现有的传播生态，使之在新闻伦理方面更加恶化。

此外，还有一个问题必须要引起足够的重视，那就是不少数据新闻作品存在着侵权问题。不少数据新闻平台会采集大量数据新闻作品，并利用相关软件对采集到的作品进行拆解和重新组合，然后有针对性地推送给受众。在“二次创作”的过程中，这些平台会采用刻意模糊出处、跳转链接的方式来窃取新闻作品，有的平台甚至不做任何处理，直接窃取。毫无疑问，这些做法侵犯了原作品的版权。在这方面，2014年引起广泛关注的今日头条事件极具代表性。众所周知，今日头条并不是新闻生产平台，它向用户展示和推送的新闻，几乎都来自其他媒体。这种做法很容易吃官司。2014年6月，《广州日报》《新京报》及搜狐等媒体起诉今日头条侵权。国家版权局立即着手调查，并于9月认定今日头条确实存在侵权行为，责令今日头条进行整改，今日头条也承诺进行整改，事件至此才算平静下来。然而，新闻作品的侵权现象并没有因今日头条的整改而消失。事实上，这个问题在今天依然很严重。最让人深思的是，倘若用户对侵权平台的作品形成依赖，整天只看侵权平台上发布的数据新闻作品，那么其他的平台都会沦为免费为侵权平台打工的人。有鉴于此，数据新闻平台要认识到版权保护的重要性，并采取措施确保不侵犯原新闻作品的版权。就目前来说，数据新闻中的版权侵犯主要体现在以下几个方面。

1. 数据来源标注模糊

网络信息管理的不断强化和知识产权法律的不断完善，使得绝大部分数据新闻平台都能够对数据和新闻的来源进行准确标注，从而降低了侵权风险。然而，在数据新闻生产中，尚有一些作品存在着数据来源标注模糊的情况。

当新闻中使用的数据来自自主采集的非公开数据或属于涉密数据时，来源标注模糊就可能成为逃避版权纠纷的灰色手段，数据使用风险极高。

【案例】

作品名称：《如何运作一座容纳1 461 张病床的方舱医院?》

作品类型：数据新闻

制作机构：澎湃新闻

作品简介：这篇由澎湃新闻发布的数据新闻作品（见图8-1），通过视频展示了武汉方舱医院的结构及运作情况，其中包含大量数据，如方舱医院的数量、总床位数、医护区面积、每天处理的医疗废弃物数目等。该作品虽然在视频的末尾注明了数据来源，但对于方舱医院的数量及其床位数，仅模糊性地标注为“根据公开资料不完全统计”。这种做法不仅可能会引发法律纠纷，还会降低澎湃新闻的权威性和公信力。

《如何运作一座容纳 1 461 张病床的方舱医院?》

图 8-1　数据新闻《如何运作一座容纳 1 461 张病床的方舱医院?》作品截图

2. 未经授权肆意转载他人的数据分析结论

数据新闻的数据来源广泛，包括政府机关、企事业单位、研究机构、互联网公司、社会组织以及个人等公开的数据，在未标明禁止使用的情况下，数据新闻平台可以在标明数据来源的前提下使用。数据处理和分析是数据新闻生成过程中极为重要的环节，经过处理和分析的数据，集聚着记者独立思考的智慧，甚至包含着记者的价值意识，是记者对新闻主题进行提炼和慎思后的体现。哪怕是同样的数据，在不同新闻工作者的处理和分析下，会出现不同的叙事结论，其呈现风格也会截然不同，体现出个性化特征。数据分析结论倘若被不规范运用，就会造成侵权。

《中华人民共和国著作权法》（以下简称《著作权法》）中有关于合理使用他人作品的规定，对新闻报道中如何规范使用他人的作品做出了明确的规定。虽然规定了合理使用的条件，但数据新闻中对数据进行精心分析后得出的结论，不属于我们常说的“时事新闻”的范畴，它是新闻工作者独创性表达的结果，不应该被无偿使用。因此，在使用他人生产的数据新闻作品的结论时，应该征得对方的同意，以杜绝侵权现象的发生。

3. 未经授权引用第三方资料素材

在数据新闻生产中，生产者较为注重提高新闻的完整度和可读性，因此会插入与新闻主题相关的素材来加以佐证。一般来说，数据新闻生产者在使用数据时，通常会标明来源，但在使用图表、视频等素材时，经常未标注来源，或者没有征得素材所有者的同意就使用。这是一个常见的问题，由于官方公开的素材难以满足数据新闻报道可视化的多元需求，所以数据新闻生产者经常需要引用图片来支持自己的报道。然而，未经授权使用他人的图片可能会涉及侵犯第三方材料所有者的版权的问题，这是一个需要谨慎处理的风险。

（二）我国《著作权法》规制数据新闻的难点

1. 既是资源基础也是保护对象

数据新闻的资源获取途径极为多样化，因为其类型本就特别多元，包括图表、代码、音频、视频、动画以及游戏等。在搜集数据时，既可以是他人所拥有的现场数据，也可以是自己辛苦采集的原始数据。他人的数据资料是受到《著作权法》保护的，若没有他人的数据资料，数据新闻就很难发挥其社会价值。因此，在数据新闻生产中，保护和利用数据是一种双重挑战。一方面，限制得太死，会阻碍数据资源的流通，也会影响文化产业的发展。另一方面，在信息过剩的大数据时代，通过智力劳动和数据分析生产出来的数据新闻作品能够充分展现新闻的价值。通过数据挖掘和算法推算揭示数据之间的关系，并以可视化的方式表达出来，新闻将更加生动、易于理解，受众也更容易参与其中。因此，我们应该充分重视这类数据新闻作品的版权问题。但将优秀的作品推广开来，也确实是很有必要的。所以说，把握好数据新闻作品版权保护的尺度，是合理利用数据新闻作品的关键。

2. 数据的不确定性

数据具有流动性和不确定性，这是因为数据的来源非常广泛。对那些涉及公共利益且已经公开的数据，数据新闻生产者可以使用，这属于合理使用，也符合法定许可的规定，但必须标明来源。不过，新闻记者通过访谈和问卷调查收集到的数据，虽然在访谈和调查时征得了当事人的同意，但其不确定性特征比较明显。因为在特定的时期和特定的情境中，当事人未必同意公开数据。同时，一般情况下，单个的信息属于公共领域内的信息，不过在特定的环境中或者与其他的信息产生相关性时，其就具有了特定的指向性和独创性。有人提议建立数据专有权，让数据信息成为知识产权的客体。如果将这些数据信息转化为作品，并以符号化的方式表达出来，成为能被人感知的外在表达，且在科学和文艺领域体现出独创性，则可以被看成智力成果，属于《著作权法》保护的范围。可见，在新媒体不断普及且其互动程度日益提升的今天，所有人都可以在社交媒体上发布信息、表达意见，很多数据在进入数据新闻的生产流程时，没有经过严格的审查和把关，社会大众发布的数据被大量使用。此外，对其他作品的大量引用也使某些数据新闻作品缺乏原创性。姑且不论其引用时是否造成了侵权，就没有原创力的作品来说，《著作权法》怎么来保护它们？这也是一个问题。

三、容易缺失人文关怀

人文精神和人文关怀是新闻伦理的重要内容。在数据挖掘、分析和可视化等环节中，数据新闻都极为关注数据原料、程序及分析工具元素的价值。传统新闻生产强调人的主体性，要求新闻工作者充分发挥自己的主观能动性，深入新闻一线，采集鲜活的材料，撰写出各具特色的新闻作品。这让传统新闻作品充满着人文气息。与传统新闻相比，数据新闻容易缺失人文精神和人文关怀，在“机器人写作”中，这种情况更为突出。例如，在奥运会相关报道中，今日头条采用了“机器人”来写新闻，将“机器人”接入与奥运会相关的数据库中，让其实时撰写新闻，几乎与奥运赛事实况同步发布新闻，产生了数量巨大的新闻稿。机器人的出现无疑给新闻生产带来了巨大的变革。它们能够以高效的速度生成大量的新闻报道，从而满足了新闻业对快速传播信息的需求。这种程式化的生产方式，不仅提高了效率，还降低了成本，使新闻业更加经济高效。然而，这种“机器人”写作的方式可能会忽视人文关怀的重要性，因为它无法深入现场，难以捕捉赛事的精彩瞬间，无法采集到真实而有温度的新闻素材，有的只是模板化、程序化写作。因此，在数据新闻的发展中，我们需要找到某种平衡，既要充分利用数据分析的优势，又要保持对人文关怀的关注，以确保新闻作品的质量和价值。

错误引导已经成为一个十分严重的问题。新闻工作者有责任积极引导社会大众消费健康的新闻，这也是媒体人应该遵循的新闻伦理原则。然而，一些数据新闻生产商自称“提供个性化新闻定制服务”，却浅显地根据受众的消费习惯、兴趣爱好来推送新闻，不考虑所推送的新闻对受众健康的影响，不考虑是否过于低俗，不思考是否存在暴力，也不管是否具有封建迷信色彩等。更糟糕的是，一些数据新闻生产商只要发现受众曾点击过有负面影响的新闻，哪怕点击的次数特别少，他们也会频繁地推送类似的新闻，长此以往，就会培养受众的不良新闻品位。而令人头疼的是，相关部门很难监管不法商家推送的有害新闻，因为信息传播具有很强的私密性，外界很难知晓受众接触了什么信息，特别是借助算法来推送时更难监管。

四、数据新闻的错误产出及可视化信息误导陷阱

（一）数据新闻的错误产出

新闻中的错误数据一旦产出，就会对整个数据新闻的可信度和准确性造成严重影响。因此，在数据新闻生产中，需要对数据进行筛选、清洗和整理，然后进行统计和模型建立，最后进行结果的解读和呈现。如果生产者缺乏专业知识或者对数据的理解有误，就很容易产生错误的结论或者误导性的解读。这样的错误不仅会误导受众，还会对社会产生负面影响。因此，数据新闻生产者需要具备扎实的专业知识和技能，同时也需要保持严谨的态度和精益求精的工作态度。只有这样，才能确保数据新闻的准确性和可信度，为受众提供真实、有价值的信息，同时维护大众传播媒体的形象和信誉。

（二）可视化信息误导陷阱

需要指出的是，并非所有信息误导都在有意传播错误信息，不同的解读习惯、不恰当的语境也会影响对可视化信息的理解。

1. 为特定结论有意可视化

数据新闻的叙事逻辑类似于新闻论证，即针对公众关心的社会问题、现象、事

件，在事实材料的基础上进行归纳、演绎等逻辑论证而得出事实性的新结论。[①] 为了强行证明特定结论，一些数据新闻生产者会选择特定的数据来进行可视化呈现，如混淆数据之间的相关关系、故意隐藏或放大某些数据关系等。虽然是故意而为，但是改变不明显，因此很难被察觉。如在曲线图中调整纵坐标刻度，使曲线的起伏度增大，从而放大数据的变化效果。改变可视化图表，无疑会严重损害新闻的真实性，产生误导性信息，违背了新闻道德和职业精神。故意调整可视化元素，会使受众产生错觉误差，进而误导受众。因此，数据新闻平台应该遵循数据使用规范，全面而准确地展示数据，避免可视化误差导致新闻不真实的情况发生。

2. 追求视觉冲击导致信息干扰

数据新闻的最终形态是视觉符号组合的语言叙事，数据可视化的重点是数据间关系呈现的认知体系如何接近现实。[②] 数据可视化是一种强大的工具，可以帮助我们更好地理解和解释复杂的数据。然而，与传统的新闻报道一样，数据新闻是以“视觉框架”来再现现实，过程中也存在一定的偏差。有些视觉元素的设计可能过于夸张，令人难以理解数据的含义。如为了追求美感，在可视化图表中加入不规则分割线，往往会让受众误以为其代表了特定的数据关系，从而给数据的解读带来困扰。在数据新闻的可视化设计中，准确、可靠、快速和高效的信息传达是至关重要的，形式和内容要达到平衡，要让复杂的数据变得简单易懂。

3. 可视化设计与常规阅读习惯不符

奈特对英国主要报纸上的数据新闻形式进行统计分析后发现，常用的可视化形式主要为文本性分析、时间轴、数字图表、统计表格或图形、地图、信息图表。[③] 数据可视化与统计分析学的联系较为紧密，最明显的是数据可视化的形式与统计分析学的常规统计图表存在着一些相似的特征。受众在阅读数据新闻时会依靠自身的思维和习惯来理解可视化文本，但潜在的视觉误导极有可能使受众对特定表达形式的解读习惯与可视化信息相悖，进而曲解了意义。这样的误读并不是数据新闻生产者故意而为，而是由受众的信息解读引起的。

当受众养成了对文本进行可视化解读的习惯后，如果出现的信息文本与常规阅读习惯不一致，受众就很难在第一时间正确地理解它们。总的来说，数据可视化的目的是提升信息传播中的艺术感，人们并不寄希望于它能完全客观地传达信息，但不能为了美感、艺术感而丢掉了数据的准确度和清晰度。

4. 过度专业化表现导致读者片面解读

与传统时期的记者分工不一样，数据新闻产品一般是由团队协作生产的。数据新闻生产者的专业背景非常多样化，他们在数据新闻生产的各个环节各展所长，让数据新闻作品更专业。不过，在进行可视化呈现时，数据新闻的设计师要知晓，大多数受众都没有接受过专业训练，如果给他们呈现过于专业的数据可视化文本，那么可能会导致他们对信息的片面解读，甚至完全无法理解。

---

① 风笑天. 社会研究方法［M］. 5版. 北京：中国人民大学出版社，2018：37.

② 李京. 视觉框架在数据新闻中的修辞实践［J］. 新闻界，2017（5）：10.

③ Knight M. Data journalism in the UK：a preliminam analysis of form and content［J］. Journal of media practice，2015（1）：67.

5. 非科学的可视化语义环境对受众解读的影响

数据新闻的独特之处在于它能够通过视觉和文本的结合，以形象化的方式呈现各种信息。这种方式特别适用于对复杂的新闻事件、现象或知识普及等内容的呈现。需要指出的是，不同的视觉修辞手法都有可能改变数据新闻的呈现方式，这种改变既涉及视觉文本本身，也与数据的选择和可视化表达之间有特定的联系。此外，读者对文本的理解，也受到停留于信息表层的可视化语境的影响。一旦数据的框架发生改变，其所呈现的视觉文本的语义环境就会让新闻事实变得模糊，受众的解读或判断也会出现偏差。

五、机器垄断新闻及唯数据论脱离新闻的本质

（一）机器垄断新闻

大数据已经在新闻生产环节中发挥着重要作用，其中最显著的就是机器开始参与新闻报道。美国的 Narrative Science 公司在对计算机进行长期的训练后，其已经能较好地承担原本属于新闻工作者的报道任务了。该公司利用算法，使计算机能够每隔大约 30 秒就撰写一篇新闻作品。计算机算法能够以实时方式撰写出数千条有关美国大学十大联盟的体育新闻，同时在每个季度更新该赛事的数据和新闻。①

计算机算法撰写新闻需要数个步骤：第一，收集大量的数据，特别是体育、金融领域的波动性很强的数据。第二，将数据转化为新闻报道。在这个过程中，计算机算法根据相关的题材，可以创建一个可预见的固定模式，生成新闻模板，并根据资深记者或者说元作者输入的词汇来写作句子，从而完成一篇报道文本。

机器只能根据预设的模式进行数据整理，无法进行创新性的撰写。因此，机器无法垄断新闻报道，传统新闻记者的能力仍然是不可或缺的。机器的出现并不意味着传统新闻记者将被取代。相反，二者应该相互融合，共同推动数据新闻报道的发展。传统新闻记者的专业知识和创新能力是挖掘数据背后意义并进行报道的重要基石，而机器的存在为他们提供了更多的工具和资源。所谓的“机器垄断新闻”只是一种夸大其词的说法，并不符合实际情况。在数据新闻报道中，传统新闻记者需要不断提升自己的知识结构和报道水平，以应对海量信息的分析整理和意义挖掘的挑战。只有通过全方位的能力提升，他们才能在这个数字化时代保持竞争力，并为受众提供更准确、更全面的新闻报道。

（二）唯数据论脱离新闻的本质

数据新闻也要遵循新闻的本质特点。例如，选题必须依托新闻价值理念来进行，新闻不是讲述数字，而是讲述人和故事。纵观我国的数据新闻实践可以发现，不少媒体已经意识到了数据在新闻生产中的重要性，其对相关关系的呈现，能够提升新闻的报道效果。然而，仔细观察便不难看出，一些媒体的数据新闻实践，出现了与新闻本质相背离的情况，用数据取代了新闻，认为只要收集到足够多的数据，就能做好数据新闻，且它们所收集到的数据绝大部分是二手的，没有对数据进行认

① 中涛．连线杂志：未来新闻 90%以上将为电脑化新闻［EB/OL］．（2012－05－03）［2023－11－10］．https：//www.techweb.com.cn/ucweb/news/id/1186758.

真的核实。此外，在利用数据呈现新闻时，一些媒体也缺乏对数据进行深入分析的理念，所制作的可视化图表无法表达新闻观点。因此，我们需要意识到数据新闻的核心在于将数据与新闻的本质相结合。数据只是一种工具，其应该用来支持和丰富新闻报道，而不是取代它。在进行数据收集时，我们应该注重数据的来源和准确性，并通过传统采访手段进行核实。同时，在使用数据呈现新闻事实时，我们应该进行深入的分析，确保所使用的图表能够充分支持文章的观点。数据新闻的发展为新闻业带来了新的机遇和挑战。只有在充分理解和尊重新闻的本质特点的基础上，我们才能真正发挥数据新闻的潜力，为受众提供更加全面、准确和有深度的新闻报道。

以《揭秘两高报告：数据背后的真相》为例，文章用简洁的文字（共约 110 字）介绍了最高法院和最高检察院向全国人民代表大会汇报反腐工作成果的情况，为了更好地传达信息，文章还采用了静态图表来呈现全国各地依法审结贿赂、贪污及渎职等犯罪案件的情况。但无论是文字还是图表，都未充分展示出“两高报告说了和没说的”这一主题。网友对此表示困惑，本来期望看到更多关于“没说的”内容是什么，却未能如愿。

众所周知，不同受众的认知能力存在差异。如果新闻只是简单地堆砌数据，而没有进行有效的分析和解读，那么不仅会给受众带来较重的信息负担，也违背了新闻传播的解惑、析理和沟通的目的。因此，我们需要更加注重对数据的深入分析和解读，以便更好地传达信息并满足受众的需求。

六、“连接一切”却无法推论因果

大数据技术因其对事物间相关性的交叉复现而备受称赞。然而，数据新闻对事物的解读，并不能局限于事物之间的相关性。也就是说，相关性无法完全揭示新闻事实，数据新闻生产者也需要在因果关系方面做文章。

互联网技术所具有的“连接一切”逻辑，使数据新闻生产者更重视问题的相关性，或者说，他们只需要知晓“是什么”即可，根本不需要知晓究竟“为什么”。就像《今日头条》用机器来撰写奥运新闻那样，只知道告诉比赛结果，不知道凸显奥运会的精神内核，忽视了比赛中运动员和观众的情感，将一切都当成冷冰冰的东西，没有人情味。

七、算法优先而舍弃自我

在大数据和算法等技术的加持下，数据新闻能够在对大量数据进行分析后，揭示出事物之间的相关关系和发展趋势。但客观地说，借助数据新闻，人们真的能深度地解读新闻事件吗？这其实不好说，因为对受众来说，消费数据新闻，并不只是阅读文字，也不只是接收单一的信息，而是借助可视化图表来理解新闻事件，但这种可视化的阅读方式，可能与受众过去对新闻的记忆、对阅读的感受是割裂的。数据新闻看多了，未必能使受众对新闻事件有深刻的解读，很多时候只是培养了他们的视觉化接受癖好，这也可能让受众失去独立思考的能力。对新闻工作者来说，他们严重依赖数据来挖掘新闻，在解决极端状态下的问题的时候，他们能够利用数据挖掘的方法，迅速找到相关性，但这样会让其养成过分依赖机器的习惯，甚至习惯于让算法代替思考，让机器代替写作。在这种情况下，无论是新闻工作者还是受众，都被算法割裂了思考和判断，也让新闻失去了人类社会独有的历史性观照。

八、新闻专业性的消解

数据新闻的兴起使新闻的撰写方式发生了根本性的变革，机器的参与使新闻更加准确和全面。然而，机器并不能完全取代人的角色，人的智慧和判断力仍然是不可或缺的。因此，未来的新闻专业性将是一种融合了人和机器的新型专业精神。新闻工作者需要具备数据分析和处理的能力，同时也要保持对新闻价值和伦理的敏感性。只有这样，新闻才能真正成为公众信任和依赖的信息来源。现在，人们比较关注新闻专业性 2.0 这一说法。新闻专业性 2.0 的核心是在技术的驱动下，保持新闻的真实性和客观性，同时注重道德和真诚，以满足公众对新闻的需求和期待。这是一个全新的时代，也是一个充满挑战和机遇的时代，只有不断适应和创新，才能在新闻领域中立于不败之地。随着数据新闻的崛起，媒体伦理道德也面临着新的要求。过去，人是新闻报道的主体，但随着机器的介入，新闻人的地位开始受到动摇。从本质上来说，数据新闻对新闻专业性的消解，其实是人机关系失衡的体现。数据新闻服务的核心依然是人，如果技术介入新闻报道没有得到合理和规范的制约，则会引发许多失范问题。因此，在新闻生产和传播中，道德与伦理是不可或缺的。

值得特别指出的是，尽管数据新闻可能带来诸多难以消解的风险，但其优势所带来的效益，将会大大超越隐忧所引发的损失。当受众阅读数据新闻时，他们不仅能获得表面信息，数据新闻的概率预测以及较高的知识含量也会对受众的思想产生影响，相当于让受众接受了一次较为系统的教育，能够让他们获得更多的信息。与国外相比，我国大众传播媒体在数据新闻生产和传播的竞争中起步较晚，但并未展现出明显的后发优势。这告诉我们，在传播形式创新方面，我国的大众传播媒体需要更有前瞻性的眼光。从理论上来说，数据新闻将带来难以想象的传播魅力，大众传播媒体若能率先应用数据新闻，就能够在未来的新闻生产中占据一席之地。我们坚信，随着数据新闻的不断发展，人类社会将会受益良多。

九、原始数据的客观真实性不易考证

数据新闻作为一种新兴的新闻报道形式，同样需要高度重视客观性原则。数据新闻采用全样本分析等定量研究方法，看似能够克服传统新闻在选题和采访时经常遇到的随意性和主观性问题，然而，在数据采集尚未得到规范之前，数据新闻在原始数据方面的真实性问题很难得到解决。公开的数据是数据新闻存在的前提。目前，数据新闻可使用的公开数据主要有两类：一是网络公开数据；二是政府、企业等组织公开的数据。

首先是网络公开数据。在产生原始数据的过程中，网络资源是存在逻辑漏洞的。尽管我国网民数量极为庞大，但网络技术的门槛排除了一些社会底层人员和老年人的参与。同时，网民当中还存在很多资深的“潜水党”，他们不会主动表达自己的观点，只是选择性地消费网上的信息。由于网络的匿名性，受众表达较为随意，因而数据样本中不可避免地存在着一定的偏见。如果仅仅根据部分样本来推断整体情况，数据新闻报道的客观性就会受到影响。因此，不能简单地将现实社会和虚拟社会等同起来，对于从网络空间中得到的数据，不能简单地进行客观判断，因为它们的全面性、准确性和客观性值得怀疑，且难以考证。

其次，政府、企业等组织公开的数据。虽然是人为选择的结果，但并不能保证数据的绝对真实性。在公开数据时，政府一般会考虑政策及社会环境等相关因素，这让数据的完整性很难得到保障。比如说，我国政府所公布的财政支出数据，往往只是一个比较粗略的总数，没有提供更详细的细节。此外，数据公司在提供数据时会受到社会关系、经济利益等因素的干扰。在大数据时代，数据公司由于拥有专业技术的垄断地位，在提供数据时会受到利益、社会关系等因素的干扰，因而所公开的数据是有选择性的，这使得大众传播媒体所获得的数据可能存在一定的偏向性，但要考证起来，又非常麻烦。

十、数据权利及质量背后的危机

（一）数据权利背后的危机

在我国，互联网界的三巨头（百度、阿里巴巴、腾讯），掌握着规模尤为庞大、类型尤为多元的数据资源，受众的每一次浏览和每一个搜索，都被以数据节点的形式记录下来，然后利用算法对受众进行新闻的精准推送，以满足其个性化需求。对大众传播媒体来说，其信息传播更精准；对受众来说，他们能够更为快捷地获取自己感兴趣的信息。然而，算法推送也存在着诸多潜在的隐患，比如大量低俗化和负面信息充斥于网络空间之中，版权侵权现象也屡屡发生。这种长期沉浸在相同信息中的情况不利于受众全面地认知客观世界。同时，个人长期被信息茧房包裹，很难与圈外的人形成共识。从长远来说，数据新闻可能会利用自身的技术优势，潜移默化地形成很难觉察的偏见和隔阂。因此，在消费数据新闻时，我们不能盲目迷信技术。技术只是一个工具，其本身并没有什么偏见，但其背后的潜在操纵值得警惕。

（二）数据质量隐忧

数据新闻的质量问题是指在数据采集、处理、分析和可视化的过程中所依赖的基础数据存在的质量问题。对数据新闻生产者来说，准确而翔实的数据是生产真实新闻的前提。如果数据存在错误，生产出的新闻就会与事实相差甚远，可能会误导社会舆论的走向。此外，由于互联网时代的信息传播特别快速，因此失实信息能够得以迅速传播，经常引发舆情，对媒体造成巨大的影响。数据质量会受到两个方面的影响。

首先，数据采集的质量问题。客观地说，我们应该明确框定数据采集的样本范围，这样采集的数据才能具备生成新闻价值的潜力。如果样本的范围没有选好，得出的结论就不科学。美国的《坦帕湾时报》曾经推出了一个名为“嫌犯照片”的数据库，其中记录了当地被捕犯罪嫌疑人的相关信息。可是，被捕并不等于犯罪，有些被捕者最终查明无罪后会被释放。尽管《坦帕湾时报》对此进行了解释，但公众舆论仍然担心这种做法可能会损害个人的名誉。因而，必须从技术上保证数据采集模型的合理性，设定科学的参数并不断改进，以尽可能地避免数据采集的失真问题。

其次，数据运用的质量问题。管理方面也需要关注数据技术人员在数据采集、处理、分析和可视化呈现过程中的业务熟练程度。虽然数据的技术应用主要依赖于大数据和人工智能等手段，但技术人员对相关技术的熟练程度，直接关系到所采集的样本的质量问题。在数据新闻生产中，一些技术人员常常忽视了事实的重要性，过分推崇智能算法。这种做法纯属本末倒置，没有好的内容，只凭算法推送，会使新闻生产偏离正确的轨道，如国内某资讯客户端因在 2017 年被曝光经常推送低俗内容而声名狼藉。因此，大众传播媒体必须有效地处理、分析和呈现数据，使数据真正焕发出特有的光彩。

第二节　数据新闻中数据隐忧的治理

对数据新闻中数据隐忧的治理，要适应数据的流动性、易篡改性等特征，在消除信息误导、根除侵权、完善法律法规等方面下功夫。

一、有效避免数据可视化的信息误导陷阱

数据新闻是艺术与科学的结合体，其目的不仅在于展现美感，更在于准确、清晰地传达有价值的信息。在智能媒介的普及下，受众对新闻生产和传播的参与度越来越高。也就是说，与传统的叙事新闻不同，在数据新闻生产中，受众的参与度极高。由此可知，在数据新闻时代，受众能够获得沉浸式体验，不过这也要求他们有较高的数据素养，而数据新闻生产者也要坚持真实、客观、准确等新闻理念，避免数据新闻进入因追求数据可视化而忽视新闻本质的信息误导陷阱。

数据新闻的可视化实践需要关注几个方面的问题：一是以报道新闻、引导舆论为第一要务，同时也注重可视化呈现，使新闻既科学，又有美感。二是避免受众审美疲劳，数据新闻的可视化设计要符合受众的信息消费习惯，以更好地满足受众的知情权。三是在数据新闻生产的过程中，科学整合各种可视化元素，使其能更加清晰和直观地呈现事实。

二、把握多个创作者中的著作权归属问题

就算在数据新闻时代，人工智能也应该被排除在著作权主体的范畴之外。因此，我们只能在参与创作的人类中选择著作权主体。目前，国内外对数据新闻的著作权主体的主张，主要体现在三个方面：

第一，著作权归程序设计者享有。这种观点认为，机器在撰写新闻的过程中发挥了巨大的作用，但机器是人发明的，在撰写新闻方面，机器是根据程序设计者所设定的程序来运作的，它只需要对时间、地点和人物等基本要素做一些修改，就能生产出相应的新闻，所以著作权应该归程序设计者所有。

第二，著作权归人工智能委托人享有。在这种情况下，程序不仅仅是将检索到的信息填充到设定的模板中，更要通过人工智能学习和数以亿计的计算，才能“创作”出稿件。如美国联合通讯社联合一家人工智能公司开发的“作家”新闻写作软件，具有快速准确地获取数据的优势，特别适用于体育和财经等领域的新闻写作。目前，“作家”平均每个月能产出一千余篇新闻作品。在我国，也存在由机器人独

立完成的作品。如2015年9月腾讯财经发布的新闻作品《8月CPI同比上涨2.0% 创12个月新高》，就是由Dreamwriter这一机器人创作的，是其处女作。此类数据新闻是完全由机器人创作的独立作品，其版权归属可以按照法人作品的规定来处理，依照我国《著作权法》第十九条的规定，应属委托作品。在没有明确约定的情况下，著作权归受托人享有。

第三，著作权归新闻机构享有。在这种情况下，人工智能根据程序完成了新闻稿的创作，但编辑仍然需要根据受众的需求和新闻的特点，对稿件进行修改及润色。因此，这种数据新闻作品融入了编辑的思想及观点，并且这些思想及观点是具有创造性的。由于新闻稿的编写者是新闻机构的专业团队成员，他们使用人工智能来编写新闻作品是他们职责范围内的事情，因此最终的版权应该归其所属的新闻机构所有。考虑到多名参与创作者的利益，应该明确相关主体的权责。

在确定数据新闻作品的归属权时，应该考虑到软件编写者和投资者之间的约定或合同。如果没有明确的约定或合同，则可以参考劳动雇佣关系法或委托创作合同法来进行判断。在委托作品中，委托人和受托人之间的地位是平等的。受托人作为人工智能的直接"作者"，需要独立承担人工智能在研发过程中的各种风险。因此，如果委托合同中没有明确规定人工智能数据新闻作品的著作权归属问题，那么著作权应该归受托人享有。然而，考虑到委托人提供了人工智能研发过程所需的资金等资源，受托人可能需要与委托人就作品的使用和分配进行协商，这样可以确保双方的权益均得到合理的保护。同时，为了降低交易成本，委托人可以通过劳动合同将人工智能创作的作品内部化，从而产生特殊职务作品。然而，委托人不仅需要对企业内部人员进行管理，还需要对人工智能创造出的作品承担各种法律责任。因此，在没有特殊约定的情况下，特殊职务作品的著作权应当归属于人工智能的委托人。这样可以确保委托人对作品的所有权和控制权，同时也能够保护人工智能创作的作品的合法权益。可以通过协商的方式赋予各方免费使用人工智能软件等优势权益。

可确立自然人共享原则，合理分配著作权权益。著作权制度的核心在于建立一种产权制度。根据科斯定理，交易成本是决定归属权的最重要因素。与公有产权和共有产权相比，私有产权的交易成本最低。因此，几乎所有国家的著作权制度都以私有著作权为主。只有通过这种模式，将社会收益纳入个人收益，才能不断激发创作者热情，鼓励他们创作出更多的作品。在人工智能数据新闻的著作权权益分配中，可以将人工智能所有者、数据提供者、程序设计者、来源者以及使用者等确定为著作权权益主体或制定者，并在此基础上进行协商。在创作作品的过程中，应该充分考虑不同方面的贡献，以确定作品的版权归属和收益分配比例。

三、健全行业规范

数据开放及信息共享随着网络技术的发展而不断受到重视。然而，这一新理念的普及与接受需要经过时间的积累和多方的推动，在这个过程中难免会出现新的问题。作为网络时代具有代表性的资源，数据的开放程度与信息的定位和获取目的有着极为密切的关系。然而，目前尚未形成统一的行业规范来解决数据开放的问题，随意的数据开放，负面影响也比较大。数据新闻生产者应该承担起相应的责任，参与到数据的规范和开放活动中来。在数据新闻生产过程中，我们应该始终秉持传播有价值的新闻的理念，合理开放数据，以满足广大受众的信息需求，并有效地引导社会舆论。

除要建立健全行业规范外，还要建立数据共享的合作机制，以实现共赢。数据新闻应该以高度负责任的形象面向社会大众。然而，由于数据采集的困难，一些数据新闻生产者可能会采用不当手段获取数据，这对数据新闻的可信度和影响力造成了极大的负面影响。因此，我们需要在数据新闻机构之间建立良好的数据共享机制，推动数据新闻不断走向规范化的轨道。此外，还应该加强监管与引导，维护社会安全。

四、制定数据利用原则

要想解决数据滥用和侵犯隐私的问题，数据新闻平台需要制定与个人数据利用相关的原则，并在数据处理之前进行“数据脱敏”。第一，数据新闻生产者应该尽量使用匿名化的个人信息，避免敏感的个人信息的出现。第二，对于必须使用的个人数据，应该征得当事人的同意，并注意保护公共利益。如果以上两者皆无法实现，就要运用“数据脱敏”技术，即通过一定的规则对敏感信息进行处理，确保报道对象的隐私权不受侵害。

五、坚守法律底线

无论处于何种时代环境，大众传播媒体都必须坚守法律底线。尽管在大数据时代，个人隐私保护等尚存在一定难度，相关法律法规还需要不断地建立、修改和完善，但对新闻工作者来说，遵守法律是必需的。

【思考题】

1. 数据新闻中的数据隐忧有哪些?
2. 数据新闻中数据隐忧的治理手段有哪些?

【推荐阅读】

[1] 西蒙．大数据可视化：重构智慧社会［M］．漆晨曦，译．北京：人民邮电出版社，2015.

[2] 范红霞，孙金波．数据新闻的算法革命与未来趋向［J］．现代传播（中国传媒大学学报），2018（5）：131－135.

[3] 顾理平．数字化时代隐私内涵的演进嬗变与研究的前沿问题［J］．新闻与写作，2022（1）：5－13.

[4] 常琳，曹轲．新闻无价与版权“无价”：新闻资讯类数字版权的现实困境与治理思考［J］．新闻爱好者，2023（8）：70－72.

[5] 贾磊．数据新闻数据挖掘的著作权侵权风险与例外制度构建［J］．新闻爱

好者，2020（6）：42－45.

[6] 邓建国．时空征服和感知重组：虚拟现实新闻的技术源起及伦理风险[J]．新闻记者，2016（5）：45－52.

[7] 吴小坤，全凌辉．数据新闻现实困境、突破路径与发展态势：基于国内7家数据新闻栏目负责人的访谈[J]．中国出版，2019（20）：22－28.

[8] Leo S. Mistakes，we've drawn a few：learning from our errors in data visualization [EB/OL]．(2019－03－17) [2023－12－02]．https：// medium. economist. com/ mistakes－weve－drawn－a－few8cdd8a42d368.

第九章　数据新闻的发展策略

【本章学习要点】

一、数据新闻发展的困境

- 现实技术的问题
- 根本性质上的矛盾问题
- 制播困境
- 内容与形式的失衡问题
- 伦理悖论表征问题
- 传播主体结构不合理问题
- 主题娱乐化问题

二、推动数据新闻发展最重要的是要做到心中有“数”

- 把握“数据源”
- 有效地获取和处理数据
- 可视化呈现“数据”

数据新闻的发展面临着诸多的问题，大众传播媒体需要在深入分析问题的基础上，提出合理的治理措施，促进数据新闻的蓬勃发展。

第一节　数据新闻发展中存在的问题

数据新闻是一种较为新颖的新闻报道样式，其在技术、性质、制播以及伦理等方面均存在着需要改进的地方。

一、现实技术的问题

“大数据”这一词语具有前沿性和创新性。然而，从技术层面来说，它并不是全新的，它只是“信息技术的子集，仅仅是海量信息的统计分析方法，并不具有崭新的时代特征”①。毋庸置疑，大数据的技术缺陷将来能够得以弥补，当下，它却在某些方面限制了新闻业的有效运转。

（一）一般的新闻机构获取数据资源较为困难

应用大数据技术的前提条件是掌握大量的数据资料，这一点是毋庸置疑的。从

① 刘建明．“大数据”的迷思与新闻媒体的应对［J］．中国广播电视学刊，2013（7）：6．

理想的层面来说，数据新闻的发展，需要更为开放的数据空间。当前，国内开放数据信息是极为重要的，知名大数据专家涂子沛将之称为“内开放”。①

遗憾的是，当前，我国政府掌握的公共数据尚未完全公开，而其他领域的数据又被互联网巨头垄断。如百度拥有大量的公众出行数据、阿里巴巴掌握着大量的用户消费数据，腾讯拥有海量的用户社交数据……这些数据具有诸多的公共价值，却被互联网巨头用于商业领域，以此获取巨额利润。与此同时，由于缺乏相应的技术和设备，众多的大众传播媒体难以获取互联网巨头所搜集的海量原始数据，也很难根据报道需求来轻松地采集相应的数据。这种情况不只存在于力量相对弱小的媒体之中，也存在于实力较为强悍的主流媒体之中。

据此可以说，要想获取大量的数据，新闻媒体必须投入大量的时间和资金，还要有相应的技术作为支撑。而客观地说，目前我国很多的媒体都不具备这样的条件。

（二）新闻推送导致信息窄化

在《大数据时代》一书中，亚马逊公司被引为典型案例，原因是其通过大数据分析为不同的受众推送特定信息产品。这一成功经验启发了许多大众传播媒体，它们将这种技术引入新闻客户端，尝试推送受众感兴趣的信息，以达到“精准推送”和“个性化服务”的目的。然而，这种以大数据技术为基础的“精准推送”却存在一些问题：首先，这种推送会让受众接触到的信息集中于他们所感兴趣的领域。虽然可以提供更符合受众需求的信息，但也逐渐将受众与其他领域的信息隔离开来。其次，这种信息传递机制是动态的，可能会经常调整，因而受众对特定信息的惯性接触越多，大众传播媒体再次推送的内容就越来越窄化，还美其名曰专业化推送。时间一长，这种带有鲜明的技术选择特色的机制，就会形成一堵堵难以察觉的信息狱墙，隔绝了其他领域的信息。正如陈力丹所言：“新媒体基于受众兴趣而提供的精准信息推送，长此以往将造成受众信息无形中的‘窄化’，我们只接收我们选择的东西和愉悦我们的东西。”②

由此可知，大数据技术的预测是建立在对受众过去的行为和偏好进行分析的基础上的，但受众的兴趣和需求并不是静态不变的。事实上，受众的兴趣和需求是多变的。因此，仅仅依靠过去的数据进行推送，可能无法完全满足受众的实际需求。所以说，尽管基于大数据技术的精准推送在一定程度上提供了更符合受众需求的信息，但也存在信息定制化和信息狱墙的问题。在追求个性化服务的同时，大众传播媒体也应该保持对信息的多样性和广泛性的关注，避免过度依赖大数据分析而忽视了其他领域的信息。只有在平衡个性化和多样性的基础上，才能真正实现信息的全面传递和受众需求的全面满足。而根据受众以往的主要喜好进行分析，只能提供部分满足需求的信息。当然，这并不是说大数据技术本身有问题，而是由于技术和资金等因素的限制，大众传播媒体对受众数据的收集还不够完整，还没有达到全样本的高度，面对浩如烟海的信息，大众传播媒体难以在区分清楚主次关系的基础上，将类型多样的信息整体性地推送到受众面前。

---

① 涂子沛. 数据之巅［M］. 北京：中信出版社，2014：217.

② 陈力丹. 解析中国新闻传播学（2015）［M］. 北京：人民日报出版社，2015：208－209.

（三）数据运用让隐私权更难保证

在大数据时代，个人信息更容易被媒体平台获取。而与此同时，公众对隐私权的重视也日益增强。因此，隐私保护问题就变得越来越突出。

目前，一些平台通常会与用户签署网络协议，以告知用户其收集数据的目的和方式。然而，大众传播媒体并非数据的收集者、拥有者，它们往往以第三方的身份来使用数据，并支付相应的报酬。由于使用的数据来自商业平台，因此大众传播媒体很难做到“知情同意”，也经常出现侵犯公众隐私权的问题。一般来说，商业平台往往只将大数据信息应用于自身的商业开发领域，不会随意泄露用户的信息。而大众传播媒体在使用这些信息时，往往会在不知情的情况下侵犯公众的隐私权，它们需要更加谨慎地对待此类数据。在数据新闻报道中，大众传播媒体又不可避免地会使用到部分个人信息。要保证不侵犯公众的隐私权，大众传播媒体就需要秉持着尊重个人隐私的原则，与相关的数据拥有者进行合作，并确保获得了人们的知情同意。同时，大众传播媒体也应该采取措施保护个人信息的安全，避免不必要的信息泄露。

二、根本性质上的矛盾问题

经过百年的演变，现代新闻业已经形成了一套独特的逻辑和规范，包括及时报道信息、客观地呈现事实、准确地揭示新闻背后的原因等。遵循相应的逻辑和规范，不只是报道的价值所在，也是新闻业应该肩负的使命。然而，大数据技术具有自身的性质和特征，在使用的过程中，一些性质和特征难免会与新闻报道产生冲突。

（一）模糊性与精确性的对立

众所周知，大数据具有“4V”特征，即海量性、高速性、价值性以及多样性，其中海量性是最显著且最重要的。对数据新闻来说，大数据技术能够提供“全样本”数据，尽管“全样本”并不代表绝对意义上的海量，但是相对抽样数据来说，它代表着数据具有足够的量级。然而，大量的数据必然会包含一些不够准确的信息，基于这些数据所进行的分析也就很难达到精确的程度。有人认为，人们应该接受这种模糊性，而不是一味追求所谓的“绝对准确”，因为数据新闻的重要特征就是预测，既然是预测，就不必要求完全准确。然而，吊诡的是，既然是新闻，就必须真实和准确，只有实现个别真实和整体真实，新闻才具有存在的价值。这也是精确新闻于20世纪70年代在美国兴起的原因所在。

精确新闻运用社会科学的相关研究方法来辅助新闻报道，目的就在于提高新闻的准确性。数据新闻是在精确新闻的基础上演化而来的，这是时代进步的结果。随着信息爆炸时代的到来，世人对新闻报道的真实性和可信度提出了更高的要求。为了更好地开展新闻报道、更好地预测未来，大众传播媒体需要借助原始数据来展示事实。唯有如此，新闻报道才会更加真实可信。恰如丁柏铨所言，对受众来说，既希望报道者在宏观层面上具有洞察力，又要求报道者在微观层面上体现精确度，对不具备微观层面精确度的报道则难以容忍。① 这说明，大数据技术及其思维所崇尚

① 丁柏铨．数据新闻：价值与局限［J］．编辑之友，2014（7）：9.

的所谓“模糊性”，与数据新闻对准确性的追求是有着一定程度的对立的。

（二）相关关系和因果关系的取舍

大数据是一项能够对未来进行较为科学的预测的技术，它能够有效揭示事物发展的趋势。然而，大数据却很难对事物之间的因果关系进行解释，被指责为知其然而不知其所以然。那种提倡以相关关系替代因果关系的做法，也引起了诸多争议，这些争议在新闻领域更为激烈。由于大数据不以因果关系为基础，因而很难将这种技术运用到推断“从果到因”的关系方面。

这也告诉我们，大众传播媒体在使用大数据时必须保持警惕，避免陷入数据的误导和误解。因为大数据只能提供表面的关联性和趋势性，很难解释数据背后的因果关系，记者仍然需要依靠自己的调查和分析能力来加深对事件背景和相关因素的深入了解，以此更好地揭示事件的真相。只有这样，大众传播媒体才能履行其职责，为公众提供准确、全面的新闻报道，正确地引导社会舆论。

（三）技术决定论与人文精神的冲突

信息传播技术的不断进步，使技术的主导性日益增强，甚至在较大的范围内形成了技术主导的思潮，使人与物、主客体之间的关系变得日益紧张起来。这是科学技术发展的双刃剑的真实体现。如今，我们越来越离不开机器和自动化设备，也越来越沉迷于现代科学技术所带来的物质和精神享受。当然，我们不能完全将人文精神的缺失归咎于科学技术的发展，但这确实值得我们引起警惕。正如刘建明所说，“正确认识事物的是非和利害，遵循人文精神是更为重要的前提。缺少这个前提，‘大数据’不仅毫无用处，而且能为谬论寻求支持的数据”①。

大数据技术的运作有时非常直接，只要发现某种趋势具有盈利的可能性，人们就会跟随大数据的指示去行动。也许，从商业的角度来说，这种做法是无可厚非的。然而，对我国的大众传播媒体来说，其必须要承担起相应的社会责任，要切实维护社会道德和价值观念，并为实现“两个一百年”奋斗目标和中华民族伟大复兴的中国梦发挥积极作用。在某种程度上，这可能会与大数据的目标产生冲突。虽然大数据技术可以为新闻报道提供大量支持性的数据，但如果缺乏人文精神和价值观念，数据的作用就会大打折扣。此外，滥用大数据可能导致人们失去主观能动性，甚至会对人的主体性存在产生怀疑。大数据技术的迅猛发展与广泛应用已让诸多的媒体开始思索和探讨模板新闻及机器人新闻的报道问题。有人甚至质疑新闻记者这一职业是否还有存在的必要性。然而，如果丧失人的主观能动性，甚至连新闻记者的主体性存在都化为乌有，那么完全依靠大数据、人工智能等技术所生产出来的新闻，是否能够真正满足人们多样化的需求，特别是精神方面的需求，无疑是一个极为严峻的问题。

由此可知，新闻业的属性和功能与大数据技术之间存在着不少的矛盾与挑战。在现实中，大数据技术并不像一些乐观主义者所描绘的那样完美无缺，实际上还存在许多难以解决的问题。我们应该更加全面而深入地了解当前大数据技术的不足之处，而不是盲目地跟风。当然，新闻业也不能对大数据技术持排斥态度，因为它确

---

① 刘建明．“大数据”的迷思与新闻媒体的应对［J］．中国广播电视学刊，2013（7）：7.

实在新闻报道中发挥着巨大的作用。例如，预测性新闻和数据新闻，就为人们提供了更多有价值的、可信性的信息。

三、制播困境

与发达国家相比，我国的数据新闻起步稍晚，发展也不够充分。同时，从整体上来说，新闻工作者的数据素养也偏低。这些都使数据新闻成了假新闻的“重灾区”。

（一）数据缺乏权威性和可靠性

数据来源的权威性和可靠性，影响着数据计算结果的准确性，进而影响到新闻报道的可信性。因此，新闻工作者应该在可视化图表上标注数据来源，以便受众可以随时查阅，帮助他们辨别数据来源是否可信。由于一些新闻工作者不了解权威数据的内涵，因而常常随机选择网络数据作为新闻来源，这在新媒体平台上尤其普遍。由于缺乏对数据来源的核查和把关能力，受众往往会受数据新闻的影响，做出错误的判断。

（二）小数据新闻仍占主导地位

大数据分析的准确性主要取决于数据的充足性，缺乏足够统计数据的新闻只能被称为小数据新闻。在我国的数据新闻中，小数据新闻占据了相当大的比例。由于统计数据的不足，这类新闻的样本本身就缺乏代表性，再加上没有使用科学的抽样调查方法，假新闻大量涌现。而由于无法掌握数据采集的数量，受众很难判断数据新闻的真实性。

（三）数据新闻缺乏时效性

在采集、整理和分析数据时，新闻记者要花费大量的时间成本，并且需要仔细考虑可视化新闻的表达问题，这就降低了数据新闻的时效性，容易让新闻变成“旧闻”。不过，我们也清楚，数据新闻的叙事长处在于讲述宏观的规律性故事，其对时效性的要求相对较低。

（四）深度报道较为罕见

众所周知，要做好深度报道，新闻记者必须把握各种细节，全力挖掘事件的本质。但我国的数据新闻往往过于注重制作形式，希望以独特的方式吸引受众的注意力。这固然能够带来短期的经济效益，但一旦受众失去兴趣，这种形式化的新闻就将逐渐消失。因此，大众传播媒体必须确保新闻内容的质量，这样才能在白热化的竞争中保持优势地位。这就要求新闻工作者利用大数据分析技术，由浅入深地探究事件的真相，抓住事件的脉络，利用图文并茂的方式来讲述故事。

四、内容与形式的失衡问题

数据新闻的独特之处在于利用图像化和图形化的方式来传播信息。然而，在报道数据新闻时，大众传播媒体应避免过于依赖华丽的互动图表等，尽管它们具有吸引力，但很可能不能准确、清晰地传达信息。在新闻报道中，大众传播媒体仍然需要坚持“内容为王”的原则。当前的可视化工具主要是为海量、复杂的数据内容的展示提供服务的，需要杜绝颠倒数据主次关系的情况。

例如，在设计饼图时，一些媒体可能会选择丰富多彩的颜色，以为统计变量的多样性服务，但如果各个变量的百分比接近，那么这样的图表可能会变得过于华丽。一些媒体还采用可视化图形和卡通图片相结合的方式来报道数据新闻，这种设计具有较强的视觉冲击力。然而，很多受众可能会只关注卡通图片，忽略了相关内容。因此，大众传播媒体要追求形式和内容的平衡，达到内容与形式相得益彰的目标。

五、伦理悖论表征问题

（一）传播理念表征

在大数据时代，数据新闻的传播呈现出“去中心化”与“再中心化”不断较量的特征。这具体体现在两个方面：一是新闻特性方面。数据新闻更加突出多维性、互动性和个性化特点，这更加符合“去中心化”的传播理念。二是新闻发展现状和未来趋势方面。在这个方面，数据新闻又呈现出“再中心化”的特征，即大众传播媒体的预测性报道功能得以凸显。不管是“去中心化”还是“再中心化”，本质上都是关于话语权的争夺，这对数据新闻的生产和传播造成了较大的负面影响。

（二）生产表征

数据新闻生产的特点在于技术唯数论与新闻专业理念之间所存在的偏差。就我国目前的数据新闻生产实践而言，技术唯数论成为数据运营商必须遵循的主导原则，尽管这能够在一定程度上提高新闻生产的效率，但其与新闻专业理念之间发生了较为严重的冲突，从而制约了数据新闻的发展。

（三）传播政策表征

众所周知，大数据时代的信息数据基本上是相对公开的。伴随着大数据技术在新闻传播领域应用的不断拓展，数据新闻传播的公开性也越来越明显。对数据新闻的发展来说，有效的数据公开是必不可少的条件。然而，为了在大数据产业中占据优势地位，很多企业在推动信息公开的同时也会封闭大量的数据。这必然会引发一些矛盾，例如数据信息公开与获取受限等。

（四）传播伦理表征

在数据新闻传播的过程中，我们需要认识到，数据新闻的发展与新闻专业理念之间是有着特定的冲突的，新闻业需要寻找解决方案，以促进数据新闻的健康发展。在大数据时代，公众对新闻内容和传播方式的个性化需求越来越高。随着数据公开水平的不断提升，数据新闻传播受到传播伦理的限制也呈现出越来越小的趋势。这种情况引发了个性化信息传播与公民隐私之间的博弈，而这也是大数据新闻传播伦理的具体表现。在多种因素的共同作用下，数据新闻传播的伦理悖论逐渐浮现。

六、传播主体结构不合理问题

互联网的高度开放性，让所有参与互联网运营的机构和个体都成了数据新闻的生产者与传播者。随着信息技术的迅猛发展，各种各样的新媒体纷纷涌现，其内容和形式的创新迅速获得了社会大众的认可，传统媒体因此遭受巨大冲击，其社会角色逐渐弱化，甚至出现了缺位现象。这说明，我国新闻传播主体结构中存在着诸多不合理的地方，这对数据新闻的传播能力产生了较大的影响。

七、主题娱乐化问题

数据新闻报道是对传统新闻报道的重大革新，但它仍然以传统新闻的价值体系为新闻生产和传播的标准。在新闻主题上，严肃的“硬新闻”仍然占据着主导地位，尽管也有一些关于文艺、体育等“软性”话题的报道，但比例相对较小。这是因为，数据新闻在宏观叙事和预测方面具有较为独特的优势。市场经济和受众导向的传播观念不断渗透到新闻的生产和传播之中，使大众传播媒体越来越倾向于迎合受众个性化的需求。越刺激、越少花脑筋的内容，越容易受到受众的追捧。这几乎成为收视行为的一条铁律。因此，许多大众传播媒体为了迎合受众的需求，不断推出媚俗化、娱乐化的内容。而作为新兴新闻报道方式的数据新闻，也深受这种负面化的运行趋势的影响。

近年来，文化和娱乐类数据新闻作品的增长趋势较为明显，而且新闻用词方面出现了“娱乐化”的倾向，其中大量使用网络用语，比如“屌丝”“高富帅”等。这样的用词不可避免地削弱了新闻的严肃性，凸显出非理性的特征。

第二节　数据新闻的发展策略

面对问题，各相关主体都要行动起来，相互协作，采取科学的手段，在解决问题、化解危机的基础上，不断提升数据新闻的发展质量。

一、转变发展理念和创新发展形式

（一）转变发展理念

在数据新闻的发展中，理念的引导和行动的实施至关重要。大众传播媒体应该结合自身的发展情况，转变落后的新闻生产和传播模式，善于运用数据新闻的发展观念，为社会大众提供更多有价值的信息。也就是说，大众传播媒体要加强理念创新工作，要以大数据、人工智能等技术为依托，不断提高数据新闻的“可视化”和准确性，增强数据新闻的吸引力，进一步提升其核心竞争力。

在理念转变方面，最大的难关是重构思维模式。近年来，整个社会都经历了一场数字化实验，互联网和终端的能量又一次被释放出来，在满足社会大众的娱乐及消费需求的同时，也为大众传播媒体的生存和发展提供了巨大的空间，甚至推动了政府治理的数字化转型。一系列的数字化实践证明，在经济社会发展中，数据化是必然选择，也是最佳解决方案。数字技术为新闻业赋予巨大的能量，推动媒体融合蓬勃发展，也为打造有中国特色的新型主流媒体奠定了坚实的基础。在大数据时代，将数据、算力及算法作为媒体融合的关键，是大众传播媒体获得独特竞争优势的重要支撑点。利用数据新闻，大众传播媒体能够真正实现从信息的提供者向信息的服务者的转变。就业务方面来说，大众传播媒体也必须进行全面的转型和创新，做到从单一的报道到全媒体的立体化报道、从点状积累到体系化的突破，将自身打造成真正的新型主流媒体。就使命方面来说，大众传播媒体不仅仅传播新闻，更重要的是传达态度和表达观点。一些媒体积极利用新闻专业性来训练新闻工作者，培养了大批选题精准、策划严密、多角度思考问题以及精益求精的人才，迅速在媒体融合新时代站稳脚跟。然而，实事求是地说，我国大众传播媒体的数据新闻生产能力整体较为薄弱，即使是团队作战，也面临着团队规模小、配合欠佳、经验不足等问题。因此，就算能够获得多个部门的权威数据，最终呈现出来的作品也会与预期有着不小的差距，甚至达不到发布的标准。

有鉴于此，大众传播媒体必须及时调整思路，以全新的方式引领数据新闻生产，利用贴近生活的“小切口”和“小视角”来开展新闻报道，以此引起受众的注意，力求与他们建立共情共感的联系，能做到这些的很多数据新闻作品因此广受青睐。如《数据说｜山东撑起全球超半数的“面子”生意》这篇数据新闻，刚一发布便立即成为2022年全国两会报道中的热门作品，登上了微博同城热搜榜。由此可知，对数据新闻来说，最大的挑战和困难并不是数据的缺乏或技术的薄弱，而是思维模式的转变。过去，大众传播媒体习惯于用文字来表达观点。而现在，大众传播媒体需要借助数据来重新认识世界、打开新的视角，这是完全不同的思维方式。以前，记者写新闻稿件的形式相对灵活，可以用数据作为证据，也可以用事例来说明，还可以引用权威观点来予以补充。但在数据新闻时代，如果没有详细、准确的数据来支持，那么再好的选题也只是空中楼阁。

【案例】

作品名称：《数据说｜山东撑起全球超半数的“面子”生意》

作品类型：数据新闻

制作机构：《大众日报》

作品简介：《数据说｜山东撑起全球超半数的“面子”生意》这一作品的闪光之处在于关注到了刺激消费因素中的女性力量，意识到了“她经济”的重要性（见图9-1）。该作品把女性作为独特的切入点，并关注到女性消费中的“美丽推手”——玻尿酸，从细微处入手，成功吸引了大众的注意力。

大众新闻客户端
权威 价值 品质
下载

数据说｜山东撑起全球超半数的“面子”生意

大众日报记者 宋亚鲁 刘兰慧 杨秀秀
2022-03-09 07:01:41 大众报业·大众日报客户端

数据说·新消费里的山东好品②

2022年政府工作报告提出，要畅通国民经济循环，打通生产、分配、流通、消费各环节，增强内需对经济增长的拉动力。

促消费扩内需，有一支力量不容忽视。刚刚过去的3月8日国际劳动妇女节，“她经济”再次成为热点，从空间站到冬奥赛场，“她力量”彰显带动着“她消费”的升温。

中国女性越来越自信美丽，“面子”生意也愈加风生水起。今天我们就来聊聊，“美丽推手”玻尿酸的故事——

图9-1 数据新闻《数据说｜山东撑起全球超半数的“面子”生意》作品截图

（二）创新发展形式

当前，数据新闻报道主要集中在政治、财经、能源、体育及环境等领域。这种发展形式主要包括两种手段：一是变量化的“类比形式”；二是细分化的“利基形式”。这两种形式基本上能满足受众对数据新闻的需求，但是它们均不是万能的。因此，大众传播媒体应该具备战略意识，不断探索和积极创新数据新闻的发展形式，不断扩大数据新闻的发展范围，不断提升数据新闻的协同性，使数据新闻与群众密切地联系在一起，从而能够真实地反映群众的故事。例如，在开展民生新闻报道时，应积极结合数据新闻的优势，通过数字新闻向人们展示更多的民生故事。

二、增设分发渠道和提升报道品质

在数据新闻生产中，大众传播媒体应该树立品牌意识，不断拓宽传播渠道、扩大受众范围，利用高质量的报道内容来塑造自身的品牌。

（一）增设分发渠道

在媒体融合时代，社交媒体和互联网信息聚合平台拥有巨大的流量优势。大众传播媒体要充分利用这些平台的流量优势，为优质的原创内容提供更便捷的传播入口，以不断拓展受众群体。此外，这种方法也能提升媒体的曝光度，使原创内容和媒体品牌能够更广泛地拓展到公众空间之中。

在今天，数据新闻已经成为众多大众传播媒体常用的报道手段，但与传统的文字报道相比，数据新闻的传播范围较窄，受众数量也较少。因此，大众传播媒体应该加大数据新闻方面的投入力度，不断创新其报道方式，满足公众对多样化、有深度的新闻内容的需求。这要求大众传播媒体在生产高质量的数据新闻时，积极增设分发渠道，通过大规模的信息生产和传播来扩大自身的影响力。例如，为了突破传统的分发方式，网易“数读”的数据新闻团队于 2015 年 6 月通过同名的微信公众号发布了他们的第一篇数据新闻作品，该微信公众号持续运营至今。此外，网易“数读”还在微博、知乎等平台上开通了运营账户，并与信息聚合平台虎嗅网合作，允许虎嗅网转载其内容。网易“数读”团队采用开放的内容分发策略，使他们生产的数据新闻作品能够迅速引发受众的关注。

与网易“数读”不同，澎湃新闻的数据新闻栏目“美数课”主要通过自身的网页和客户端等平台来分发内容。不过在新冠疫情暴发后，为了适应数据新闻报道的传播场景需求，其决定在微信公众号和微博上开设官方账号，名为“澎湃美数课”。微信公众号用来发布原创的数据新闻作品，微博则主要用来分享与数据新闻制作相关的技术和背后故事。通过这种方式，“澎湃美数课”初步打造出了自己的新闻分发矩阵。因为开设的时间比较晚，所以“澎湃美数课”微信公众号的文章阅读量远远低于网易“数读”，但它告诉我们，未来的数据新闻生产需要进一步适应融媒体时代的需求，不断拓展分发的渠道、扩大内容的入口，致力于打造全媒体的信息传播渠道，为数据新闻作品提供更广阔的传播途径。

（二）提升报道品质

数据新闻的生产，需要选择独特和有深度的主题，以激发受众的兴趣。同时，大众传播媒体还要保持敏锐的竞争意识，不断提升数据新闻生产的专业性和创新性。只有不断提升报道品质，才能在激烈的竞争中脱颖而出，赢得更多的关注和认可。这就要求大众传播媒体不断摆脱同质化的影响，创造出优质的、独特的数据新闻作品，为读者提供丰富多样的报道内容。

三、坚守新闻价值和坚持调查原则

（一）坚守新闻价值

就报道功能来说，不少数据新闻都还停留在对新闻事件的现象进行描述和解释这一浅显层面，没有深入地开展调查工作，报道深度不够，因而预测性报道和调查性报道较为缺乏，与国外媒体积极拓展数据新闻多元化的报道功能相比显得较为单一和浅显。要改变这一现状，我国的大众传播媒体应该切实承担起新闻媒体的本职责任，坚守新闻价值，不断拓展报道的深度。

在新闻价值的坚守方面，大众传播媒体要将公共性作为数据新闻的一个特别重要的取向。就像吴小坤等人所说的那样，数据的意义在于唤起公众对一些原本无意识的问题的认知，并且通过数据增强其论证的可信度。[①] 由此可知，公共性不仅是传统新闻的价值追求，也应该成为数据新闻的价值追求，甚至可以毫不夸张地说，数据新闻更需要公共性。数据新闻的独特之处在于其天然的公共性表达优势，通过挖掘数据之间的关联性，数据新闻能够揭示出更深层次的新闻价值，这反映出生产者对公共性的追求，推动着大众传播媒体在不断变化的媒介环境中坚守社会监督的职责。因此，具有公共性的选题不仅能赋予数据新闻强大的生命力，还使其具有强大的舆论引导力量。如获得 2017 年全球“数据新闻奖”调查报道奖的《无据可依》，这篇数据新闻报道由加拿大的《环球邮报》所生产。该报道源于记者发现，在加拿大警方的案件处理文件中，大量性侵控告案件均以“无据可依”作为标注结案。为了调查这一现象是否属于偶然，记者花费了 20 个月的时间，对加拿大 1 119 个警署的情况展开了调查。结果显示，大约有五分之一的性侵案件都被警方以“无据可依”来定性。记者根据这一调查结果得出结论：加拿大警方在处理性侵案件时存在系统性漏洞。这篇数据新闻刚一发布，就引发了广泛的关注，最终促成加拿大改变了相关的公共政策。这个案例能够给数据新闻实践提供一些启示，即有效地运用数据新闻的方式来维护公共利益，提供具有公共性价值的深度报道，是数据新闻发展的重要方向。

在国内，尽管数据新闻的选题范围广泛，但总体来看，软新闻在其中占据了较大的比例，严肃性的硬新闻作品的数量极少，且与公众利益的紧密性还有待提高。因此，我国的数据新闻应该在严肃性选题方面下功夫，以突出新闻价值为选题取向，并在新闻生产中关注公众利益。

（二）坚持调查原则

与传统新闻一样，讲故事的能力依然是数据新闻生产中记者的基本素养。而要讲好故事，首先需要坚持深入一线开展调查的原则，并学会从收集到的信息中发现故事。同时，还要能够讲好故事。数据新闻应该将调查性报道视为自己的使命，在获得充足的数据材料的基础上，厘清庞大而复杂的数据关系，利用点、线等元素来勾勒新闻事件的图像和脉络，让丰富的调查性素材为数据新闻作品注入灵魂，从而讲好新闻故事。由此可知，通过深入调查的方式来挖掘数据，是提升数据新闻生产质量的关键。只有在掌握大量有价值的数据的基础上，才能向受众讲述引人入胜的

---

① 吴小坤，童峥．数据新闻对传统新闻价值的突破与重构［J］．当代传播，2017（4）：17.

故事。大众传播媒体应该坚持调查原则，不断培养自身深度选题的报道能力。

四、强化阅读体验和做到心中有“数”

(一) 强化阅读体验

在数据新闻生产中，必须明确可视化的从属地位，即它是帮助记者利用数据讲述新闻故事的辅助性手段。如果把数据新闻生产比作建房子，数据信息就扮演着钢筋、水泥的角色，支撑起了整个房子，没有它们，房子就建不起来。而可视化手段相当于房子的装修元素，它能够让房子更为美观和舒适。因此，在数据新闻中，数据信息和可视化是相辅相成的，它们共同构建了一个完整的故事。数据信息是新闻报道的核心依据和新闻价值的源泉；可视化则扮演辅助者的角色，不能取代数据信息的地位，否则就会出现本末倒置的情况。而纵观国内的数据新闻生产情况，许多生产者都把可视化置于特别重要的位置，忽视了数据信息的驱动价值，这种做法是不可取的。大众传播媒体要在明确可视化制作与数据处理的关系以后，积极创新表达方式，尝试运用多种类型的可视化元素和动态元素来讲述新闻故事。具体可以从以下两个方面下功夫：

1. 提升交互性

在可视化制作方面，我国的数据新闻生产更倾向于采用静态信息图的方式来讲述故事，对动态和交互性的可视化形式采用不多。然而，在可视化呈现方面，数据新闻应该更多地使用动态元素，为受众提供交互性体验的空间。在展示事物的变化轨迹方面，动态元素的运用是极为重要的，它能够让静态的信息动起来，从而适应人类视觉感知的动态轨迹，将事物之间的关系网络清晰地呈现出来。如入围 2018 年全球数据新闻奖年度可视化作品奖的数据新闻作品《高铁动车 6 小时能到的地方，你想去哪个?》，该作品由财新网推出，收集了全国高铁动车线路和运行时间等数据，以交互式的方式呈现出来。设计者将全国各主要城市的位置用圆点标注的形式标注出来，受众只需点击这些圆点，就能查询乘坐高铁或动车六小时以内能够到达的城市。这篇数据新闻使用了动态地图这一可视化元素，为受众提供了多种自主查阅信息的途径，展示了数据新闻的实用价值。

2. 营造沉浸式阅读环境

数据新闻要巧妙地运用文字、图片、音频、视频、动画和游戏等元素，营造出一种沉浸式的阅读体验空间，以此提升受众的参与感。众所周知，多元化的可视化手段能够突出报道的空间感，提升视觉冲击力，为受众提供沉浸式的阅读环境。如《纽约时报》在 2013 年生产的数据新闻《重塑纽约》，获得了 2014 年数据新闻奖最佳数据可视化作品奖。其宗旨是展示迈克尔·布隆伯格担任纽约市市长 12 年以来纽约市所发生的变化。该作品运用文字解说、细节图片、3D 地图、互动设计等可视化手段，清晰地展示了纽约市景观的变化情况。受众点开这篇新闻作品，会看到一个独特的 3D 地图，它展示了纽约市的建筑景观。受众可以通过拖动鼠标或滑动屏幕来俯瞰整个纽约市，或者前往地图上的任何一个角落。在地图上，新建的建筑物用红色标注，而原有的建筑物则用白色标注，通过这种红白对比，受众可以整体了解纽约市的变化状况。当点击“进一步阅读”时，受众会看到城市各个角落的细节变化，这些变化以大图的形式展示出来，页面的左上方配有简短的文字解说，让受众清楚地了解具体的变化情况。尽管城市的巨大变化可以通过扎实的数据真实表现出来，但是相比于生动的3D地图，数据符号并不能让读者直观地感受到数字变化的真实意义。此外，数据罗列的形式还要求受众具备一定的数据解读能力，其表现力不如多种可视化元素的融合应用。

数据新闻生产应该提升可视化表达能力，以受众的接受能力为中心，融合运用多种视觉元素，以最大限度地凸显数据的价值，并帮助生产者更好地讲述新闻故事，创造出令受众沉浸于其中的阅读体验空间。然而，我国的数据新闻生产团队在综合把握可视化的表达形式方面的能力还有待提高。因此，大众传播媒体需要转变设计思路，增强可视化元素的表现力，并提升多元形式的融合应用。

（二）做到心中有“数”

数据新闻不是简单地收集和统计数据，更重要的是深入分析和解释数据背后的深层现实。因此，数据新闻的核心要素在于精细化处理和可视化呈现。

1. 把握“数据源”

数据源是数据新闻生产的源头，也是数据挖掘的起点。对数据新闻生产来说，优质的数据源是至关重要的。挖掘到有价值的数据，能够帮助大众传播媒体准确地了解受众的相关信息，从而实现精准选题和精确传播。同时，有价值的数据还能够丰富新闻内容，并有效提升新闻报道的质量。因此，数据是数据新闻的生命之源，数据的匮乏是制约数据新闻发展的主要因素。目前，数据新闻的数据源主要来自政府相关部门、企业和公司发布的信息，以及专业信息资讯平台和网络公开信息。这些数据源为数据新闻的发展提供了基础，但仍然存在一些问题。例如，数据的质量和准确性可能存在一定的风险，数据的获取与整理需要耗费大量的时间和精力。因此，我们需要不断探索更多的数据源，并加强数据的验证和整合，以提高数据新闻的可信度和实用性。

在数据源的把握方面，要知晓数据源存在的问题。一般来说，数据新闻的数据源往往会存在四个方面的问题：

首先，数据源比较单一，涉及的范围较小。英国是世界上少数几个数据开放程度极高的国家之一，从公共交通到国家人文地理、从立法到政府预算和环境污染的数据，都坚持向公众公开。其信息的开放受到法律法规的保护，而开放数据研究所的职责就是为更多需要的人提供数据开发的基础和便利。此外，英国的不少媒体还建立了系统数据库，与相关科研机构和金融机构展开合作，确保新闻数据的完整性和可靠性。随着互联网信息产业的发展，我国近年来也致力于推进政府数据公开工作，各级政府网站均开通了政务信息公开栏目，不过不少数据需要申请才能公开，这在一定程度上影响了数据新闻报道的深度和广度。在这种情况下，国内的数据和新闻来源主要基于媒体对媒体的引用，以及第三方信息服务商和企业提供的数据，此类数据采集起来较为简单方便。这些数据均为二手数据，其挖掘成本低，但时效性较差，不能保证准确性及客观性。在这种情况下，我国数据新闻的发展仍然受到数据公开制度的缺乏和原始数据自主开发能力不足的限制。

其次，在数据收集方面，不少数据新闻生产者存在自主能力不足的问题。虽然他们也会使用一些较为常见的数据收集工具，但对专业的数据工具的使用相对较少。因此，哪怕拥有海量的数据信息，很多新闻工作者也难以对之进行充分的挖掘和处理。因此，在数据新闻团队中，程序员的作用比传统的记者和编辑更加重要。目前，我国的数据新闻生产者大多出身于设计专业，在数据的敏感度、挖掘数据新闻的价值以及运用数据驱动来讲故事等方面的能力还相对较弱，而这直接制约了我国数据新闻的发展。

再次，数据新闻生产没有较好地与专业的数据挖掘团队展开合作。当前，不少媒体仍然依赖内部的数据收集中心来获取数据，这在很大程度上限制了数据的数量和来源。虽然一些实力较强的媒体设有专门的信息搜集部门，但从整体上来说，它们在数据挖掘和分析方面的能力还较弱，尤其是在获取国外相关数据方面更是如此。然而，国内的大数据产业正蓬勃发展，很多大数据公司在数据挖掘和人工智能领域取得了巨大的成就，它们能够为不同的行业和用户提供定制化的数据信息。但其主要合作对象并不是大众传播媒体，而是政府及企业等，与媒体的合作缺乏成熟可行的模式，加之大众传播媒体对数据需求的模糊性，更让大数据企业很难高效地为大众传播媒体筛选其所需的数据。

最后，媒体融合程度尚不高，致使盈利模式不成熟。在信息传播科技的赋能下，社会化媒体迅速崛起，相较于传统媒体来说，社会化媒体受欢迎的程度正不断攀升。新兴受众通过社交媒体平台参与信息传播，并对大众传播媒体的新闻活动进行监督和制约，这就需要提升媒体融合的水平。然而，不少媒体的融合，尚停留在表面的“合作、流动”层面，受众的信息资源没有得到充分的利用，社会化媒体融合时代的全新商业模式尚未形成，大众传播媒体仍然依赖传统的新闻模式来生产新形态的新闻。实际上，数据新闻本身具有社会和经济价值，在数据新闻生产的所有环节中，均需要更深入的融合和创新。大众传播媒体应该结合我国现有的经济体制和媒体环境，不断创新数据新闻发展的商业模式，实现媒体与受众之间的共赢。

2. 有效地获取和处理数据

（1）获取数据。

对数据新闻来说，获取数据就相当于科学地“采访”数据。数据新闻是一种数据驱动的报道方式。数据新闻生产者通过大数据技术，将新闻事件中的各种数据进行量化，以可视化的方式展现数据之间的关联性，并从中挖掘有价值的数据信息。由此可知，数据新闻将看似孤立的“新闻事件”扩展为了更具情景性的报道，实现了从文字讲故事向数据讲故事的转变。其独特之处在于，当数据新闻生产者将数据整合在一起时，就能发现某些规律或异常之处，这是现场采访难以观察到的。

一个典型的数据新闻案例是英国《卫报》在 2010 年 10 月 23 日刊登的《维基百科伊拉克战争日志：每一次死亡地图》。这篇数据新闻使用谷歌地图提供的免费软件，制作了一幅点图，其采用的几十万条数据来自维基解密。这张地图详细地记录了伊拉克战争中的人员伤亡情况，每个红点代表着一次伤亡事件，点击红点就可以查看相关事件的基本新闻要素。地图上没有多余的文字，但密集的红点让人触目惊心，数据成为真相和新闻。这篇数据新闻告诉我们，数据新闻生产需要挖掘和筛选出有价值、有意义的信息，并将之有效地呈现出来。

获取数据的途径主要包括五个方面：一是政府及相关组织公开的数据；二是高校、智库、学术刊物、行业协会发布的数据，或第三方机构发布的数据；三是对权威媒体的公开报道进行梳理而获得的数据；四是商业公司和互联网平台所掌握的大量与公众生活相关的数据；五是自主收集的互联网数据。

不同国家和地区的数据开放程度不同，导致衡量数据指标的侧重点也不同。国外更加注重利用技术来促进数据开放这一问题，鼓励数据的开放与共享；而国内则更加强调如何利用技术来整理、描述和可视化相应的数据信息。

（2）处理数据。

A. 逐步建成数据库网络。

大数据产业的迅速发展，为全球开放数据的聚合提供了极为有效的手段，数据新闻的发展也迎来了重要的机遇。目前，国内的数据新闻报道主要局限于规模较小的结构化数据，以可视化的方式将第三方的结构化数据呈现出来。换句话说，从整体上来看，国内的数据新闻还不能以海量的数据挖掘为基础来进行信息处理，可视化呈现仅仅是对结构化数据进行简单的信息图表处理，尚处于数据新闻生产的初级阶段。数据新闻的基础在于获取和处理数据，因而建立科学的数据库就显得极为重要。数据新闻在国内的发展已有一定的历史，而大众传播媒体所开展的新闻报道，都是有价值的数据资源。因此，对现有的新闻数据进行系统整理和编制，大众传播媒体将会形成自己的小型数据库，通过链接常用的数据源，能够实现媒体间的数据共享，从而实现共赢发展。

由大众传播媒体建立的数据库，应该具有鲜明的媒体属性，其信息服务功能也应该较为突出。众所周知，数据新闻生产需要处理海量的数据，也经常需要将相关素材整理成结构化数据，以深入地分析数据背后的新闻。所以大众传播媒体的数据库必须能够为自身的数据新闻生产提供支撑。举例来说，迎接建党 100 周年期间，上观新闻利用 LBS（基于位置服务）技术，在数字地图上标注了上海的 612 处红色资源，并结合原有的报纸资料库，将红色资源的历史图片和资料文章结合在一起，开发了一个名为“寻踪上海”的产品。与传统的数字地图相比，“寻踪上海”这一小型数据库不仅为用户提供了实时导航功能，还为他们提供了 612 处红色资源的背景知识及有关资料。

数据库建设是一项复杂而艰巨的任务，它涉及信源的监控、数据收集、智能化标引、消重、格式归一化等多个环节，需要投入大量的人力，也需要借助自动化技术来提高效率。此外，数据库的储存和日常维护均需要投入巨大的资源。因此，在人力、财力和物力均有限的情况下，大众传播媒体应该以能够为数据新闻生产提供良好的反哺为数据库建设的首要目标。无论是为了生产更多的新闻报道，还是为了提升内部采编的质量，数据库都必须在日常报道中得到充分的使用。换句话说，数据库的建设不仅需要注重积累原始数据，还需要对过去的报道、调查资料进行二次开发利用，并将其与外部数据整合到一个统一的数据平台之中。这是大众传播媒体建立数据库的优势和独到之处。

B. 打造数据共享平台。

大众传播媒体要积极打造高度开放的数据共享平台，为数据新闻的生产提供重要支撑。数据新闻的内容制作团队要经常在各类平台上分享优秀数据新闻作品的制作过程，总结制作的经验，并分享具体的制作技术及数据资源。此外，还要不断创新数据开放模式，以形成新颖独特的数据获取和处理路径。通过这些方式，构建起数据共享平台，提升数据新闻的生产效率。

C. 探索开放数据挖掘和利用模式。

我国的开源数据市场尚处于初探阶段，公开的数据量相对较少，可供开源利用的数据资源也相对有限。政府和专业数据机构公开的数据往往难以采集，其开放程度也偏低，而从网络空间采集到的大量数据，由于涉及隐私保护和合法性等诸多问题，因此很难得以有效利用。

在媒体融合不断加深的情况下，数据新闻生产者需要在吸纳有益经验的基础上，逐渐探索出独具特色且比较成熟的开放数据挖掘和利用模式。如在实施大型互动项目时，同时提供对相关数据的详细解释，包括数据的采集工具、收集方式及筛选方法等，既能让受众了解数据新闻作品的生产流程，还能增强作品的可信度和权威性。如财新网的“数字说”栏目，就形成了自己独特而完善的数据挖掘和利用模式。

【案例】

作品名称：《三公消费龙虎榜》

作品类型：数据新闻

制作机构：财新网

《三公消费龙虎榜》

作品简介：《三公消费龙虎榜》归属于财新网的“数字说”栏目，这篇数据新闻最先呈现的数据，并非最终的完整数据，而是生产者利用可视化技术，逐步将政府部门公开的数据融入作品的界面之中，并利用大数据技术进行整合，将之有效地呈现出来，达到了动态性地记录新闻事实的目标（见图 9-2）。这样一来，政府部门的开放数据就成为新闻生产的先导要素，被循环利用，它不仅能够有效地拓展数据源的范围，还能提升受众的互动效果。

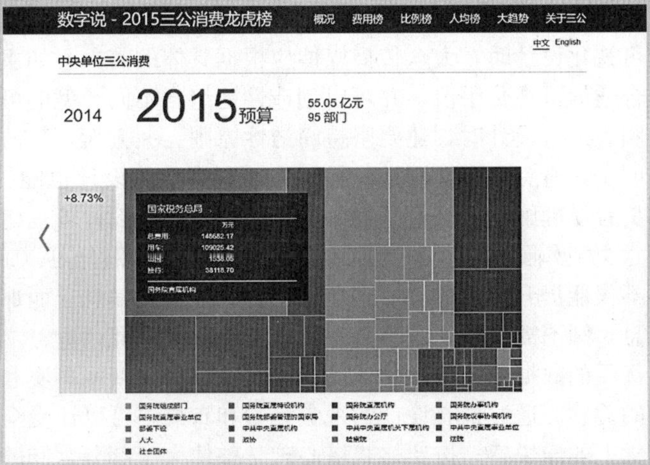

图 9-2　数据新闻《三公消费龙虎榜》作品截图

3. 可视化呈现“数据”

相较于传统的新闻报道来说，数据新闻在可视化方面有着更高的要求。它需要将各种数字信息转化为可视化图表，从而为读者提供沉浸式体验。信息图表是视觉化工具的一种独特的叙事方式，只有将数据转化为有意义且形象化的图表，数据新闻才能取得成功。

以《衡阳晚报》对 2016 年 1 月湖南省衡阳市的两会报道为例。会议期间，《衡阳晚报》推出了一份特别策划，对衡阳市政府工作报告进行解读。该策划回顾了衡阳市 2015 年的工作成就，并展望了“十三五”期间衡阳市的规划目标。在新闻呈现方面，美编制作了可视化的信息图表，用具有很强标识性的图例来代表各项工作内容，如以居民矢量图来代表养老事业，以钱币图案来代表财政收入，如此等等。此外，该数据新闻还专门配有数百字的核心提示，使受众能够在短时间之内了解政府工作的核心内容。相比于传统的纯文字报道，这种方式更具趣味性和可读性。又比如，在蔬菜的开发研究方面，衡阳市一直处于湖南省靠前的位置，但之前没有系统性的统计数据。《衡阳晚报》发表的《衡阳人每年都能吃上 3、4 个新品蔬菜》，就有效地打破了这一局面。该数据新闻发表于 2015 年 7 月，生产者充分发挥图例和图表的优势，对于相关县市的主要蔬菜类别、种植面积、上市月份以及年均产量等，均采用鲜艳的蔬菜图片在精心制作的衡阳市全景地图上进行了标记。同时，该数据新闻用 20 多个菜篮子里面蔬菜的多寡，来表示衡阳市 20 余年来蔬菜生产的变化情况，并用饼状图对本地和外地蔬菜在一年中的变化情况进行标识。这种创新的报道方式不仅提供了丰富的信息，还加深了受众的理解和记忆。通过图表的直观展示，受众可以一目了然地了解衡阳市在蔬菜产业方面的优势和发展情况。这种方式提高了报道的可信度，增加了新闻的可信度，增强了受众的体验感。

（1）丰富可视化表达。

众所周知，技术的酷炫是次要的，重要的是能够用简单的技术来阐述极为复杂的道理，有效地将数据、新闻和故事结合起来。就数据新闻来说，可视化是一种常用的叙事手段，目的是更好地报道新闻，提升传播效果，让受众能够较为轻松地把握新闻事件之间的复杂关系。然而，如果过于重视可视化效果，数据本身的价值就会被掩盖，使受众难以集中精力接收信息，也会让他们的思考受到影响。因此，在进行可视化设计时，大众传播媒体应根据具体的需求，如主题呈现、内容表达等来选择合适的可视化手段，并可以创造性地组合不同类型的可视化图表。此外，在对数据图表进行设计时，还要坚持简洁性原则。一方面，简洁的设计能够使信息更加清晰明了，避免冗余和混乱；另一方面，简洁的设计也能够提高受众的认知效果，使其更容易理解和记忆所呈现的数据。此外，在设计可视化数据新闻作品时，还需要注意文字和图表的平衡。不适宜用文字阐释的部分可以通过可视化的方式呈现，这样不仅能提升作品的美感，还能更直观地传达信息。而那些可以通过图表获取到的信息，则不需要再用文字叙述，以避免重复和冗余。

优质的数据新闻可视化作品，除要能够传播新闻事实和重要信息外，还要具备艺术的美感。通过精心设计的视觉元素和布局，可以让受众在接收信息的同时，享受视觉上的愉悦感。按照格式塔心理学整体大于部分之和的原则，在设计数据新闻时，可以借鉴这一原则，规划好整体的视觉框架，从整体上把握视觉流程、色彩搭配以及空间层次等元素，以确保作品的整体效果。通过这样的设计，可以让受众更好地理解和接收数据新闻所呈现的信息。视觉设计要与其传递的内容之间保持一种逻辑上的流畅感。数据新闻可视化不只是将各种元素如图片、图表、音频、视频、插画等视觉元素随意组合，而是通过整体设计来更好地传播新闻内容，以实现传统新闻无法达到的传播效果。

（2）提高内容与受众之间的关联度。

在碎片化阅读时代，大众传播媒体提升传播效果的关键在于吸引受众的注意力。毫无疑问，传统的传播方式已无法吸引受众。只有将新闻内容与受众的个人生活紧密地联系起来，并提升受众的互动频率，才能达到相应的目的。主流媒体如《人民日报》和新华网等，利用自身的技术及资源优势，采用视觉装饰及动态交互等手段，借助无人机和虚拟现实技术，制作出了许多令人惊叹的可视化表达方式，使新闻变得更具动态化和逻辑性，给受众带来了全新的体验。例如，在2020年全国两会期间，新华网运用“SG＋AI”声音和图像分析技术，通过视频的形式带领受众回顾政府工作报告赢得的37次共振时刻（掌声），以音频共振的视角传递国家对未来的期许和信心。

在创新可视化表达方式时，大众传播媒体需要考虑满足不同群体的特定需求，以个性化的手段传播数据新闻并突出人文关怀。举例来说，老年群体对数据新闻的符号和色彩理解可能存在困难，大众传播媒体可以根据老年群体的阅读习惯和阅读障碍提供个性化的服务，如加深颜色、增大字号以及简化形式等，以提供定制化和精准化的公共数据服务。这样做不仅有助于老年群体适应数字化时代的信息接收要求，保障他们的阅读权利，还能将老年群体的信息需求与大众传播媒体的信息输出匹配起来。

（3）增强交互性。

对数据新闻来说，无论是网页界面还是交互式数据图表，增强交互设计都是为了为受众提供更优质的阅读体验。大众传播媒体通过设置新闻评论功能与受众建立沟通桥梁，让受众能够在自己感兴趣的专业领域发表评论，并与新闻工作者进行互动和探讨。大众传播媒体要高度重视受众的反馈，并根据这些意见不断优化数据新闻报道的内容和可视化形式。在设计可视化图表的交互时，要始终坚持以用户为中心的原则，以满足受众在信息获取、情感体验等方面的各种需求。众所周知，利用互动的形式精心设计和呈现内容，可以延长受众对内容的浏览时间，让他们较为全面地掌握信息的内涵。在设计过程中，既要注重简洁实用，也要注重趣味性，以帮助受众快速了解并发现所需信息。如财新网的交互设计就十分注重常规化和便捷性，受众可以通过简单的滑动、点击和输入等操作来实现交互，并在短时间之内找到所需要的信息。

通过对多篇交互式数据新闻作品进行分析，我们发现，交互信息图表更适合运用在以下几个方面：首先，数据规模庞大。当数据量大且数据关系比较复杂时，采用交互式图表可以有效地化繁为简，从而更为直观、清晰地展示故事逻辑。其次，新闻事件的时间线索和地理特征较为显著。在这种情况下，使用交互式时间轴或者数据地图的表达方式，能够有效地整理新闻事件的时空线索，直观展示数据与信息之间的层次及关系，从而帮助受众快速地理解新闻事件。同时，大众传播媒体应注重在交互设计中融入视觉效果，运用图片、音频、视频、动画及游戏等元素，生动形象地呈现新闻故事，引发受众的共鸣。

（4）立体呈现。

以财新网的《青岛中石化管道爆炸事故大事记》为例，这是一篇备受赞誉的数据新闻作品，曾荣获亚洲出版业协会“卓越新闻奖”。它通过精心挑选的图片和翔实的数据，以全面、立体的方式展现了青岛中石化管道爆炸的概要和细节，给人带来深刻的触动，上线的第一天，就创下了单日访问量的最高纪录，广受媒体及受众的认可。

在界面上，《青岛中石化管道爆炸事故大事记》这篇数据新闻利用两个可视化窗口来展示深入事故现场的记者拍摄的照片及视频，生动地还原了现场。通过卫星定位的手段，将管道布局和爆炸地段明确标注出来，受众在点击界面后，能够更加全面地了解事故的情况。那些充满现场感的照片及视频，让受众身临其境般感受事故的破坏性，引起了他们的情感共鸣。

（5）数据地图展示。

以财新网的“数字说”栏目为例。该栏目经常运用的可视化手段是制作数据地图，并辅以文字，以此开展新闻叙事。因此，地理空间布局常常成为“数字说”栏目的表达主线，而多元图表、动态交互、视觉装饰等成为辅助性元素，以层次化和动态化的方式来呈现新闻信息。此外，“数字说”栏目还常常采用散点图、列表和折线图等可视化元素来呈现新闻，这也体现了其新闻叙事的特色。由此可知，可视化是数据新闻的核心组成部分，但大众传播媒体需要结合新闻的主题和内容的叙事需求来灵活选择，以防止出现形式大于内容的情况。

五、“不走寻常路”的新闻驱动模式

以《衡阳晚报》的“晚报大数据”专栏为例。自诞生以来，“晚报大数据”专栏的采编团队一直坚信，相较于传统新闻，数据新闻必须创新选题思路、革新操作流程，以突破长期左右新闻生产的困境。就传统新闻写作来说，一篇新闻稿件通常包括时间、地点、人物、事件、原因等要素。一旦这些要素得以确定，新闻报道也就基本成型。因此，传统新闻写作的首要任务是收集这些要素所包含的信息，然后以文字和图片的形式将其表达出来。在这种情况下，数字的作用就是补充说明。然而，数据新闻并非如此。首先，数据新闻很难找到这些要素，就算找到了，也往往是模糊不清的。因为数据新闻更多的是反映事物的变化趋势，而非仅陈述新近发生的事实。其次，文字在数据新闻中的作用被大大削弱，大众传播媒体很难单纯依靠文字来展示数据，文字只起到了补充说明的作用。

如在《衡阳晚报》的“晚报大数据”专栏中，一整版报道通常只有数百字。如果是纯文字，则一篇报道通常有上千字甚至数千字，就算如此，也难以生动地描绘出相关的变化趋势。然而，通过数据新闻这一表现形式，大众传播媒体可以清晰地展示万事万物的变化情况。由此可知，与传统新闻不同，数据新闻更注重展示数据而不是描述事实或引用当事人的话语。通过有效的数据，数据新闻能够更全面地反映事件或现象，并通过数据调查揭示数据背后的事实，指出事物的发展趋势，拓展报道的深度。然而，我们也认识到，未来的数据新闻需要在两个方面取得突破。首先，需要找到方法将枯燥的数据信息转化为更具表现力、更易懂的形式。其次，需要提高从非官方渠道获取和挖掘数据的能力，以在报道时间上取得优势，主动而不是被动地成为报纸精品报道的重要推动力量。

“不走寻常路”的新闻驱动模式，可以通过结合现代化手段和参与式游戏的手段，为数据新闻注入新的活力。首先，需要提高受众的参与度。其次，在数据新闻中，我们可以运用现代化技术，让受众通过多感官体验来深入了解相关事件。

六、内容生产：多维度的价值延伸

（一）更加关注公众利益

新闻报道的成功离不开一个好的选题。在选题上，数据新闻不能脱离传统新闻的标准，即选取大众关心的、重要的且贴近大众生活的话题。只有与公众利益相关的选题才能引起广泛的共鸣，从而产生较大的影响力。当然，数据新闻的选题也有自身的独特性，因为选题的实施会受到数据量的限制，即使有了好的选题，如果缺乏充足的数据支持，也难以进行下去。因此，数据的可获得性对数据新闻的选题有着极为重要的影响。在选题过程中，大众传播媒体应该借助大数据技术，对社会大众的信息需求进行分析，提取与受众关心的热点事件和话题相关的关键信息，并及时进行报道。

需要指出的是，重视受众的信息需求不等于盲目迎合他们。大众传播媒体应该拥有独特的风格和立场，必须坚决抵制低俗和庸俗的选题，致力于选择那些对受众有重要意义的主题。

（二）更为贴近现实

与传统新闻报道相比，数据新闻报道具有维度多、视角广的优势。数据新闻的选题范围较为广泛，与现实的联系较为紧密，不仅涉及政治、经济、文化等领域，也涉及科教、卫生、环境等领域。因此，在具体的实践中，数据新闻生产者应该广泛收集和分析与新闻事件相关的数据，从多个维度进行报道，为受众提供通俗易懂、贴近实际的信息。

（三）拓展报道的广度和深度

数据新闻的报道视角要从单向度转向多维度，从“点”延伸到“线”，并扩展到“面”，以更全面、更深入的方式呈现信息。唯有如此，才能揭示隐藏于数据背后的关联性，简化复杂的信息，厘清故事的逻辑，对新闻事件进行全局性思考，在满足受众多方面的信息需求的同时，产生更大的社会影响力。由此可知，要想推动数据新闻的发展，就要在报道的广度和深度上做文章，围绕有价值的选题深入挖掘相关的数据，全方位、深刻地讲好新闻故事，切实为受众提供更丰富、更有深度的信息体验。

七、做好场景这篇文章

在数字化时代，数据新闻应运而生，经过十几年的发展，数据新闻的生产模式不断成熟，在场景设计方面也有了较大的突破。不过总的来说，数据新闻还需要进一步做好场景这篇文章。

（一）提升场景吸引力

形状、色彩等视觉符号，通过排列组合，能形成不同的传播景观，从而让场景充满吸引力。

1. 由单一到多元：图表演进与结构化呈现

早期的数据新闻报道通常只使用文字和简单的统计图表，其可视化特征并不突出。以在数据新闻领域有着较大影响力的《卫报》为例，在2010年之前，该媒体的数据新闻报道仍然以文字为主，图表样式较为单一。不过，在2010年以后，《卫报》开始使用气泡图、散点图等数据图表，其可视化特征不断凸显。美国的《华盛顿邮报》在2013年推出了不少图式新闻作品，引起了广泛的关注。其中，结构化的信息图表，如时间轴和地图等，更是成了可视化报道的常用手段，在时序信息和空间信息传播方面发挥了巨大的优势。此外，动态的视觉符号，如动画和视频等，也得到了广泛的运用。例如，经济日报社推出的《“数说70年”数据新闻可视化系列短视频》，将枯燥的数据转化为受众喜闻乐见的可视化报道，从多个角度展示了新中国成立70年来，我国所取得的辉煌成就。

2. 从冰冷到有温度：美学追求与情感唤醒的勃兴

数据新闻通常利用版式、符号及色调等来营造氛围，一些数据新闻甚至寓情于景，关注数据的意蕴与美感。种种具有艺术性和仪式感的可视化符号，让冰冷的数据有了温度，从而能够唤醒受众的情感。随着新兴传播科技的发展，数据新闻的交互水平不断提升。而除交互层级的显著变化以外，数据新闻在沉浸式体验、实体化展示等方面也取得了不小的成就，这对营造数据新闻的消费场景有着极为巨大的意义。

3. 从观看到入场：角色扮演与深度参与

今天，数据新闻的交互形式有了进一步的发展，新闻游戏便是典型的代表。新闻游戏将新闻信息与游戏机制相结合，通过游戏化的报道方式，让玩家能够在新闻语境下体验各种挑战和压力。例如，《金融时报》推出的 The Uber Game 这款游戏，让玩家能够亲身感受零工经济下司机的日常困境。数据新闻通过游戏场景和各种交互机制，让玩家能够扮演新闻当事人或利益相关者，从而建立个性化的认知。这种角色扮演能够让玩家产生身临其境的感觉，深度参与其中，他们不再是观看者，而是实实在在地进入了新闻“现场”。例如，在今日美国网与《亚利桑那共和报》共同制作的《墙》这一数据新闻中，受众戴上头戴式显示器，便可以进入一个超过3 000公里的边境虚拟空间之中，观察边界区域的地形、植被等真实情况，甚至能听到来自当地的原始声音。因此，与传统的数据交互地图相比，新闻游戏能够让受众进入沉浸式体验的空间之中，获得更全面的信息。

4. 从虚拟到现实：走出“拟态”世界

除VR技术所形塑的“虚拟现实环境”中的交互性之外，基于半实体或者实体场景的开发，也是交互性领域的重要创新。VR、AR等技术的应用，让数据新闻报道更有趣味性，受众在利用手机摄像头对相关事物进行扫描后，就能得到一系列相关信息，产生震撼性效果。可以说，数据新闻可视化的实体交互改变了图形界面的交互方式，让无形的数字信息呈现出可触摸（可扫描）的实体形态，帮助受众更为生动地理解相关的新闻事件。

（二）以用户为中心来打造体验空间

提升数据新闻的体验感，关键在于根据受众接触媒介的可能性、接触习惯和信息环境等因素来设计适合他们信息消费的可视化形式。

1. 终端打造：适配移动传播场景

数据新闻的传播效果，与终端的适配程度密切相关。在数据新闻发展的初期阶段，能够适配移动终端的新闻并不多见，受众往往只能在电脑端进行浏览。近年来，随着移动互联技术和便携式设备的发展，移动端在信息传播中的地位得以凸显，围绕移动终端设计数据新闻的情况越来越多见，为受众提供了巨大的便利性和更好的消费体验。

2. 兼顾差异：多元用户殊途同归

数据新闻的受众范围极为广泛，因而在可视化方面，需要考虑受众的特点和差异。在当前的数据新闻生产中，饼图和折线图等类型的图表出现频率最高，通过特定的可视化手段，数据新闻生产者对高维数据进行了降维处理，以便不同教育背景、不同知识结构的受众都能够较好地理解。就交互方式来说，主要的操作手势是滑动和点击，复杂的操作较少，这样可以适应受众在不同阅读场景下的操作习惯。

3. 人文情怀：细节凸显人性化

随着技术的进步和受众需求的变化，越来越多的设计师开始关注受众的媒介使用习惯、知识结构以及色觉障碍等因素。例如，从色彩搭配方面来看，英国的《卫报》在对数据进行编码时，会选择色调和明度上均具备高对比度特征的自然渐变或颜色组合，方便那些有色盲的受众进行辨识。对细节的关注，让色觉障碍群体也能参与到数据新闻消费之中，在一定程度上提高了数据新闻对色觉障碍群体的传播效果。

在智媒时代，数据新闻的发展趋势是越来越注重受众体验和包容性设计，以满足不同受众群体的需求。在数据新闻报道中，新闻工作者一直在努力寻找内容和形式相互平衡的方法，同时也在不断提升可视化水平和受众体验。然而，场景化作为一种全新的专业理念，在数据新闻可视化生产中具有强大的吸引力，能够激发受众的消费兴趣，引发他们的情感共鸣，并能够提升他们的数据素养。因此，场景化正成为数据新闻未来的创新方向。

八、始终注重新闻本位

（一）重构数据功能

重构数据功能，重点在于强化驱动，弱化佐证。以财新网为例，其新闻报道主要以对经济行业的总结为主，这种报道涵盖的内容较为广泛，筛选的数据也比较繁杂。因此，受众很难看出文字与图表之间的相关性。例如，在《相互宝宣布关停 巨头纷纷离场后网络互助平台们未来如何》这一数据新闻作品中，九个可视化图表几乎都与文本相脱节，且图表的概括性不强，将近半数的内容只是文字摘录，传播效果不佳。在接触数据新闻时，新闻工作者往往存在“数据新闻就是简单地用数据呈现新闻”的误解。基于这种认知创作出来的数据新闻作品，数据往往只能起到佐证的作用。为了提升数据新闻的传播效果，新闻工作者要注重补充各种相关的背景数据、注重深度分析，让数据为报道服务。数据新闻是以数据为驱动的新闻，而不是以数据为佐证的新闻。无论是新闻工作者还是受众，其思维都应该不受复杂数据的羁绊，而是借助海量的数据向四面八方延伸，突破“量化”层面，达到“质变”的效果。

（二）发掘人文因素和框定新闻框架

要想更为全面、生动、有深度地呈现数据新闻，就要将数据与故事相结合，通过展示个人与群体的经历和感受，揭示隐匿于数据背后的社会意义。同时，还要注重传递人文关怀和价值观，关注社会公平、人民福祉等议题，使数据新闻更加贴近人民群众的需求和关切。在处理人文叙事和数据图表的关系时，可以运用可视化技术，将数据以图表、图像等形式直观地展示出来，增强受众对数据的理解和感知。同时，还可以通过深入采访和调查的方式，挖掘个人和群体的弧光，将数据与真实生活联系起来，让受众能够更好地感受到数据背后的人文因素和社会影响。此外，还可以采用宏观与微观相结合的叙事架构，既关注整体趋势和政策影响，又关注个体经历和生活变化。通过宏观数据与微观故事相互交织的方式展示数据的特定价值，使报道更加生动有趣、有温度、有价值。总之，回归新闻本位，重构数据新闻框架，需要将人文因素融入其中，注重人物故事和社会关怀，以更全面、生动、有深度的方式呈现数据新闻，为新闻本位的回归铺平一条通向人文向度的道路。

九、加大与专业数据公司的合作力度

在数据成为生产要素的今天，所有行业都在努力寻找将数据转化为生产力的路径。在新闻业中，数据新闻展现了其在各重大新闻报道中的预测、交互和成本优势。然而，实事求是地说，很多有价值的数据都不是显性存在的，它们被埋藏在各种数据库之中，需要借助大数据技术挖掘，且大众传播媒体很难获取到这些数据。各种重大事件的报道告诉我们，大众传播媒体必须强化数据挖掘、处理和分析能力。

在大数据、人工智能等技术的赋能下，新闻工作的跨领域特征更加明显，这要求新闻工作者成为真正的杂家，具备跨学科、跨界的工作能力。同时，这种情况也要求各行业之间加强合作。在自身数据搜集能力有限、数据资源较为匮乏的情况下，大众传播媒体更应该加大与专业数据公司的合作力度，利用专业数据公司清洗整理的数据，挖掘独家素材，制作出优质的数据新闻。

十、在跨媒体、主题化、移动化等方面取得突破

传统新闻的影响力是建立在真实、全面、及时的基础上的。数据新闻在继承了这些优势的同时，还具备跨媒体、主题化、移动化、点击量等方面的优势，特别是点击量的多寡，更是决定数据新闻影响力的核心因素。只有不断扩大传播范围、丰

富传播维度、拓展传播途径，才能不断扩大数据新闻的影响力。需要指出的是，点击量和影响力是相互促进的，大众传播媒体需要实现数据新闻在不同媒体、不同频道和不同群体之间的有效联动，以不断丰富传播理念和交互体验为立足点，以跨媒体、主题化、移动化为追求方向，不断提升数据新闻的传播效果，为受众提供全新的消费体验，助推数据新闻的蓬勃发展。

大数据、人工智能等新兴的传播技术已被广泛地应用到了各行各业之中，其不仅帮助人们获得新的认知，还创造着新的价值。各行各业生产的数据，在推动国家治理体系和治理能力现代化方面发挥着巨大的作用。如何对海量的数据进行收集、挖掘和处理，以便及时向社会传播和利用，是一个极为重要的问题。在这个时代，新闻业正迎来一个展示、创新和利用的黄金时期。

十一、弄懂数据新闻生产中的现实逻辑

（一）避免新闻逻辑让位于技术逻辑

数据为新闻报道提供相应的基础和支持，而新闻则赋予数据以意义和价值。在数据新闻的生产过程中，大众传播媒体应该注重挖掘数据中的故事，将数据转化为有价值的新闻内容，而不仅仅是简单地呈现数据。同时，新闻媒体也需要保持独立性和客观性，不被数据的表象迷惑，而是要通过深入调查和分析，揭示数据背后的真相。数据新闻生产者要具备新闻素养和专业技能，能够将新闻观念融入数据处理的过程之中，确保数据的准确性和可信度。数据和新闻的良性互动关系不仅能够提升新闻报道的质量，还可以增加受众对新闻的理解和参与度。因此，把握新闻价值及数据价值之间的界限，保持新闻价值的主导地位，是数据新闻发展的关键所在。在数据新闻领域，新闻逻辑和数据逻辑是密不可分的。新闻逻辑为数据逻辑提供指导，数据逻辑则为新闻逻辑提供服务，两者之间是“本”和“末”的关系，不能本末不分。在分清本末的情况下，只有将新闻逻辑和数据逻辑有机地结合起来，才能生产出真正有价值的新闻作品。

（二）处理好数据挖掘与数据呈现之间的关系

数据挖掘与数据呈现在数据新闻生产中扮演着极为重要的角色，其目的是确保新闻责任不被新闻创新取代。数据新闻的核心在于通过数据的分析和处理，揭示数据之间的潜在关系，让人们能够看到新闻事件的本质。如果只是简单地对数据进行整合和呈现，则既无法充分激活数据的价值，也会出现新闻失责的情况。数据新闻不仅要说明“是什么”，更要告诉大家“为什么”和“怎么办”。要想凸显自身的社会责任，大众传播媒体就需要树立数据意识，并想方设法地将其转化为生产动力，通过数据发现线索和真相。在新闻生产实践中，这主要体现在三个方面：一是数据获取方面。通过多元交叉验证的方式来确保数据的真实性和全面性。二是数据处理方面。要加强对比分析，找到数据之间的多维联系。三是数据新闻生产方面。通过参与互动的方式来增强新闻的体验感。由此可知，对数据新闻创新来说，数据的处理和挖掘能够为大众传播媒体带来更多的机会和可能性，使其能够以全新的方式来

呈现新闻内容，并提供更具深度的报道。

公众的参与不仅保障了他们的知情权，也在一定程度上降低了数据收集与新闻伦理之间的冲突。同时，以“众包新闻”的形式向公众发布部分选题，可以绕过资本力量在数据源获取和资金支持等方面的限制，通过集体智慧开辟数据新闻生产和传播的新路径，使其更加贴近生活。

（三）实现经济利益与社会责任的统一

数据新闻的开放性是媒体融合的一个机遇，但它是一扇创新之门，而不是利益之门。在数据新闻生产中，大众传播媒体必须始终掌握话语权，将社会责任置于首位，避免新闻天平向资本的一端倾斜。同时，也要认识到，经济利益与社会责任是统一的，可巧妙借助资本的力量，推动数据新闻的健康发展。

十二、加强对数据新闻本土化发展路径的探索

（一）推进数字化建设

从长远来说，信息的数字化建设是数据新闻发展的重要支撑条件。未来所有的传播符号如文字、声音、图形、视频等都可以用计算机语言进行编码、储存和传送，因此，不同传媒的边界将被抹去。[①] 当前，我国正在积极推进信息的数字化建设工程。这一工程除了能够扩大数据来源的范围，还能够加快数据处理及信息转换的速度，将进一步落实数据开放与共享的理念，有助于数据新闻的发展。

（二）构建多元化的产品链

前文说过，我国的数据新闻还没有找到成熟的盈利模式。从整体上来说，我国的数据新闻仍处于投入较高而产出较低的时期。在当前的媒介环境下，数据新闻产品也凸显出双重属性，为了不断发展，需要考虑经济利益。但光靠内容创作是不能满足数据收集和处理工作所需的经费的，而走流量变现的道路，效果也不理想。因此，数据新闻的发展，必须依赖多元化的产品链：第一，搭建数据服务平台，建立数据库，在提供数据咨询和预测服务的过程中开发数据资源，并以此获取经济利益。第二，打造专门为新闻媒体提供数据产品的新闻服务型数据媒体。这类似于社交媒体通讯社的服务模式，在大量的数据中挖掘具有新闻价值的信息，为其他媒体提供以大众视角为基础的新闻故事。综合利用这两种手段，构建起多元化的产品链，有利于赋能数据新闻的发展。

十三、提升数据新闻的五力

（一）故事力

有道是一图胜千言。数据新闻的可视化设计需要从整体上来规划所运用的视听元素，以统一传播中的视觉风格，创造出让受众眼前一亮的数据新闻作品。同时，数据本身就是故事。这要求新闻工作者通过可视化手段将新闻故事呈现出来，让数

① 石长顺．融合新闻学导论［M］．北京：北京大学出版社，2013：252.

据较好地“发声”。任何一篇数据新闻作品，都应该具有故事力，“故事为王”是数据新闻生产的重要法宝。

数据新闻是一种新型的报道方式，利用信息图表，数据新闻能够传达复杂的故事。数据不仅是数据新闻的来源，也是讲述新闻故事的有力工具。可视化设计的精妙与新闻叙事的出色程度，是衡量一篇数据新闻优劣的基本指标。利用数据新闻，大众传播媒体能够以独特的方式来呈现事实和趋势，帮助读者更好地理解复杂的信息。这种创新的报道方式不仅能够提供全面而深入的视角，还能够激发读者的兴趣，引发他们的思考。因此，数据新闻的力量在于它能够将抽象的数据转化为生动的故事，让受众更好地参与其中。

（二）交响力

交响力是指一种巧妙地将独立要素组合起来的能力，属于跨界思维，重视整合而非分析能力。在可视化设计领域，将传统新闻、计算机辅助报道以及虚拟现实等整合到数据新闻之中，能够提升交响力。如获得第六届中国数据新闻大赛三等奖的作品《巅峰不傲，低谷不颓：数据解析中国女排》，通过交织运用文字、图片、动画、信息图表等元素，生动立体地呈现出了中国女排国家队队员的年龄、服役年限、成员来源地等数据，从数据的角度出发，寻找出中国女排发展过程中可能存在的问题。又如，由财新网制作的数据新闻作品《2016・洪水暴至》曾入围 2017 年全球“数据新闻奖”，该作品充分展现了数据新闻设计的魅力，以 2016 年中国创下有记录以来的最大雨量为背景，以洪涝灾害为切入点，深入探讨了国内多年来的洪水灾情。该作品结合深度报道和摄影图集等传统报道手段，运用图表、地图、热力图、视频和交互等数据可视化手段，全面而系统地向读者展示了受灾地区所经历的一切。

【案例】

作品名称：《巅峰不傲，低谷不颓：数据解析中国女排》

作品类型：数据新闻

制作机构：北京交通大学建筑与艺术学院 iMedia 工作室

作品简介：在该作品中，图片、动画、文字及可视化数据等多样元素碰撞出新的火花。该作品共分为首页、导语、数据分析、女排小故事、女排荣耀榜、结语六个部分。首页部分是海报和作品名称，海报内容是女排运动员们打排球时的身姿。导语部分是传统的图文报道形式，文字“是什么造成了东京奥运会的失利?”直接点题，吸引读者的注意力，图片则生动真实地展现了中国女排的精神面貌。数据分析无疑是作品最为精彩的部分，共有“奖牌榜”“总服役年限”“身高分布”“身高趋势”“来源地分布”五个板块，采用了动画、可视化数据图等形式明晰高效地呈现各类数据，从数据角度出发寻找中国女排失利的原因。在“女排小故事”部分，设计出交互式的页面，读者将鼠标停留在哪一位女排运动员的头像上方，就可以查看相关故事。在“女排荣耀榜”部分，用一张简洁的数据图表统计了自 1981 年起历届中国女排国家队队员的奖牌情况。该作品综合运用文字、图片、动画、信息图表等元素，系统地呈现了中国女排的重要信息。

（三）共情力

所谓共情，其实就是一种较为大胆的假想性行为，被视为虚拟现实的最高境界。它意味着某人能够进入另一个人的思想，并从其角度来体验世界。要实现共情，数据新闻设计必须以受众为中心，不能脱离人性及人的情感来开展内容设计工作，而应使用互动性强、生动逼真的图形图像来进行创作。以《〈汉密尔顿〉背后的韵律》这篇新闻报道为例，该作品在 2017 年全球“数据新闻奖”中受到高度评价。它是一个有深度的故事，通过视觉手段传达了百老汇音乐剧《汉密尔顿》的旋律和节奏深入人心的原因所在。《汉密尔顿》这出剧很特别，以说唱的形式贯穿始终，人物的语速、唱词及押韵风格等，均是对他们性格和才华的体现。可以说，《〈汉密尔顿〉背后的韵律》以视觉化的手段讲述了与听觉相关的故事，引起了受众的共情。

（四）娱乐力

众所周知，数据新闻作品大多集中于政治、公共服务等严肃主题方面，不过也有一些以轻松娱乐的形式呈现的数据新闻作品。数据新闻生产者可以巧妙地在作品中融入设计新颖的新闻游戏和滑稽图像，这不仅可以提升受众的体验感，还能有效吸引他们的注意力，帮助他们更好地理解新闻内容。当然，并不是所有的数据新闻都适合采用这种形式。

【案例】

作品名称：《欧洲还有几个特朗普?》

作品类型：数据新闻

制作机构：财新网

作品简介：财新网在其作品《欧洲还有几个特朗普?》中，以扑克牌的方式展示了政客们在退出欧盟、反全球化以及严控移民等问题上的“任性”态度。受众点击任意一张扑克牌，就能够了解相关候选人的基本情况及政治主张（见图 9－3）。这篇作品借助卡通漫画的形式来呈现政治人物的形象，与以往严肃的政治新闻相比，多了一些趣味性与娱乐性，更容易吸引受众的注意力，进而读取新闻内容。

《欧洲还有几个特朗普?》

图 9－3　数据新闻《欧洲还有几个特朗普?》作品截图

（五）意义表达力

在多维度挖掘新闻报道的价值和展现对人性的关怀等方面，数据新闻设计具有独特的优势。以《环球邮报》的《无据可依》为例，该数据新闻作品获得了 2017

年全球“数据新闻奖”调查报道奖。在经过长达20个月的深入调查后，记者发现了一个令人震惊的事实：在加拿大，有五分之一的性侵案件被警方驳回，理由是没有足够的证据证明犯罪行为发生，并以“无据可依”作为结案语。这个数字与官方性侵统计数据相去甚远。这一报道引发了公众的关注和讨论，进而引发了对执法系统漏洞和责任的质疑，最终促成了一系列公共政策的改变。可以说，利用这篇报道，加拿大《环球邮报》团队不仅揭示了一个重要的社会问题，还引发了公众对执法系统的关注和反思。他们的调查和报道为改善性侵案件处理和公共政策制定提供了有力的支持，一经发布便立即引起了受众对新闻事件的关注和共鸣，以独特的方式拉近了读者与事件之间的距离，让人们能够真切地感受到其中的重要性和深远影响。

十四、加强数据新闻审核的专业标准及推进数据新闻从虚拟到现实的转变

（一）加强数据新闻审核的专业标准

在数据新闻生产中，生产者需要综合考量新闻事件的敏感性，以及数据的广泛性和易得性，在创造中不断维护、修正新闻作品，以弥补前期生产中可能存在的漏洞，而这也有助于丰富新闻作品的生命力。同时，新闻业要坚守新闻的公共价值底线，有效平衡经济利益和公共服务之间的关系。对公众来说，他们应该警惕并自觉提升数字素养，对数据新闻的生产、传播和消费保持理性心理。

（二）推进数据新闻从虚拟到现实的转变

随着新兴传播技术的不断普及和深入应用，数据新闻业迎来了大好时机。通过极具创新性的视觉图形算法，大众传播媒体能够将原本只能在数字屏幕上呈现的新闻报道真实地展现在现实世界之中，从而极大地提升了数据新闻的交互性。此外，各种可视化技术还能更好地展示数据的变化趋势和规律。近年来，澎湃新闻一直致力于将新兴技术应用于具体的新闻报道之中，如在《海拔四千米之上：三江源国家公园》和《全景现场》等作品中，澎湃新闻将技术与节目制作紧密结合起来，通过定点VR和漫游VR，从逻辑上将每个场景相互关联起来，有效讲述了新闻故事。可以说，在新技术的运用方面，澎湃新闻为其他媒体提供了尤为宝贵的经验。

【案例】

作品名称：《海拔四千米之上：三江源国家公园》

作品类型：数据新闻

制作机构：澎湃新闻

作品简介：《海拔四千米之上：三江源国家公园》是澎湃新闻旗下作品，获得了第29届中国新闻奖“融合创新”类一等奖。该作品利用VR镜头，记录了三江源国家公园原汁原味的生态之美，更进一步体现出新闻的真实性，增强了受众与新闻之间的互动感（见图9-4）。

《海拔四千米之上：三江源国家公园》

图 9-4　数据新闻《海拔四千米之上：三江源国家公园》作品截图

【思考题】

1. 数据新闻发展面临的问题有哪些?
2. 试论数据新闻的发展策略。

【推荐阅读】

[1] 彭增军．新闻业的救赎 [M]．北京：中国人民大学出版社，2018.

[2] 孟笛．媒介融合背景下的数据新闻生产研究 [M]．上海：上海大学出版社，2018.

[3] 李艳红．在开放与保守策略间游移："不确定性"逻辑下的新闻创新：对三家新闻组织采纳数据新闻的研究 [J]．新闻与传播研究，2017 (9)：40－60，126－127.

[4] 李喜根，张静，张霁雯．探索数字新闻理论发展与创新路径 [J]．全球传

媒学刊，2021（5）：56－79.

［5］方洁，胡文嘉．全球数据新闻教育：发展特征与未来趋势［J］．国际新闻界，2017（9）：134－151.

［6］吕宇翔，方格格，华伊然．数据新闻发展的全球规律和本土实践：基于2015—2021年获奖作品的分析［J］．新闻与写作，2022（6）：97－109.

［7］徐星星．技术赋能下数据新闻的新发展与困境探析［J］．中国编辑，2020（1）：36－41.

［8］Borges-Rey E. Unravelling data journalism：a study of data journalism practice in British newsrooms［J］. Journalism practice，2016（7）：833－843.

参考文献

一、中文类（著作、期刊论文、论文集、学位论文、报纸）

[1] Hale-Evans R. 心理和脑与生活 [M]. 宫宇轩，刘兰，译. 北京：科学出版社，2007.

[2] 巴拉巴西. 爆发：大数据时代预见未来的新思维 [M]. 马慧，译. 北京：中国人民大学出版社，2012.

[3] 陈力丹. 解析中国新闻传播学（2015） [M]. 北京：人民日报出版社，2015.

[4] 方洁. 数据新闻概论 [M]. 2 版. 北京：中国人民大学出版社，2019.

[5] 风笑天. 社会研究方法 [M]. 5 版. 北京：中国人民大学出版社，2018.

[6] 郎为民. 大话物联网 [M]. 北京：人民邮电出版社，2011.

[7] 李普曼. 公众舆论 [M]. 阎克文，江红，译. 上海：上海世纪出版集团，2006.

[8] 科瓦齐，罗森斯蒂尔. 新闻的十大基本原则：新闻从业者须知和公众的期待 [M]. 刘海龙，连晓东，译. 北京：北京大学出版社，2011.

[9] 琼斯. 谁说图表不会说谎 [M]. 罗立彬，李东博，译. 海口：南方出版社，2011.

[10] 迈尔-舍恩伯格，库克耶. 大数据时代 [M]. 盛杨燕，周涛，译. 杭州：浙江人民出版社，2013.

[11] 石长顺. 融合新闻学导论 [Ml. 北京：北京大学出版社，2013.

[12] 斯蒂尔，等. 数据可视化之美 [M]. 祝洪凯，李妹芳，译. 北京：机械工业出版社，2011.

[13] 涂子沛. 数据之巅 [M]. 北京：中信出版社，2014.

[14] 徐中玉. 新编大学写作 [M]. 上海：复旦大学出版社，2004.

[15] 喻国明，李彪，杨雅，等. 新闻传播的大数据时代 [M]. 北京：中国人民大学出版社，2014.

[16] 曾凡斌，李艺. 国内新闻传播学界对大数据的认识和研究 [J]. 中国广播，2016（3）：22－26.

[17] 陈力丹，李熠祺，娜佳. 大数据与新闻报道 [J]. 新闻记者，2015（2）：49－55.

[18] 戴世富，韩晓丹. 增值与“异化”：数据新闻范式中的新闻价值思考 [J]. 传媒观察，2015（3）：42－44.

[19] 丁柏铨. 数据新闻：价值与局限 [J]. 编辑之友，2014（7）：6－10.

[20] 杜菡，田园园．做激荡正能量的“爆点”新闻 [J]．采写编，2019 (5)：61-63.

[21] 方洁，高璐．数据新闻：一个亟待确立专业规范的领域：基于国内五个数据新闻栏目的定量研究 [J]．国际新闻界，2015 (12)：105-124.

[22] 方洁，颜冬．全球视野下的“数据新闻”：理念与实践 [J]．国际新闻界，2013 (6)：73-83.

[23] 方毅华，杨惠涵．论数据新闻的叙事范式 [J]．现代传播（中国传媒大学学报），2018 (12)：45-49.

[24] 郭晓科．数据新闻学的发展现状与功能 [J]．编辑之友，2013 (8)：87-89.

[25] 郭之恩．式微的调查性报道 [J]．新闻与写作，2010 (10)：96.

[26] 韩嫕，展祎萌，李义彪．央视网的融媒体数据中台实践 [J]．现代电视技术，2019 (6)：90-93，48.

[27] 胡翼青，马新瑶．作为媒介的可供性：基于媒介本体论的考察 [J]．新闻记者，2022 (1)：66-76.

[28] 黄欣荣．大数据的本体假设及其客观本质 [J]．科学技术哲学研究，2016 (2)：90-94.

[29] 黄志敏，张玮．数据新闻是如何出炉的：以财新数据可视化作品为例 [J]．新闻与写作，2016 (3)：86-88.

[30] 蒋晓丽，梁旭艳．场景：移动互联时代的新生力量：场景传播的符号学解读 [J]．现代传播（中国传媒大学学报），2016 (3)：12-16，20.

[31] 李京．视觉框架在数据新闻中的修辞实践 [J]．新闻界，2017 (5)：9-15.

[32] 李嵘．向着打造生态媒体的更高目标迈进：以澎湃新闻为例论新媒体发展新路径 [J]．青年记者，2019 (28)：49-50.

[33] 李婷婷．大数据时代数据新闻的传播特点与报道策略 [J]．传媒，2017 (12)：87-90.

[34] 李小华，张付伟．基于数据新闻热的审视与思考 [J]．中国出版，2016 (8)：36-38.

[35] 李晓．利用四象限时间管理法提高青年科技编辑工作效率 [J]．编辑学报，2018 (A1)：178-180.

[36] 李晓静．中国预测性报道：现状、问题及前瞻 [J]．现代传播（北京广播学院学报），2004 (2)：45-48.

[37] 李岩，李赛可．数据新闻：“讲一个好故事”?：数据新闻对传统新闻的继承与变革 [J]．浙江大学学报（人文社会科学版），2015 (6)：106-128.

[38] 李颖，刘华玉．屏幕阅读的视觉传播模式及效果研究 [J]．出版科学，2019，27 (4)：63-69.

[39] 林峰．移动短视频：视觉文化表征、意识形态图式与未来发展图景 [J]．海南大学学报（人文社会科学版），2019 (6)：144-149.

[40] 刘建明．“大数据”的迷思与新闻媒体的应对 [J]．中国广播电视学刊，2013 (7)：6-8.

[41] 鲁烨．“机器人记者”在发酵 [J]．中国传媒科技，2015 (3)：9-12.

[42] 孟笛．数据新闻生产特征及叙事模式：基于数据新闻奖提名作品的实证

研究［J］. 当代传播，2016（6）：23－26.

［43］彭增军．内容何以为王？［J］. 新闻记者，2016（9）：58－62.

［44］史文雄．智媒时代数据新闻发展与反思［J］. 新闻传播，2020（19）：41－42.

［45］苏宏元，陈娟．从计算到数据新闻：计算机辅助报道的起源、发展、现状［J］. 新闻与传播研究，2014（10）：78－92.

［46］王海燕，范吉琛．数字新闻的时间可供性：一个研究框架的提出［J］. 国际新闻界，2021（9）：116－135.

［47］王彦霞，陈美若．商业价值与“眼球经济”的实现［J］. 商业经济研究，2017（16）：191－192.

［48］吴小坤，童峥．数据新闻对传统新闻价值的突破与重构［J］. 当代传播，2017（4）：15－19.

［49］夏倩芳，王艳．从“客观性”到“透明性”：新闻专业权威演进的历史与逻辑［J］. 南京社会科学，2016（7）：97－109.

［50］徐曼．国外机器人新闻写手的发展与思考［J］. 中国报业，2015（23）：32－34.

［51］许向东．转向、解构与重构：数据新闻可视化叙事研究［J］. 国际新闻界，2019（11）：142－155.

［52］于疆．关于企业商业模式的探讨［J］. 企业家天地下半月刊（理论版），2008（11）：61－62.

［53］喻国明，李彪，杨雅，等．大数据新闻：功能与价值的初步探讨［J］. 南方电视学刊，2015（2）：39－41，3.

［54］喻国明．从精确新闻到大数据新闻：关于大数据新闻的前世今生［J］. 青年记者，2014（24）：43－44.

［55］喻国明．大数据对于新闻业态重构的革命性改变［J］. 新闻与写作，2014（10）：54－57.

［56］战迪．新闻可视化生产的叙事类型考察：基于对新浪网和新华网可视化报道的分析［J］. 新闻大学，2018（1）：9－17，147.

［57］张超，钟新．新闻业应用大数据：展望、误区与对策［J］. 中州学刊，2015（6）：169－173.

［58］张超．论数据新闻的实用主义客观性原则［J］. 中州学刊，2018（9）：166－172.

［59］张超．数据新闻的交互叙事初探［J］. 新闻界，2017（8）：10－15，45.

［60］张军辉．从“数字化”到“数据化”：数据新闻叙事模式解构与重构［J］. 中国出版，2016（8）：39－43.

［61］张铭清．新闻数字的使用［J］. 新闻战线，1981（4）：28－29.

［62］章戈浩．作为开放新闻的数据新闻：英国《卫报》的数据新闻实践［J］. 新闻记者，2013（6）：7－13.

［63］郭恩强，霍华德．数据新闻何以重要？：数据新闻的发展、挑战及其前景［J］. 新闻记者，2015（2）：67－71.

［64］左宁．大数据带来新闻变革［J］. 中国广播，2016（7）：52－56.

［65］林慧君．思维可视化及其技术特征［C］//张际平．计算机与教育：实践、创新、未来．北京：新华出版社，2014.

［66］李曼．《澎湃新闻》数据新闻生产理念及特征研究［D］．烟台：烟台大学，2020.

［67］李升详．《新京报》微信平台数据新闻的传播策略研究［D］．锦州：渤海大学，2020.

［68］欧阳洁．开年红包，引爆社交支付（大数据观察）［N］．人民日报，2016-02-16（6）.

二、外文类（著作、期刊论文、网络资料）

［69］Gade P J，Dastgeer S，DeWalt C C，et al. Management of journalism transparency：journalists' perceptions of organizational leaders' management of an emerging professional norm［J］. International journal on media management，2018（3）：157-173.

［70］Fairfield J，Shtein H. Big data，big problems：emerging issues in the ethics of data science and journalism［J］. Journal of mass media ethics，2014（1）：38-51.

［71］Karlsson M. Rituals of transparency［J］. Journalism studies，2010，11（4）：535-545.

［72］Kennedy H，Hill R L，Aiello G，et al. The work that visualisation conventions do［J］. Information communication & society，2016（6）：715-735.

［73］Knight M. Data journalism in the UK：a preliminam analysis of form and content［J］. Journal of media practice，2015（1）：55-72.

［74］Shafer S M，Smith H J，Linder J C. The power of business models［J］. Business horizons，2005（3）：199-207.

［75］Gray J，Bounegru L，Chambers L. The data journalism handbook［EB/OL］.［2013-06-18］. http：//www. datajournalismhandbook. org/1. 0/en/.

［76］Bartlett R. ProPublica opens data store with free and "premium" data［EB/OL］.（2014-02-27）［2023-11-01］. https：//www. journalism. co. uk/news/propubli-ca-opens-data-store-with-free-and-pre-mium-data/s2 /a555 970/.

［77］Rappa M. Managing the digital enterprise［EB/OL］.［2017-11-01］. http：//digitalenterprise. org/mrappa. html.

［78］Rogers S. The first Guardian data journalism：May 5，1821［EB/OL］.（2011-09-26）［2023-10-05］. http：//www. theguardian. com/news/datablog/2011/sep/26/data-journalism-guardian.

［79］Tow Center for Digital Journalism. The art and science of data-driven journalism［R/OL］.［2014-09-11］. http：//www. internews. org/sites/ default/ files/ resources/ Tow-Center-Data-Driven-Journalism. pdf.

图书在版编目（CIP）数据

数据新闻教程 / 杨逐原著 . --北京：中国人民大学出版社，2024. 8. --（21 世纪新媒体专业系列教材）.
ISBN 978-7-300-33051-8

Ⅰ. G212

中国国家版本馆 CIP 数据核字第 20249DP001 号

21 世纪新媒体专业系列教材
数据新闻教程
杨逐原　著
Shuju Xinwen Jiaocheng

出版发行	中国人民大学出版社		
社　　址	北京中关村大街 31 号	**邮政编码**	100080
电　　话	010－62511242（总编室）		010－62511770（质管部）
	010－82501766（邮购部）		010－62514148（门市部）
	010－62515195（发行公司）		010－62515275（盗版举报）
网　　址	http://www. crup. com. cn		
经　　销	新华书店		
印　　刷	北京密兴印刷有限公司		
开　　本	787 mm×1092 mm　1/16	**版　　次**	2024 年 8 月第 1 版
印　　张	14 插页 1	**印　　次**	2024 年 8 月第 1 次印刷
字　　数	322 000	**定　　价**	49. 80 元

关联课程教材推荐

书号	书名	作者	定价（元）	出书时间
978-7-300-33170-6	数据新闻概论（第3版）	方洁	49.8	2024-08
978-7-300-25681-8	数据新闻可视化	许向东	65	2018-05
978-7-300-28044-8	释放数据的力量：数据新闻生产与伦理研究	张超	69.8	2020-05
978-7-300-25083-0	数据素养：数据使用者指南	［美］戴维·赫佐格	59.8	2018-01

配套教学资源支持

尊敬的老师：

衷心感谢您选择使用人大版教材！

相关的配套教学资源，请到人大社网站（www.crup.com.cn）下载，或是随时与我们联系，我们将向您免费提供。

欢迎您随时反馈教材使用过程中的疑问、修订建议并提供您个人制作的课件。您的课件一经采用，我们将署名并付费。让我们与教材共成长！

联系人信息：

地址：北京海淀区中关村大街31号　龚洪训 收　邮编：100080

电子邮件：gonghx@crup.com.cn　电话：010－62515637　QQ：6130616

如有相关教材的选题计划，也欢迎您与我们联系，我们将竭诚为您服务！

选题联系人：	电子邮件：	电话：
翟江虹	zhaijh@crup.com.cn	010－62515636
周　莹	383902102@qq.com.cn	010－62511612

俯仰天地　心系人文

人大社网站　www.crup.com.cn

专业教师QQ群：

723715191（全国新闻教师群2群）

欢迎您登录人大社网站浏览，了解图书信息，共享教学资源

期待您加入专业教师QQ群，开展学术讨论，交流教学心得